북한
대남전략의
실체

남파 공작원 출신 북한학 박사의 심층분석

북한 대남전략의 실체

김동식

기파랑

책머리에

 이 책은 필자가 박사학위 논문으로 제출한「북한의 대남혁명전략 전개와 변화에 관한 연구」를 약간 수정한 것이다.
 주지하다시피 북한은 8·15 광복과 함께 한반도가 남북으로 분단된 후 '남조선혁명 승리와 조국통일 실현'이라는 대남전략목표 달성을 위해 때로는 무력에 의존하고 때로는 대화와 협상에 나서는 등 양면적인 대남정책을 구사해왔다. 6·25 전쟁과 1·21 청와대습격미수사건, 2010년 봄과 가을에 연이어 발생한 천안함폭침사건과 연평도포격도발 등은 북한이 감행한 대남강경정책의 대표적인 산물이라고 할 수 있다. 반면 7·4 남북공동성명 발표와 1991년 남북기본합의서 채택, 2000년과 2007년 두 차례에 걸쳐 진행된 남북정상회담 등 굵직굵직한 이벤트들은 남북 간의 화해와 협력, 평화와 공존의 상징적인 모습으로서 앞의 것과는 대조적이다.

이와 같은 북한의 양면적인 모습에도 불구하고 우리 사회 일각에서는 외부적으로 표출되는 개별적인 현상만 보고 북한의 대남전략 또는 대남정책이 변했다고 주장하는 이들이 있다. 특히 이들은 북한이 '1990년대 이후 남조선혁명을 통한 남한체제 전복이 아닌 남북한 공존을 모색하기 시작'했다며 적화통일을 포기한 것처럼 주장하거나 북한이 남한과 함께 유엔에 가입한 사실을 놓고 '하나의 조선' 논리를 포기했다고 주장하기도 한다. 이러한 주장들은 한마디로 북한의 대남혁명전략에 대한 이해가 부족하기 때문이라고 할 수 있다.

필자는 바로 이와 같은 문제의식에서 출발해 북한 대남전략의 근간인 대남혁명전략 전개와 변화를 주제로 설정하여 박사학위 논문을 작성했다. 물론 필자가 북한의 대남혁명전략에 대해 누구보다도 잘 알고 있다는 점도 박사학위 논문 주제 선정에 한몫한 것이 사실이다.

이 책에서는 먼저 북한의 국가전략과 대남전략에 대한 일반적 이해를 바탕으로 대남혁명전략의 내용과 포괄범위, 대남혁명전략의 결정 및 변화에 영향을 미치는 요인과 결정과정 등에 대해서 다루었다. 다음으로 냉전시기 대남혁명전략이 어떻게 이론화되고 전개되었는가에 대해서와 그것이 탈냉전시대에 어떻게 변화되었는가를 살펴보았다. 또한 북한이 대남혁명전략 목표 달성을 위해 창설한 대남공작기구 및 변천과정을 살펴보고 대남공작과 남북대화 등 전체적인 대남업무와 관련된 지도체계가 어떠한 과정을 거쳐 현재에 이르렀는지에 대해서도 서술했다. 아울러 북한이 대남혁명전략 목표 달성을 위한 실천행동으로서 대남공작을 어떻게 전개해왔는지에 대해 역사적으로 고찰함으로써 그 전술적 변화도 함께 규명했다. 이를 통해 최근 우리 사회에서 논란이 되고 있는 '종북세력'이 사실상 북한이 대남공작 과정에 구축했던 지하당 조직의 산물이라는 점도 밝혔다. 진보정당의 합법적인 활동공간을 이용해 전위세력 즉 '종북세력'을 양산하는 방법으로 대남혁명역량을 빠른 시일 내에 확대하겠다는 것이 북한 공작지도부가 남한 내 진보정당 창당에 개입하는 중요한 의도의 하나이다.

북한은 앞으로도 '대한민국의 자유민주주의체제 전복'이라는 당면한 대남혁명전략 목표 달성을 위해 한편으로는 남한사회 내부 혼란과 남남갈등 조장을 위한 군사도발, 사이버테러 등 각종 도발과 함께 남북대화를 적절히 배합하면서 합법과 비합법 등 가능한 수단과 방법을 총동원해 대남혁명역량을 구축함으로써 대남혁명의 결정적 시기를 조성하기 위한 대남공작을 지속적으로 전개할 것으로 전망된다.

이 책이 나오기까지 참으로 많은 분들의 헌신적인 도움이 있었다는 점을 밝혀두고 싶다. 무엇보다 바쁘신 가운데에도 석사과정에 이어 박사과정까지 미숙한 제자를 탓하지 않으시고 이 책의 기본내용인 박사학위 논문이 완성되기까지 정성과 심혈을 기울여주신 류길재 통일부장관님께 진심으로 감사를 드린다. 아울러 친절하고 아낌없는 지도와 조언을 해주신 양무진 교수님과 따뜻한 시선과 예리한 관찰력으로 논문의 방향과 맥을 정확하게 짚어주신 서강대학교 김영수 교수님, 섬세한 안목과 판단력으로 문제점을 지적해주시고 아낌없는 조언을 해주신 연세대학교 김용호 교수님, 논문 작성에 대한 부담감을 떨칠 수 있도록 항상 용기와 힘을 주시고 논문 작성 방향까지 구체적으로 제시해주신 신종대 교수님께 다시 한 번 진심으로 감사의 인사를 드린다. 이와 함께 석사과정부터 마음 놓고 학업을 할 수 있도록 배려해주신 경남대학교 박재규 총장님과 북한대학원대학교 최완규 총장님께도 심심한 감사를 드린다. 이유경 박사님과 김갑진 변호사님은 필자가 박사학위 과정을 마무리할 수 있게 물심양면으로 많은 도움을 주셨다. 또한 인천대 박승준 교수님과 변상정 박사님, 정수연 연구원 그리고 사정상 지면에 언급하지 못하는 주변의 많은 분들이 필자의 논문 작성에 아낌없는 격려와 도움을 주셨다. 이 모든 분들께도 감사를 드린다. 남편 뒷바라지에다 제일 손이 많이 가는 십대 아들 둘까지 키우느라 무척이나 고생하면서도 항상 밝은 모습으로 힘과 용기를 주고 논문교정까지 해준 인생의 반려자 제윤경 여사와 아빠의 기대에 어긋나지 않게 믿음직하고 멋지게 자라 이제는 어엿한 중학생이 된 큰아들 민규, 어린 나이답지 않게 어른스러운 작은아들 민석에게도 무한한 고마움을 전한다.

마지막으로 필자의 미흡하기 그지없는 논문을 책으로 출간할 수 있도록 기회를 주시고 아낌없는 배려를 해주신 도서출판 기파랑의 안병훈 사장님과 윤석홍 명예교수님, 김현호 이사님, 그리고 기파랑 가족 모두에게 깊은 감사의 인사를 드린다.

이 책의 내용은 필자가 박사논문 작성을 시작하면서 애초에 가졌던 욕심과 기대에 비해 볼 때 부족한 점이 많다. 특히 지금까지 많은 학자들과 연구자들이 북한에 대한 깊은 관심과 열정을 가지고 이루어낸 연구업적과 성과들에 비하면 미흡하기 그지없다. 따라서 이 책의 내용 가운데 부족한 부분은 앞으로 관련 연구를 더욱 심화하는 과정을 통해 부단히 보완해나가겠다는 점을 밝혀둔다. 아무쪼록 이 책의 내용이 북한의 대남혁명전략에 대한 올바른 이해와 연구에 조금이나마 보탬이 되었으면 하는 바람이다.

다시 한 번 이 책의 출간에 도움을 주신 모든 분들께 감사를 드린다.

김동식

차례

책머리에 •5

제1장 서론

제1절 북한의 대남혁명전략 변화에 대한 시각 •17
제2절 대남혁명전략 연구의 필요성 •24
제3절 대남혁명전략 연구의 문제점과 한계 •32
제4절 무엇을 어떻게 다룰 것인가? •39

제2장 대남혁명전략의 이론적 배경과 결정과정

제1절 북한의 국가전략과 대남전략 •47
국가전략에 대한 일반적 이해 | 북한의 국가전략과 혁명전략 | 북한의 국가전략과 대남전략 전개

제2절 대남전략과 대남혁명전략 •64
대남전략의 변천과 대남혁명전략 대두 | 대남전략의 포괄범위 | 대남혁명과 조국통일의 상호관계

제3절 대남혁명전략 결정 및 변화 요인 •78
대남요인 | 국내요인 | 국제적 요인 | 정책담당자들의 정세인식

제4절 대남혁명전략 결정과정 •94
대남혁명전략 수립과 결정과정상의 특징 | 대남혁명전략 결정구조와 과정

제3장 냉전시기 북한의 대남혁명전략

제1절 대남혁명전략의 개념과 이론화과정 • 107
남한사회의 성격과 대남혁명전략 | 대남혁명전략의 전개와 이론화과정

제2절 냉전시기 대남혁명전략 목표 • 115

제3절 냉전시기 대남혁명전략 전개 • 120
민주기지 건설론 | 반제반봉건민주주의혁명론 | 폭력혁명론

제4장 탈냉전시기 대남혁명전략 변화

제1절 대남혁명전략 변화 요인과 특징 • 143
북한의 경제난 | 남한의 경제발전과 민주화 실현 | 국제적 역학관계의 변화 | 대남혁명전략 변화의 특징

제2절 대남혁명의 성격과 임무 변화 • 163
노동당의 투쟁목적과 대남혁명의 성격 변화 | 왜 '민족해방민주주의혁명'인가?
대남혁명의 전취목표와 민주개혁 | 대남혁명의 타격목표와 우선순위

제3절 대남혁명의 전략전술 재정립 • 181
대남혁명의 전략전술 구성체계 정립 | 대남혁명역량의 외연 확대 | 대남혁명의 두 가지 방법

제5장 대남공작조직과 지도체계 변화

제1절 대남공작기구와 변천 •197
대남공작기구 개관 | 225국과 연락부 | 통일전선사업부 | 정찰총국으로 이관된 작전부와 35호실

제2절 대남공작 지도체계 변천과정 •218
중간 지도기구를 통한 대남부서 통제 | 대남사업담당비서를 통한 지도 | 김정일의 직접 통제

제3절 정찰총국 신설과 대남공작 지도체계 변화 •226
정찰총국 신설 배경과 의미 | 대남공작 지도체계 변화 요인

제6장 대남혁명전략의 실제-대남공작

제1절 대남혁명과 대남공작 •237

제2절 냉전시기 북한의 대남공작 •241
해방 이후~1960년대 초반 | 1960년대 중반~1980년대 후반

제3절 공작원 구성에 따른 대남공작전술 변화 •264
남한 출신에 의한 대남공작 | 북한 출신에 의한 대남공작

제4절 탈냉전시기 북한의 대남공작 •273

제7장 결론

결론 •281

참고문헌 •292

제1장

서론

제1절
북한의 대남혁명전략 변화에 대한 시각

　8·15 광복과 함께 남북이 분단된 지도 70년이 다 되어간다. 분단 이후 한반도의 남쪽에는 자유민주주의체제가, 북쪽에는 사회주의체제가 들어섰고 이로부터 초래된 남과 북의 이념적 갈등과 대립은 동서 간의 냉전이 종식된 오늘까지도 지속되고 있다.

　북한은 냉전시기 구소련과 동구권 사회주의국가 등 강력한 국제적 혁명역량의 지원을 바탕으로 사회주의이념과 체제를 한반도 전역으로 확대하기 위해 전쟁까지 불사하기도 했으며 때로는 대화와 협상에 나서기도 했다. 그러나 탈냉전 이후에는 남북한 유엔 동시가입을 수용하거나 민족공조를 주장하는 등 일련의 변화를 보이고 있다.

　탈냉전 이후 북한이 취한 일련의 조치와 변화를 두고 일부에서는 북한의 대남정책이 1990년대에 들어 대폭 수정되었다고 주장하고 있다.[1] 이와 같은 북한의 대남정책 변화는 '남조선혁명론'에

1　이종석, 『새로 쓴 현대북한의 이해』(서울: 역사비평사, 2000), p. 389.

대한 수정에서 통일방안과 세부적인 부분에 이르기까지 광범위하게 일어나고 있으며 이는 단순한 전술적 수준을 넘어 전략적 수정으로 보아야 한다는 주장으로 요약할 수 있다.[2] 여기에서 언급한 '남조선혁명론의 수정'이라는 표현은 북한이 대남혁명을 어떤 방법(방식)으로 할 것이냐의 문제를 포함해 대남혁명을 과연 할 것이냐 말 것이냐의 근본적인 문제까지 포괄하는 것으로 해석할 수 있다.[3] 또한 북한이 대남혁명 즉 '민족해방민주주의혁명'을 완수한 다음 남한의 자본주의체제를 전복하고 사회주의체제를 수립하겠다는 차후 전략목표를 근본적으로 포기하거나 수정했다는 의미로 해석할 여지가 충분히 있다는 점에서 주목하지 않을 수 없다. 그것은 '남조선혁명(대남혁명)'이 남한을 상대로 북한이 추진하고 있는 '민족해방민주주의혁명' 나아가서 사회주의체제 수립을 골자로 하는 적화혁명 또는 적화통일赤化統一을 의미하는 개념이기 때문이다.

일부에서는 더 나아가 북한이 "1990년대 이후 남조선혁명을 통한 남한체제 전복이 아닌 남북한 공존을 모색하기 시작"했다며 적화통일을 포기한 것처럼 주장하거나[4] 북한이 아예 "하나의 조선 논리를 포기"했다고 주장하는 경우도 있다.[5] 이들은 북한의 대남정책이 심각한 경제난을 겪고 있던 1990년대 후반 '고난의 행군'

---

2   이종석,『분단시대의 통일학』(서울: 한울아카데미, 1998), p. 86.
3   북한에서는 통상적으로 남한사람들이 주체가 되어 수행해야 한다는 차원에서 '대남혁명'이라는 표현을 쓰지 않고 '남조선혁명'이라는 용어를 사용한다. 그러나 남한의 진보진영(또는 운동권)에서는 '혁명'이라는 용어가 갖고 있는 거부감과 폭력적이고 친북적인 이미지를 감추기 위해 '혁명→변혁운동'이라는 표현으로 바꾸어 사용하고 있다. 그러나 이 책에서는 '남조선혁명' 수행에서 북한의 역할이 보다 결정적이라는 부분을 강조하기 위해 '북한이 남한을 상대로 해서 전개하는 혁명'이라는 의미에서 특별한 경우를 제외하고는 '대남혁명'이라는 용어를 사용할 것이다.
4   곽승지,「안보전략」, 세종연구소 북한연구센터 엮음,『북한의 국가전략』(서울: 한울아카데미, 2003), p. 122.
5   정봉화,『북한의 대남정책: 지속성과 변화, 1948-2004』(서울: 한울아카데미, 2005), p. 19.

시기에 변화의 징조를 보이기 시작했고 2000년 진행된 남북정상회담을 기점으로 체제생존을 위해 남한과의 공존을 인정한 후 '민족공조론'을 통해 이러한 변화를 이론적으로 정당화하는 등 변화를 보이고 있다고 주장하기도 한다.[6]

이러한 주장들을 그대로 종합해보면 북한의 대남전략 또는 대남정책이 1990년대부터 변화의 징조를 보이기 시작해 2000년 남북정상회담을 기점으로 '민족공조론'을 주장하는 등 많은 변화를 보이고 있다는 것으로 요약할 수 있다. 그리고 이러한 북한의 변화가 '남조선혁명론'에 대한 수정 등 전술적 수준을 넘어 전략적인 수준에까지 이르렀다는 것이 이들의 평가이다. 즉 북한의 대남정책이 1990년대부터 변화를 보이기 시작해 2000년 남북정상회담을 전후해서는 근본적으로 변했다는 것이다.

물론 일부에서 주장하는 것처럼 1991년 김일성이 신년사를 통해 기존의 연방제방안을 약간이나마 수정한 것이라든가, 북한이 과거와 달리 남북한의 유엔 동시가입을 수용하고 남북기본합의서 채택에 동의하는 등 일련의 정책적인 변화를 보인 것은 사실이다.

그러나 이와 같은 외적 현상 즉 일련의 대남정책 변화를 가지고 북한이 대한민국의 자본주의체제 전복을 염두에 둔 대남혁명 완수를 포기했다거나, 적화통일을 골자로 하는 '하나의 조선' 논리를 포기했다고 보는 등 대남전략의 근본적인 변화를 의미하는 '전략적인 수정'으로까지 간주하는 것은 한마디로 논리적 비약이라고 밖에 볼 수 없다. 말하자면 외부로 표출된 몇 가지 변화된 현상만으로 본질적인 내용이 변했다고 보는 것과 같다.

이와 같은 논리적 비약이 일어난 것은 첫째로, 북한이 대내외

---

6 정봉화, 앞의 책, pp. 272-273.

정세 변화에 맞게 신축적으로 구사하는 대남정책을 그 근저에 깔려 있는 대남전략과 혼용해 사용하면서 이를 같은 의미로 이해하고 있기 때문인 것으로 보인다.

실제적으로 '대남전략'과 '대남정책' 용어가 각각 내포하고 있는 의미는 엄연히 다르다. '대남전략'은 한마디로 북한이 추구하는 국가전략의 한 부분으로서, 남한을 상대로 하여 달성하고자 하는 목표와 의도, 이를 성공적으로 실현하기 위한 방법 등을 포괄하는 개념이다.[7] 반면 '대남정책'은 북한이 이와 같은 대남전략 목표를 성공적으로 달성하기 위해 주객관적인 여건과 변화되는 정세에 맞게 취하는 각종 전술적 조치나 제안, 행위 등을 포괄적으로 가리키는 개념이라고 할 수 있다. 대남전략이 대남정책의 근저를 이루는 본질적인 부분이라면 대남정책은 대남전략 실현을 위해 취하는 과정에 표출되는 외적 현상이라고 할 수 있다. 또한 대남전략이 한 번 결정되면 쉽게 변하지 않는 대원칙과 같은 것이라면 대남정책은 조성된 정세와 주변 환경의 변화에 따라 변화시킬 수밖에 없는 전술적 차원의 개념이라는 특성을 갖고 있다.

요컨대 북한이 대남전략 실현을 위해 일시적으로 취하고 있는 조치나 대내외 정세 변화에 대응하기 위해 취하는 전술적인 행동 등 외부적으로 표출되는 단편적인 현상(대남정책)을 보고 그 근저에 깔려 있는 전략적 의도와 본질에 대해 제대로 파악하지 못했기 때문이라는 것이다. 바꿔 말하면 전략적 차원에서 문제를 보지 않고 전술적인 차원에서만 북한의 대남전략을 평가하기 때문이라고 할 수 있다. 그러다 보니 현상(대남정책)의 변화를 본질(대남전략)의 변화

---

[7] 대남전략의 구체적인 내용에 대해서는 제2장에서 언급하려고 한다. 다만 이 책에서는 '대남전략'과 '대남정책'을 분명히 구별해 사용할 것이다.

로 착각하는 오류를 범했다는 것이다.

북한의 대남전략이 변했다고 주장하는 두 번째 이유는 북한이 과거와 달리 대남혁명과 관련된 자료를 일절 공개하지 않아 북한의 대남혁명전략이 변했는지 여부를 쉽게 판단할 수 없기 때문이기도 하다.

북한은 지난 1970년 10월 개최된 노동당 제5차 대회 보고를 통해 대남혁명의 필요성과 과제 등 대남혁명전략의 내용을 공개적으로 언급한 바 있다. 그러나 1980년 10월 노동당 제6차 대회에서는 개정된 당 규약에 "전국적 범위에서 민족해방인민민주주의혁명을 완수"하는 것을 노동당의 당면목적으로 규정한 것이 전부이다. 그리고 지난 2010년 9월 노동당 제3차 대표자회에서도 당 규약을 다시 개정하면서 노동당의 당면목적을 "민족해방인민민주주의혁명 완수"→"민족해방민주주의혁명 완수"로 수정해 발표했다. 이와 같이 대남혁명전략과 관련된 내용은 1970년대 이후 한 번도 공식적으로 언급한 적이 없다. 다만 전체적인 대남전략목표 달성을 위해 고려민주연방공화국 창립방안을 제시하거나 대남도발 또는 대남공작을 전개하는 등 필요한 조치를 취하고 있을 뿐이다.

그렇다고 해서 북한의 대남전략이 전혀 변하지 않은 것은 아니다. 북한의 대남전략은 그들이 금과옥조로 간주하면서 주체사상의 철학적 기초로 얘기하는 유물변증법[8]을 내세우지 않더라도 이미 여러 측면에서 변해왔고 지금도 정도의 차이는 있지만 지속적으로 변하고 있다고 보는 것이 바람직할 것이다. 다만 앞서 언급한 것처럼 일련의 표면적이고 전술적인 변화를 근본적이고 전략적인

---

8   김정일, 「김일성주의의 독창성을 옳게 인식할 데 대하여」(당리론선전일꾼들과 한 담화, 1976년 10월 2일), 『김정일선집』 제7권(평양: 조선로동당출판사, 2011), pp. 476-477.

변화로 간주하는 것이 잘못되었다는 것이다.

무엇보다 대남혁명전략 수립에 영향을 미치는 남한사회에 대한 북한의 평가만 놓고 보아도 변화되었다는 것을 알 수 있다. 북한은 1980년대까지 남한사회에 대해 식민지적 요소와 함께 봉건적인 잔재가 여전히 남아 있다는 측면을 강조하면서 '식민지반⨉봉건사회'로 평가했으나, 1990년대부터는 식민지적 요소는 여전한 가운데 봉건적인 요소보다는 자본주의적인 요소가 더 지배적이라는 의미에서 '식민지반⨉자본주의사회'라는 평가를 내리고 있다. 말하자면 남한이 식민지반봉건사회에서 식민지반자본주의사회로 발전했다고 평가하고 있는데 이것은 분명 변화된 모습이다.

특히 앞에서도 언급한 것처럼 북한은 지난 2010년 9월 28일 개최된 노동당 제3차 대표자회에서 당 규약 개정을 통해 노동당의 당면목적을 명시한 "전국적 범위에서 민족해방인민민주주의혁명 과업을 수행하는 데 있다"던 기존의 문구에서 "인민"이라는 용어를 삭제하고 "전국적 범위에서 민족해방민주주의혁명을 수행하는 데 있다"는 표현으로 수정했다. 이는 단순한 문구 수정에 불과하다고 평가할 수도 있으나 변화의 관점에서 본다면 분명 변화했다고 보는 것이 적절하다.[9]

이와 같이 북한의 대남전략이 변한 것은 엄연한 사실이나 변화의 내용이 구체적으로 어떤 것이고, 그것이 갖는 의미가 무엇인지 또 변화의 폭이 어느 정도인지에 대해서는 연구자마다 시각차가 있는 것 또한 현실이다.

중요한 것은 북한의 대남전략이 변했다는 것을 전제로 했을 경우 일부에서 주장하고 있는 것처럼 근본적인 수정이라고 할 만한 정도

---

[9] 이에 대해서는 제4장에서 구체적으로 다룰 것이다.

까지 변했느냐 하는 것이다. 다시 말하면 북한의 대남전략이 '남조선혁명론'을 수정할 정도로 근본적으로 변했느냐 하는 것이다.

  필자는 일부 연구자들의 주장처럼 탈냉전시대에 들어와 북한의 대남전략이 일정 부분 변한 것은 사실이나, 그것이 전술적인 수준을 넘어선 전략적인 수준 즉 대남전략의 근본적인 수정이라고 표현할 만한 정도까지 변하지 않았다는 인식을 갖고 있다.[10] 말하자면 북한의 대남전략이 전술적인 측면에서는 일부 변화를 가져온 것이 분명하나 대남혁명의 목표라고 할 수 있는 '남조선혁명론의 수정'이나 '하나의 조선 정책 포기'와 같은 근본적인 변화, 전략적인 변화는 아니라는 것이다. 그런 의미에서 북한의 대남혁명전략 변화를 한마디로 '변화 없는 변화'라고 표현할 수 있을 것이다. 말하자면 '본질(전략)은 변하지 않고 외적인 부분(전술 또는 정책)만 변화한 것'이라는 것이다.

---

10 '대남전략의 근본적인 수정'이라는 의미는 앞에서 지적한 '대남정책의 전략적인 수정'과 같은 개념이다.

제2절
대남혁명전략 연구의 필요성

이 책에서는 앞에서 언급한 문제의식으로부터 출발해 북한 대남전략의 중요 구성부분인 대남혁명전략이 역사적으로 어떻게 전개되어왔고 어떤 과정을 통해 변화되었는가에 대해 집중적으로 다루려고 한다.

북한의 대남혁명전략 전개와 변화를 이 책의 주제로 삼은 가장 큰 이유는 첫째로, 대남혁명전략이 전체적인 대남전략의 근간을 이루고 있는 핵심요소이기 때문이다. 앞에서 언급한 바와 같이 북한은 남북이 분단된 이후 '남북통일 실현과 남조선혁명의 승리'라는 총체적인 대남전략 목표를 설정하고 그 실현을 위해 매진해오고 있다. 북한 국가전략의 중요한 부분인 대남전략은 '대남혁명의 승리와 민족자주의 원칙에 입각한 조국통일위업 실현'이라는 대남목표 달성을 위해 북한이 남한을 직접적인 상대로 하여 국가적인 차원에서 추진하고 있는 모든 정책과 노선, 전술과 행동원칙 등을 포괄하는 개념으로 정의할 수 있다.[11] 물론 북한이 전개하고 있

---

11   백학순은 북한의 대남전략에 대해 "북한이 처한 대내외 환경 속에서 가용자원을 동원하여 남한

는 어떠한 대내외 정책과 활동도 북한이 추구하는 대남혁명 및 조국통일과 전혀 무관할 수는 없을 것이다. 그렇다고 하여 북한이 추진하고 있는 모든 정책이나 활동을 대남전략의 개념에 포함시킬 수는 없다. 그렇기 때문에 대남전략을 북한이 '대남혁명 승리와 조국통일위업 실현'이라는 대남목표 달성을 위해 남한을 직접적인 상대로 하여 추진하고 있는 정책과 노선, 전술과 행동원칙 등으로 국한시킨 것이다.

북한의 대남전략은 대남혁명전략과 조국통일전략으로 양분할 수 있다.[12] 그러나 엄격하게 말해 대남전략의 한 축인 조국통일 실현은 다른 한 축인 대남혁명 완수를 위한 하나의 과정 또는 대남혁명을 성공적으로 수행하기 위한 환경조성 차원의 중간목표라고 할 수 있다. 사실 북한이 대외적으로는 남북한에 존재하는 체제와 이념을 그대로 인정한 기초 위에서 연방제를 실현하는 것 즉 한반도에 1국 2체제 2정부에 기초한 연방국가가 창립되면 그 자체가 완전한 통일이라고 주장하나, 실제로는 연방제통일을 완성된 형태의 통일로 간주하지 않는다. 그것은 연방제통일이 북과 남에 존재하는 사상과 제도를 그대로 둔 상태에서 일시적으로 갈라졌던 영토와 민족을 단순히 하나로 합치는 것이므로 대남혁명 즉 "전국적 범위에서 민족해방민주주의혁명의 완수"를 의미하는 것은 아니기 때문이다. 더 나아가 연방제통일이 실현되더라도 '전국적 범위에서 사회주의혁명을 완성하는 것으로서의 조선혁명의 종국적 목

과의 체제경쟁에서 승리하고 궁극적인 민족통일국가를 형성하려는 목표를 달성하기 위하여 종합적이고 체계적으로 수행하는 목적 지향적 활동"이라고 정의했다. 세종연구소 북한연구센터 엮음, 『북한의 국가전략』, p. 147.
12 　북한의 대남전략에 대한 정의나 포괄범위 등 구체적인 내용에 대해서는 제2장에서 본격적으로 다룰 것이다.

적'[13]과 노동당 규약에 명시된 "온 사회의 주체사상화와 인민대중의 자주성 완전 실현"이라는 노동당의 최종목적이 완수되지 않고 그대로 남아 있기 때문이다.

따라서 북한은 대남혁명이 완수되지 않은 상태에서 연방제에 의한 통일이 실현될 경우 또다시 미국의 식민지통치 잔재를 청산하는 민족해방혁명과 함께 자본주의 착취관계를 청산하는 계급해방혁명을 통해 남한에 사회주의체제를 수립할 때 비로소 완전한 남북통일이 실현된다는 인식을 갖고 있다. 다시 말하면 주체사상과 사회주의이념에 기초한 남북 체제통합을 실현했을 때 비로소 진정한 의미의 통일이 실현되었다고 인정한다는 것이다.

그것은 북한이 노동당 규약에 "전국적 범위에서 민족해방민주주의혁명을 완수하는 것"을 노동당의 당면과제로 제시한 데 이어 "온 사회를 주체사상화하여 인민대중의 자주성을 완전히 실현"하는 것을 노동당의 최종목적으로 공식적으로 규정해놓고 있는 것을 보아도 잘 알 수 있다.[14] 이것을 다른 말로 표현하면 북한에 의한 '흡수통일' 또는 우리가 흔히 말하는 '적화통일赤化統一'이라고 할 수 있다.

만일 북한이 연방제통일을 완전한 형태의 통일로 간주한다면 앞에서 언급한 것처럼 노동당 규약에 대남혁명 완수를 당면목적으로 규정해놓지도 않았을 것이며 최종목적 역시 그런 식으로 명시해놓지 않았을 것이다. 이와 함께 1980년 노동당 제6차 대회에

---

13   허종호, 『주체사상에 기초한 남조선혁명과 조국통일 리론』(평양: 사회과학출판사, 1975), p. 20.
14   온 사회를 주체사상화한다는 것은 "주체사상을 유일한 지도적 지침으로 하고 그것을 철저히 구현해서 주체사상의 요구대로 만든다"는 것을 의미하기 때문이다. 『현대조선말사전』(평양: 과학, 백과사전출판사, 1981), p. 1856.

서 연방제통일 방안을 제시한 이후 대남혁명 완수를 위한 각종 형태의 대남공작을 전개하지도 말았어야 할 것이다. 그러나 북한은 지난 2010년 9월 28일 개최된 제3차 당대표자회에서 노동당 규약을 개정하면서 당의 당면목적이 "전국적 범위에서 민족해방민주주의혁명을 완수"하는 것이라는 조항을 존속시킴으로써 여전히 대남혁명 의지가 있음을 분명히 피력했으며 최종목적 역시 그대로 유지하고 있다.[15] 이와 더불어 대남혁명 완수를 위해 끊임없는 대남도발과 함께 대남공작원들을 남파시켜 대남혁명의 전위세력인 지하당조직 구축을 위시한 대남혁명역량 조성을 시도하는 등 대남공작을 지속적으로 전개하고 있다. 그런 의미에서 대남혁명을 완수하기 위한 대남혁명전략은 전체적인 대남전략의 알파이자 오메가라고 할 수 있다.

그러나 북한이 노동당의 당면목표인 민족해방민주주의혁명 완수를 위해 구사하고 있는 구체적인 전술이나 방법 등에 있어서는 변화된 것도 분명히 있는 것이 사실이다. 바로 이러한 점 때문에 이 책에서 북한의 대남혁명전략 전개과정과 함께 그 변화에 대한 연구를 하려는 것이다.

둘째로, 이 책에서 북한의 대남혁명전략 변화를 다루려는 것은 많은 북한 연구자들이 언급하거나 연구주제로 삼고 있는 '대남정책'과 그 변화를 연구해서는 북한의 대남전략 변화 여부와 내용, 변화의 폭 등을 정확히 파악하는 데 한계가 있기 때문이다.

대남정책은 앞에서 언급한 것처럼 북한이 남한을 상대로 대남

---

[15] 2010년 9월 28일 노동당 제3차 대표자회에서 개정된 당 규약 전문에는 "조선로동당의 당면목적은 공화국북반부에서 사회주의 강성대국을 건설하며 전국적 범위에서 민족해방민주주의혁명의 과업을 수행하는 데 있으며 최종목적은 온 사회를 주체사상화하여 인민대중의 자주성을 완전히 실현하는 데 있다"라고 규정되어 있다.

전략을 추구하는 과정에 취하는 전술적인 조치나 행위, 구체적인 제안 등을 의미하는 것으로서 외부적으로 표출된다는 특징을 갖고 있다. 이런 측면에서 볼 때 북한이 해방 이후 지금까지 제시한 각종 대남제의나 통일방안, 남북합의 등 공개 합법적인 조치와 함께 각종 대남도발과 대남공작 등 대남전략 추진 과정에 보여준 행위들은 모두 '대남정책'이라고 하는 범주에 포함시킬 수 있을 것이다. 대남혁명전략이 대남혁명을 통해 달성하고자 하는 목표와 방법 등 내적이고 본질적인 부분이라면 대남정책은 북한이 전체적인 대남전략목표 즉 대남혁명과 조국통일을 추진하는 과정에 취하는 전술적인 조치나 구체적인 행위로서 외부적으로 표출되는 특성을 갖고 있다. 한마디로 말하면 대남전략과 대남정책은 본질과 현상과의 관계 또는 전략과 전술과의 관계라고 할 수 있다. 이 때문에 외부로 드러난 북한의 전술적 조치나 행위 즉 대남정책만으로는 북한이 해당 조치나 행위를 통해 실제로 추구하고자 하는 전략적 목적이나 의도는 물론 그 변화에 대해서도 정확히 파악하는 데 제한성이 있다는 것이다.

일례로 북한은 1980년 10월 노동당 제6차 대회에서 고려민주연방국 창립방안을 제시했으며 1991년에는 남한과 여러 차례의 고위급회담을 갖고 남북기본합의서를 채택하는 데 합의한 바 있다. 이러한 현상만 보면 분명 북한이 당시 유화적인 대남정책을 추진했다고 평가할 수도 있고 경우에 따라서는 일부에서 주장하는 것처럼 대남적화 의지를 포기하고 남한과의 공존을 추구하는 전략으로 바꾸었다고 인식할 수 있을 것이다. 그러나 북한은 고려민주연방국 창립방안을 제시한 1980년 이후에는 물론 남북기본합의서 채택을 위한 고위급회담이 한창 진행되고 있던 1980년대 말

~1990년대 초는 물론이고 그 이후에도 대남공작원들을 남파하여 지하당조직 구축 공작을 전개하는 등 대남혁명 완수를 위한 대남공작을 한시도 중단한 적이 없다.[16] 당시에 북한이 전개했던 대남공작 관련 사항은 1992년에 발생한 '남한조선노동당 중부지역당 사건'과 같이 일부 노출된 것도 있으나 그것은 빙산의 일각에 불과하고 노출되지 않은 것이 더 많다는 관계자들의 진술이 있다.[17]

이와 같은 북한의 행태는 외부적으로 표출되는 측면만 보아서는 북한의 진의와 그것의 변화를 정확히 파악하는 데 한계가 있을 수밖에 없다는 것을 보여주고 있다. 말하자면 북한의 대남정책은 여건과 환경에 따라 수시로 변하기 때문에 그 자체만 연구해서는 북한의 진의는 물론 그 변화에 대해서 정확히 파악하기 어렵다는 것이다. 바로 이러한 이유 때문에 대남정책의 근저에 놓여 있는 대남혁명전략의 맥락에서 그 변화를 연구해야 할 필요성이 있는 것이다.

셋째로, 대남혁명전략을 이 책의 주제로 삼은 이유는 북한이 최악의 경제난을 겪고 있는 상황에서도 그들의 대남혁명완수 의지에 변함이 없을 뿐만 아니라 북한이 실제적으로 대남혁명을 성공시키기 위해 대남공작을 끈질기게 전개하는 등 노력해왔고 지금도 여전히 대남공작과 도발을 감행하고 있기 때문이다. 앞에서 언급한 것처럼 북한은 지난 2010년 9월 28일 개최된 제3차 노동당 대표자회에서 수정 발표한 노동당 규약에 "전국적 범위에서 민족해방민주주의혁명을 완수하는 것"을 당면목적으로 명백히 규정함으로써 변함없는 대남혁명 완수 의지를 피력했다. 이에 앞서 2009

---

16 황인오, 『조선노동당 중부지역당 총책 황인오 옥중수기』(서울: 천지미디어, 1997), p. 186.
17 전직 대남공작요원 K 씨 증언(2010년 10월 21일).

년에는 인민무력부 정찰국을 국방위원회 산하 '정찰총국'이라는 대남공작기관으로 확대 개편하여 대남공작역량을 보다 강화했으며 지금도 변함없이 공작원들을 남한과 해외에 파견해 지하당조직 구축을 비롯한 대남공작을 지속적으로 전개하고 있다.

넷째로, 북한이 어떤 방식으로 대남혁명전략을 수립하고 전개하는가에 대한 보다 심층적인 분석을 위해서도 필요하기 때문이다. 북한은 다른 이론과 마찬가지로 주체사상에 기초하여 대남혁명의 필요성과 임무, 쟁취목표와 타격목표, 수단과 방도 등을 구체적으로 명문화해놓은 대남혁명론에 입각해 대남혁명을 전개하고 있다.[18] 그런 의미에서 대남혁명론은 대남혁명전략 수행을 위한 강령이라고 할 수 있다. 북한은 또한 정세 변화에 따라 대남혁명의 전략과 전술을 달리 적용하면서 남북협상과 교류 등 공개 합법적인 대남사업은 물론 대남공작과 같은 비공개적이고 비합법적인 대남활동도 전개하고 있다.[19] 이와 같이 북한의 모든 대남활동은 철두철미하게 대남전략의 이론적 지침서인 대남혁명론에 근거하여 진행되고 있다.

또한 북한은 대남혁명 완수를 위해 대남정책을 수립하고 각종 대남활동을 보다 효율적으로, 성공적으로 추진하기 위해 해방 직후부터 노동당은 물론 군부 내에 대남사업 전담기구 즉 대남공작기구를 창설하고 운용해오고 있다.[20] 따라서 북한의 대남혁명전략

---

18 여기에서 얘기하는 '대남혁명론'은 대남혁명과 관련된 이론과 전략전술을 체계화한 '논리 또는 지침서'라는 의미이다. 다른 말로 '대남혁명이론'이라고도 할 수 있다. 따라서 일부에서 대남혁명의 당위성이나 필요성 등을 강조하기 위한 개념으로 사용하는 '남조선혁명론(대남혁명론)'과는 분명히 다르다는 점을 강조하고 싶다.
19 북한은 대남공작과 남북대화 및 교류 등 남한과의 관계에서 진행되는 모든 업무 및 활동을 '대남사업'으로 지칭하고 있다.
20 북한의 대남공작기구와 지도체계에 대해서는 제5장에서 구체적으로 다룰 것이다.

변화는 앞에서 언급한 대남혁명론과 그에 기초하여 전개하는 대남혁명의 전략과 전술 변화를 통해 확인할 수 있으며, 이와 함께 그들이 대남혁명을 완수하기 위해 대남공작 전담기구를 창설하고 대남공작을 추진함에 있어서 변화된 환경과 여건에 맞게 그것들을 어떻게 변화시키고 있는가를 통해 확인할 수 있을 것이다.

이와 같은 이유 때문에 이 책에서는 북한 대남혁명전략의 지침인 대남혁명이론과 전략전술 그리고 대남혁명을 완수하기 위한 북한의 실제적인 활동이 어떻게 변화해왔는가를 구체적으로 살펴봄으로써 대남전략의 핵심인 대남혁명전략과 그 변화에 대해 밝히려고 하는 것이다.

제3절
대남혁명전략 연구의 문제점과 한계

　북한의 전체적인 대남전략과 관련한 연구는 많은 학자들과 연구자들이 관심을 두고 지속적으로 연구해왔음에도 불구하고 다른 분야에 비해 부족한 것이 현실이다.
　그것은 무엇보다 북한의 대남전략 관련 연구가 일반화되지 못하고 대북관련 업무를 전담하는 정부기관 또는 정부 산하 연구기관들에서만 업무상 필요에 따라 내부적으로 연구가 진행되어왔기 때문인 것으로 보인다. 사실 북한의 대남전략과 관련한 연구가 정부기관의 영역을 벗어나 민간 또는 일반 연구자들의 관심을 받으며 본격적으로 진행된 것은 냉전이 종식된 1990년대 이후부터라고 할 수 있다. 2000년 이후에야 비로소 대남전략과 관련한 박사학위 논문이 나온 것이 이를 방증하고 있다. 물론 박사학위 논문 외에도 북한의 대남전략을 분석한 석사논문과 함께 학술지에 발표된 단편적인 논문들이 있으나 양적인 면에서나 질적인 면에서 부족한 것이 현실이다. 이와 같은 현실은 북한의 대남혁명전략과 관련한 연구가 보다 폭넓고 깊이 있게 진행되지 못하고 있음을 보여주는 것으로서 이에 대한 심층적인 연구가 시급한 실정임을 증명해주고 있다.

북한의 대남혁명전략에 대한 연구가 활발하게 전개되지 못한 중요한 이유는 관련 자료가 절대적으로 부족하기 때문이라고 할 수 있다. 북한은 1970년 노동당 제5차 대회에서 한 김일성의 연설과 1975년에 발표한 도서『주체사상에 기초한 남조선혁명과 조국통일 리론』을 통해 대남혁명의 성격과 임무, 동력과 대상 등에 대해 공식적으로 밝힌 후 지금까지 대남혁명과 관련한 일체의 자료에 대해서는 극도의 보안을 유지하면서 외부에 공개하지 않고 있다.[21] 특히 1991년 5월에는 김정일이 북한 노동당 대남공작부서 책임간부들 앞에서 주체사상의 기치를 들고 대남혁명을 더욱 힘있게 밀고 나갈 것을 강조하는 등 김일성과 김정일이 생존해 있을 때 여러 차례에 걸쳐 대남혁명과 관련한 언급을 했음에도 불구하고 아직까지 대외적으로 공개한 바 없다.[22]

여기에다 북한의 대남혁명전략 자체가 정치적으로 민감한 문제인 관계로 공식적으로 연구를 하거나 깊이 있는 토론을 하기도 어려워 학자들이 다른 학문에 비해 상대적으로 연구를 기피하거나 꺼리는 경향도 관련 연구를 활성화시키지 못한 중요한 원인으로 한몫했을 것이다.

이와 같은 사정들을 감안하더라도 지금까지 진행되어온 북한의 대남혁명전략에 관한 연구는 여러 측면에서 한계를 드러낸 것이

21　허종호, 앞의 책.
22　김정일이 1991년 5월 24일 조선노동당 중앙위원회 대남사업부서 책임일꾼들 앞에서 한 연설 "주체사상의 기치를 들고 남조선혁명을 더욱 힘 있게 다그쳐나갈 데 대하여"에서 남한사회의 성격을 새롭게 규정하고 그에 기초해 남조선혁명의 성격과 임무, 동력과 대상 등 대남혁명전략을 일부 수정해 발표한 바 있다. 이 문헌은 일명 "5·24 문헌"이라고 하는데 문헌 자체가 국내에 합법적으로 공개된 적은 없다(전직 대남공작요원 K 씨의 증언, 2010년 10월 21일).

사실이다.

첫째로, 북한 대남혁명전략에 대한 직접적인 연구를 하지 못하고 주로 북한의 포괄적인 대남전략 또는 대남정책 전개과정을 역사적인 관점에서 분석하는 데 주력했다는 것이다.[23] 현재까지 발표된 북한 대남전략 또는 대남정책 관련 연구를 보면 역사적으로 북한이 남한에 제의했던 제안이나 전술적인 조치 등을 시기별로 구분하고 그 특징과 의도 등을 분석하는 데 그치고 근저에 깔려 있는 핵심내용인 대남혁명전략 연구까지는 접근하지 못했다.

둘째로, 대남정책 결정과정을 규명하는 데 주력함으로써 대남혁명전략 자체에 대한 분석을 제대로 하지 못했다는 것이다. 그리고 대남정책 결정과정을 규명함에 있어서도 일반적인 대외정책 결정과정과 별반 차이가 없다는 결론을 도출하는 데 그쳤다는 데에는 이론의 여지가 없을 듯하다.[24] 그러나 대남전략 실현을 위한 구체적인 대남정책들이 일반적인 대외정책과 같은 과정을 거쳐 수립되고 결정된다고 보는 것은 대남전략이나 대남정책이 갖고 있는 특성을 간과한 분석이라고밖에 볼 수 없다. 특히 북한이 대남혁명을 위해 추진하고 있는 전략적 방침과 원칙, 구체적인 행동전술 등은 그 자체가 철저한 보안을 요하는 것으로서 외부로 노출되어서도 안 되고 노출될 수도 없는 것이라는 점에서 일반적인 대내외 정책과는 분명히 다른 과정을 통해 수립되고 결정된다고 보는

---

23 대표적인 논문으로는 정봉화, 「북한의 대남정책연구: 1948-1998」(경남대학교 대학원 정치외교학 박사학위논문, 2000)을 꼽을 수 있다.
24 북한의 대남정책 결정과정을 다룬 대표적인 논문으로는 柳吉在, 「北韓 對外政策의 決定構造와 過程」, 『통일문제연구』, 제12권(1991), pp. 164-193; 유호열, 「북한외교정책의 결정구조와 과정」, 양성철 · 강성학 공편, 『북한 외교정책』(서울: 서울프레스, 1995); 이도향, 「북한의 대남정책 결정구조와 특징」, 『북한조사연구』, 제10권 2호(국가안보통일정책연구소, 2006); 허문영, 『북한외교정책 결정구조와 과정: 김일성 시대와 김정일 시대의 비교』(민족통일연구원, 1998) 등이 있다.

것이 적절할 것이다.[25]

셋째로, 적지 않은 연구자들이 대남정책 결정에 미치는 요인을 밝혀내려고 시도했으나 한계가 있었다는 것이다.[26] 지금까지의 연구는 실제로 어떤 요인들이 대남정책 수립과 결정에 영향을 미치는지 또 어떠한 요인들에 의해 어떤 내용이 변했는지에 대해 인과관계 차원에서 구체적인 사례를 들어 설명하지 못했다. 예를 들면 북한이 대남전략 또는 대남혁명전략 실현을 위한 구체적인 대남정책을 수립하고 결정할 때 남한사회에 대한 평가 즉 북한의 남한사회에 대한 인식이 중요한 영향을 미치는데 이런 점들을 간과했다는 것이다. 실제로 대남혁명전략은 북한의 정책결정자들이 남한사회를 미국의 식민지로 인식하고 있느냐 아니면 독립국가로 인식하고 있느냐, 또 반#봉건사회로 보느냐 반#자본주의사회로 보느냐에 따라 그 내용과 방법적인 측면이 달라진다. 그러나 지금까지의 논문들을 보면 북한의 남한사회에 대한 평가가 무엇 때문에 어떻게 달라졌고 그에 따라 어떠한 내용들이 변했는지에 대해 구체적으로 밝혀내지 못하고 있다.[27]

넷째로, 북한 연구자들 간에 아직도 북한 대남전략과 대남정책 그리고 대남혁명전략의 의미와 포괄범위 등에 대한 정확한 이해가 부족하고 이에 대한 의견의 일치를 보지 못하고 있다는 것이다.

---

25   이에 대해서는 제2장에서 구체적으로 설명할 것이다.
26   북한의 대남정책 결정에 미치는 요인을 분석한 논문으로는 고유환, 「북한의 대내정치와 대남정책의 상관성 분석」, 『통일경제』, 제25호(1997), pp. 42-52; 이기종, 「북한의 대남정책 결정요인과 전망」, 『국제정치논총』, 제37집 2호(1997), pp. 180-207; 최완규, 「북한 통일정책의 지속성과 변화」, 『북한은 어디로: 전환기 '북한적' 정치현상의 재인식』(마산: 경남대 출판부, 1996), pp. 215-262 등이 있다.
27   이러한 논의도 제도권 내에서 진행된 것이 아니라 '운동권'이라고 하는 제도권 밖에서 벌어진 것이 사실이다.

일부에서는 북한의 대남정책에 대해 외교정책의 한 부분 즉 대외정책 가운데 남한에 국한된 정책을 대남정책으로 파악하는 동시에 통일정책과 별개의 정책으로 이해하고 있다. 아울러 "1990년대 이전까지의 북한의 대남정책과 통일정책이 동일한 목표를 지향하는 것으로 이해"하는 한편 1990년대 이후의 대남정책에 대해서는 "통일정책과 동일한 정책목표를 갖고 있다고 보기 어렵"다면서 1990년대 전과 후를 구분해 대남정책과 통일정책을 설명하고 있다.[28] 또한 일부 연구자는 북한의 대남전략을 논하면서 조국통일전략 일면만을 다루기도 했다.[29] 그러나 북한의 대남정책은 '분단'이라는 특수한 상황을 극복할 뿐만 아니라 남북한의 이질적인 체제를 하나로 만들기 위해 북한이 취하는 모든 전술적 조치나 제안, 노선 등을 의미하는 것이기 때문에 일반적인 대내외 정책이나 전략과는 구별된다.

북한의 대남정책이 남북한의 유엔 동시가입으로 당당한 주권국이 된 대한민국을 상대로 한다는 점에서, 그리고 엄연한 의미에서의 대내정책은 아니라는 점에서만 보면 대외정책의 한 부분이라고 할 수도 있다. 그러나 분단국가의 경우 통일을 위한 정책을 별도로 추진하고 있다는 측면에서 볼 때 북한의 대남정책과 대외정책의 구분을 모호하게 할 수 있다는 점에서 대남정책을 대외정책의 한 부분으로 간주하는 데 대해 동의하기 어렵다. 다시 말하면 미국이나 일본이 취하고 있는 대북정책이나 대한(對韓)정책은 대외정책의 일부분이 될 수 있으나, 남한이 추진하는 대북정책을 대외정

---

28 정봉화, 앞의 책, pp. 23-37.
29 현성일, 「북한의 국가전략과 간부정책의 변화에 관한 연구」(경남대학교 대학원 박사학위 논문, 2006), pp. 195-196.

책의 일부분으로 간주할 수 없는 것과 같은 논리이다. 또한 북한이 대남혁명을 통해 달성하려는 목표와 '조국통일위업 실현'이라고 하는 목표는 예나 지금이나 엄연한 의미에서 다르기 때문에 앞의 주장은 설득력이 떨어진다고밖에 볼 수 없다. 특히 대남전략의 한 부분인 대남혁명전략은 공식적이고 공개·합법적인 측면보다는 비공식이고 비공개·비합법적인 성격이 다른 전략보다 강하다는 특징을 갖고 있다.

일부에서는 북한의 '대남전략'이라는 큰 틀에서 조국통일전략과 대남혁명전략 등으로 구분해 설명하지 않고 통일정책과 대남정책을 각론으로 바로 접근하여 설명하고 있다. 이에 따라 통일정책을 "민족통일의 실현을 위해 북한당국이 내부적으로 그리고 외국 및 남한과의 관계에서 추구하는 제반 정책"으로 정의하고 이와 같은 통일정책에는 민주기지노선, 3대 혁명역량 강화노선 등 통일과 관련된 북한 노동당의 노선과 대외정책 그리고 남한에 제의한 통일방안과 대남공작사례 등이 포함된다고 주장하고 있다. 또한 대남정책은 "북한이 한반도의 적화통일뿐만 아니라 체제생존 및 내부결속 강화를 위해 대남관계에서 추구하는 일련의 정책"을 의미하며 북한이 취하고 있는 대남한당국정책과 대남군사정책, 대남경제정책 등은 모두 대남정책에 속한다고 강조하고 있다.[30]

그러나 북한이 취하고 있는 모든 정책을 '대남혁명 승리와 조국통일위업 달성'이라는 노동당의 당면목표 달성과 분리시켜 생각할 수 없다는 점에서 이와 같은 논리는 북한의 대내·대남·대외정책의 구분을 명백히 할 수 없다는 제한성을 갖고 있다고밖에 볼

---

30 정성장, 「북한의 통일 및 대남정책 목표의 변화 연구」, 『고황정치학회보』, 제2권(1999), pp. 160-162.

수 없다.

 이 책은 이미 지적한 바와 같이 선행 연구들이 갖고 있는 일련의 제한성을 조금이나마 극복하기 위해 북한의 대남전략과 그 핵심내용인 대남혁명론의 의미와 포괄범위, 변화내용 등을 정확히 규명함으로써 북한의 대남전략과 대남혁명전략에 대한 폭넓은 이해와 북한학 발전에 조금이나마 기여할 것이다.

제4절
무엇을 어떻게 다룰 것인가

　북한 대남혁명전략의 역사적 전개과정과 변화를 파악하기 위해서는 대남혁명전략의 이론적 기초인 동시에 상위개념이라고 할 수 있는 북한의 국가전략과 대남전략에 대한 이해부터 바로 하는 것이 중요하다. 이에 따라 먼저 북한의 국가전략과 대남전략에 대한 일반적 이해를 바탕으로 북한 대남혁명전략의 의미와 성격, 내용과 포괄범위, 대남혁명전략의 수립과 결정에 영향을 미치는 요인과 결정과정 등에 대해 구체적으로 살펴볼 것이다. 이와 함께 북한이 어떠한 원칙하에 대남혁명전략을 수립하는지도 밝힐 것이다.
　앞에서 언급했듯이 대남혁명전략은 수립에서부터 시행에 이르기까지 극도의 보안을 요하므로 일반적인 대내외 정책이나 전략과는 분명히 차원이 다르다고 할 수 있다. 그러나 지금까지의 연구에서는 대남혁명전략 수립에 어떠한 요인들이 중요하게 영향을 미치는지를 정확히 밝혀내는 데 한계가 있었다. 그것은 북한을 내재적 접근법으로 연구한다고 하면서도 북한이 국가전략 즉 혁명의 전략전술을 수립할 때 가장 중요한 지침으로 삼는 부분들은 간과하고 일반적인 국제정치학 이론이나 개념, 분석틀 등을 기계적으로 적용해 북한을 분석했기 때문이라고 할 수 있다. 또한 객관적인 자료보다는 연구자의 주관적인 시각에 의존했기 때문이기도 하다.

사실 북한이 대남혁명전략의 근저에 있는 혁명의 전략전술과 관련된 내용을 처음 거론한 것은 1930년 김일성의 "조선혁명의 진로"를 통해서이다.[31] 북한은 지금도 김일성이 제시한 "혁명의 성격은 매개 혁명단계에서의 혁명의 기본임무와 조성된 사회계급적 제관계에 의하여 규정된다"는 논리를 국가전략과 대남혁명전략 수립·결정의 중요한 원칙으로 삼고 있다.[32] 그러나 지금까지 북한의 대남전략 또는 대남정책을 연구한다는 많은 연구자들은 북한이 혁명의 전략전술을 수립할 때 중요하게 내세우고 있는 원칙과 지침들에 대해 거론한 적이 거의 없다. 따라서 이 책에서는 북한이 어떠한 원칙하에 국가전략과 대남혁명전략을 수립하는지에 대해 구체적으로 밝혀낼 것이다. 이를 바탕으로 북한의 대남혁명전략 수립 및 결정과정이 일반적인 대내외 정책을 수립하고 결정하는 과정과 구체적으로 어떻게 다른지에 대한 분석도 병행할 것이다. 이는 지금까지 많은 연구자들이 대체로 대남정책 역시 대외정책의 한 부분이라는 인식을 바탕으로 대남정책이나 대남전략 결정과정 역시 일반적인 대외정책 결정과정과 거의 동일하다는 정도의 결론을 내리는 데 그쳤다는 한계를 갖고 있기 때문이다.

제3장에서는 대남전략의 한 부분인 동시에 이 책에서 집중적으로 분석하고자 하는 대남혁명전략의 내용과 포괄범위, 대남혁명전

---

31   김일성, "조선혁명의 진로"(카륜에서 진행된 공청 및 반제청년동맹 지도간부회의에서 한 보고, 1930년 6월 30일), 『김일성저작집』 제1권(평양: 조선로동당 출판사, 1979), pp. 5-6.
32   김일성, 「조선공산주의자들의 임무」(조선인민혁명군 대내기관지 『서광』에 발표한 논문, 1937년 11월 10일), 『김일성저작집』 제1권, p. 151.

략의 역사적 전개과정을 구체적으로 살펴본 다음 제4장에서는 북한의 대남혁명전략이 어떻게 변해왔는지에 대해 서술할 것이다.

북한의 대남혁명전략 변화 여부를 정확히 규명하기 위해서는 어느 시점을 기준으로 삼느냐 하는 것도 중요한 문제이다. 그것은 변화의 의미가 서로 동일하거나 다른 현상에서 차이점을 찾아내거나 특정 시점을 전후로 하여 나타난 사물현상이나 사회현상에 있어서 다른 점을 도출해내는 것이기 때문이다. 이에 따라 이 책에서는 국제적으로 냉전이 종식되고 남한에서 획기적인 경제발전과 민주화가 실현된 1990년대 초반을 기점으로 하여 그 전과 후에 북한의 대남혁명전략이 어떻게 변했는지 또 변하지 않은 것이 있다면 그것은 어떤 것인지를 밝힐 것이다. 이는 북한의 대남혁명전략이 남한을 상대로 하는 전략이라는 점에서 전략의 실행대상인 남한이 변하면 당연히 전략목표와 방법 및 내용 등이 어떤 식으로든 변할 수밖에 없으며 실제로도 대남혁명전략의 내용이 부분적이기는 하나 탈냉전시대에 들어선 1990년대 초반을 기점으로 변화되었다는 판단 때문이다. 아울러 1990년대 초반을 기점으로 하여 소련과 동구권 사회주의체제가 붕괴되는 등 국제적인 환경 변화도 북한의 대남혁명전략 변화에 영향을 미쳤기 때문이다.

제5장에서는 북한이 대남혁명전략을 실현하기 위해 그 실행기구인 대남공작기구를 어떻게 창설하고 운용해왔는지 그리고 대남공작지도체계가 어떤 변화를 거쳐 현재에 이르렀는지에 대해 서술할 것이다. 아울러 제6장에서는 대남혁명전략을 실현하기 위해 대남공작을 어떻게 추진해왔는지를 살펴봄으로써 그 과정에 나타난 전술적 변화와 함께 대남혁명전략이 실천적인 측면에서 어떻게 변화되어왔는지에 대해 확인하는 작업을 거칠 것이다.

북한의 대남혁명전략과 그 변화를 연구하는 데 있어서 가장 중요한 자료는 북한이 발표한 공식적인 문헌이나 자료라고 할 수 있다. 그러나 앞에서 언급한 것처럼 북한은 1970년 노동당 제5차 대회에서 한 김일성의 보고와 함께 이를 바탕으로 1975년 허종호가 저술한『주체사상에 기초한 남조선혁명과 조국통일 리론』발표 이후 대남혁명전략과 관련한 자료를 일절 공개하지 않고 있다. 따라서 대남혁명전략 연구에 있어서는 북한의 공식적인 자료를 활용하는 데 필연적으로 한계가 있을 수밖에 없다. 그러나 다행스럽게도 북한 대남공작부서에서 대남혁명전략 선전 및 유포 차원에서 작성한 다음 비공식루트를 통해 국내에 들여보낸 내부문건이 있어 그것을 북한 원전과 동일하게 사용하려고 한다.[33]

북한 대남공작부서에서는 1980년대 후반부터 남한의 운동권 내에서 전개되던 이념논쟁과 '북한 바로알기운동'에 직간접적인 방법으로 적극 개입했다. 한 가지 방법은 평양방송에서 진행하는 '김일성방송대학' 강의를 통해 남한 운동권 내에 북한의 대남혁명전략을 공개적으로 전파하는 것이다. 다른 방법은 북한에서 작성한 원전을 제목만 바꾸어 출판하도록 하거나 북한의 유명한 학자들이 개발한 대남혁명전략 관련 논리를 남한식 어휘와 표현으로 바꾼 다음 해외공작 라인을 통해 남한 현지에 있는 지하조직에 들여보낸 후 그들이 비밀리에 출판·배포하도록 함으로써 남한에 있는 NL[34]주사파 운동가들에게 이론적 무기로 제공하는 비공개적인 방법이다. 당시 북한이 들여보낸 자료를 원문 그대로 출판·

---

33   대표적인 것이 한기영,『한국사회성격 논의』(서울: 대동, 1989)와 김장호,『한국사회성격 논의의 재조명』(서울: 도서출판 한, 1990)이다.
34   National Liberation People's Democratic Revolution, 민족해방인민민주주의혁명의 약자.

배포한 것이 바로 1989년 도서출판 '대동'에서 발간된 『한국사회성격 논의』 제목의 책자이다.[35] 또한 김일성의 회고록 『세기와 더불어』는 『참된 봄을 부르며』라는 제목으로 바뀌어 출판되었으며, 1990년 도서출판 '한'에서는 이와 같은 루트로 제공받은 대남혁명전략 관련 책자인 『한국사회성격 논의의 재조명』을 가공의 인물인 '김장호'를 필자로 내세워 출판·배포한 바 있다.[36] 이러한 자료들은 비록 비공식 자료이기는 하나 북한의 대남혁명전략을 그대로 담고 있다는 점에서 공식 문헌 못지않게 중요하다고 할 수 있다. 따라서 북한의 공식문헌과 동일하게 적극 활용할 것이다.

마지막으로 대남공작부서에 근무했던 전직 대남공작요원 등 관계자들이 밝힌 대남혁명전략 및 대남공작 관련 내용은 그 자체가 귀중한 사료적 가치가 있는 자료이므로 당연히 활용할 것이다.[37]

---

35 동 책자의 저자로 되어 있는 '한기영'은 가공의 인물이다. 그리고 이 책자의 내용은 북한 대남공작부서에서 작성한 다음 비공개루트를 통해 들여보낸 자료를 남한 현지에서 전달받아 글자 하나 바꾸지 않고 그대로 출판했다(전직 대남공작요원 K 씨의 증언, 2011년 10월 21일).
36 『한국사회성격 논의의 재조명』의 내용은 북한이 대남선전용으로 개설한 인터넷 사이트인 (http://615.or.kr/board/view.php?&bbs_id=pds&page=4&doc_num=5848)에 그대로 게재된 바 있는데, 이 책에서는 그 자료를 활용할 것이다.
37 대남선전용 인터넷 사이트에 게재된 『주체의 한국사회 변혁운동론』, 『한국사회성격 논의의 재조명』 등은 김정일이 1991년 5월 24일 조선노동당 중앙위원회 대남사업부서 책임일꾼들 앞에서 한 연설 "주체사상의 기치를 들고 남조선혁명을 더욱 힘 있게 다그쳐나갈 데 대하여"(일명 5·24 문헌)의 대남혁명전략 부분을 남한식 표현을 사용해 해설서 형식으로 작성한 것이다. 이 가운데 『한국사회성격 논의의 재조명』은 앞서 언급한 것처럼 1980년대 후반 남한 운동권 내에서 활발하게 전개되었던 이념논쟁을 종식시키기 위해 1989년에 북한 대남공작부서에서 제작된 후 1990년 일본을 거쳐 남한 현지에 배포되었으며 그것을 다시 비공개적으로 출판한 바 있다. 그 후에 나온 『주체의 한국사회 변혁운동론』은 기존의 『한국사회성격 논의의 재조명』과 1991년에 발표된 김정일의 5·24 문헌 내용을 중심으로 하여 1992년에 제작되었다. 『주체의 한국사회 변혁운동론』이 1992년에 제작되었다는 것은 동 책자에 1991년 12월 1일 출범한 민주주의민족통일전국연합(약칭 전국연합)에 대해 '지난해 12월'에 출범했다고 밝힌 내용(86페이지)을 보아도 확인할 수 있다(전직 대남공작요원 K 씨의 증언, 2011년 10월 21일).

제2장

대남혁명전략의
이론적 배경과 결정과정

제1절
북한의 국가전략과 대남전략

1. 국가전략에 대한 일반적 이해

일반적으로 '전략戰略'이라는 용어는 '전쟁을 계획하고 지도하는 술책'이라는 의미로서 군사적인 개념이라고 할 수 있다.[1] '전략'이라는 용어가 처음 사용된 시기는 18세기인데 그리스어의 'strategus(장군의 술책)'에서 비롯되었다. 그러나 19세기 이후 전쟁의 규모와 양상이 커지고 복잡해짐에 따라 전쟁을 수행함에 있어서 비군사적인 요인도 군사적인 요인 못지않게 중요한 비중을 차지하게 되었다.

이렇게 비군사적인 요인을 군사적인 요인과 따로 떼어놓고 생각할 수 없게 되자 '군사적인 의미로서의 전략'이라는 용어가 갖고 있는 본래의 취지를 넘어 확대해서 사용하게 된 것이다. 즉 '전쟁승리'라는 목적 달성을 위해 전평시에 국가의 모든 힘을 군사력과 더불어 종합적으로 발전시키고 효율적으로 운용할 필요성이 제기되었으며, 이를 '국가전략'이라는 개념으로 정립하고 이때부

---

1 http://terms.naver.com/entry.nhn?docId=1139480&mobile&categoryId=200000303 참조.

터는 군사전략과 구분하거나 대비해 사용하게 된 것이다. 전쟁과 평화의 한계가 뚜렷하지 못한 20세기에 들어와서는 국가전략과 군사전략이 개념적으로는 명백히 구분됨에도 불구하고 실제적으로는 양자를 구분하기가 어렵게 된 것이 현실이다.

이와 같이 전략은 전략주체가 달성하고자 하는 목표와 추구하는 이익이 무엇이며 이를 달성하기 위해 인적·물적 수단 등을 어떻게 마련하고 그것을 어떻게 효율적으로 활용할 것이냐 하는 방법적인 문제 등을 모두 내포하고 있는 개념이다.

전략과 달리 '전술'은 전략적인 목표 달성을 위해 취하는 원칙이나 방침, 행동요령 등을 의미하는 것으로서 전략의 하위개념이라고 할 수 있다. 전략이 국가의 총체적인 목표와 이익, 이를 달성하기 위한 방법과 술책 등을 규정해놓은 것으로서 광범위하고 포괄적이며 하나의 목표를 달성하기 전까지는 변하지 않는다는 불변성과 장기적인 성격을 띠고 있는 것이 특징이라면, 전술은 상대적으로 지엽적이고 단기적이며 가변적인 성격이 강한 것이 특징이라고 할 수 있다. 그러나 정책은 일정한 목표를 합리적인 방법으로 실현하기 위해 정부·단체·개인이 취하는 노선이나 방침 등을 의미한다는 점에서 국가전략이나 전술과는 차이가 있다.

'전략'이라는 용어가 국가적인 차원의 범주로 사용되고 '전술'이라는 용어는 전쟁이나 전투와 같이 군사적인 의미로 통용된다면 '정책'은 정치적인 성격이 강하다는 특징이 있다. 따라서 어떤 국가에서 추진하는 대외정책이나 경제정책·사회복지정책 및 교육정책 등 각종 정책은 국가가 추진하는 것으로 이해할 수도 있으나 이 경우에도 국가의 권력을 현실적으로 담당하고 있는 정부의 정책이라고 말할 수 있다. 더 구체적으로 말하면 의회정치하에서 국가가 추진하는 정책은 정권을 담당하고 있는 특정 정당의 정책이다. 그러나 국가의 권력을 담당하고 있는 어떤 정당이 정책을 추진하더라도 국가의 총체적인 목표와 이익 등은 해치지 않는 차원에서 수립하고 추진한다는 점에서 국가정책 또는 공공정책이라고 할 수 있는 것이다.

오늘날에는 정당은 물론 노동조합과 같은 이익단체 및 개인의 정책이라도 그 내용과 성질이 공공적인 것이라면 정책이라고 하며 미국에서는 이것을 공공정책public policy이라 부르고 있다. 국가전략이 해당 국가나 체제가 존재하는 한 지속적으로 추구해야 할 목표나 가치로서 정권이 바뀌어도 변하지 않는 것이라면, 정책은 그것을 수립하고 추진하는 주체인 정권을 어떤 정치세력이 잡느냐에 따라 바뀔 수도 있다는 측면에서 분명 다른 것이다.

이와 같은 의미들을 종합해볼 때 국가전략은 한마디로 해당 국가가 지향하고 있는 총체적인 목표와 이익이 무엇이며 이러한 것들을 어떻게 달성할 것이냐 하는 방법 등을 규정해놓은 것이라고 할 수 있다. 다시 말하면 국가목표의 달성을 위해 국가의 모든 저력 즉 인적·물적 자원을 종합적으로 발전시키고 그것들을 효과적으로 운용하기 위한 방책을 규정해놓은 것이 국가전략이라고 할 수 있다.[2] 요약하면 "정책적 결과만이 아닌 전략 선택과 집행과정을 모두 포함하는 개념"이라고 정의할 수 있을 것이다.[3]

국가전략은 중장기적인 성격을 갖고 있는 것이 특징이다. 정권별로 시대에 따라 국가이익과 국가목표가 약간씩 변화될 가능성은 있지만, 국가전략은 대체로 중장기적으로 변함없이 추구해야

---

2   http://100.naver.com/100.nhn?docid=21735 참조.
3   류상영 외, 『국가전략의 대전환』(서울: 삼성경제연구소, 2001), p. 471.

할 해당 국가의 전략이다. 국가전략은 또한 복합성을 띤다. 어느 한 가지의 이익과 목표만을 추구하거나 한 가지 변수만을 고려한 국가전략이란 존재하기 힘들기 때문이다. 실제로도 정치·군사·경제·문화 등을 총체적으로 고려한 전략들이 대부분이다.

국가전략은 '선견성'이라는 특징도 갖고 있다. 국가전략은 미래에 대한 중장기적 비전을 제시하고 구현해야 하기 때문에 현 위치에 대한 객관적 분석과 함께 미래에 대한 전략적 행동원칙과 방향을 보여주게 된다. 따라서 대체로 10년 이후를 바라보면서 변화될 전략적 환경을 고려한 역량 강화 방안을 제시하게 되는 것이다. 교육을 가리켜 백년대계라고 하는 것은 국가전략의 선견성을 말해주는 대표적인 사례이다.[4]

국가전략에 있어서 가장 중시해야 할 구성요소는 국가의 이익과 목표를 분명히 정의하고 그 우선순위를 정하는 것이다. 미국 국익위원회에서는 국가이익을 사활적vital 이익, 매우 중요한extremely important 이익, 중요한just important 이익, 덜 중요하고 부차적인less important or secondary 이익 등으로 분류하고 있다.[5] 국가이익은 해당 국가가 처해 있는 상황이나 역사적 전통 혹은 추구해온 국가가치national value에 따라 다양하게 규정되고 설정될 수 있다.

국가목표national objective란 국가이익을 지키고 구현하기 위해 달성해야 할 목표를 말한다. 국가목표는 대체로 상대적인 기준이나 절대적인 기준에 따라 정해지기 쉽다. 국가경쟁력 세계 몇 위, 혹은 1인당 국내총생산량GDP이 몇 년 안에 어떤 수준에 도달하느냐 등이 이에 해당된다고 할 수 있다. 국가이익을 실현하고 국가목표를

---

4   류상영 외, 앞의 책, pp. 16-19.
5   America's National Interests, 1996.

달성하기 위해서는 이에 맞는 국가의 역량 혹은 가용자원이 뒷받침되어야 한다. 전략적 환경의 특성과 국가의 가용자원 및 역량의 관계 속에서 국가가 선택하고 구현할 수 있는 전략의 범위나 폭이 결정되는 것이 일반적이다.

이와 같이 국가전략national strategy이란 '국가가 주어진 환경에서 자국의 가용자원을 효과적으로 활용해 국가의 이익과 목표를 실현하는 데 필요한 중장기적 행동원칙과 이념 및 수단'이다. 이러한 국가전략은 대전략, 국가안보전략, 국가발전전략 등 다양하게 불린다.

국가전략은 해당 전략목표를 달성하는 데 걸리는 기간과 국가이익의 우선순위를 기준으로 대大전략과 소小전략으로 구분할 수 있다. 국가정책은 이러한 대전략과 소전략의 중간에 위치한다고 보면 될 것이다. 대체로 대전략은 쉽게 변하지 않는 반면 소전략은 상대적으로 변화가능성이 높은 것이 특징이며 실제로 정치과정에서는 정책과 구별되지 않는다. 그러나 국가전략은 단기적인 정책이나 구체적인 제도와는 구별된다. 물론 국가전략을 집행하는 과정에서는 정책과 제도들이 전략의 핵심수단이 되지만 사안의 수준과 시간적 전망에 있어서 차이가 있다는 것이다.

국가전략은 또한 일반적으로 대내전략과 대외전략 등 하위범주로 구분할 수 있다. 대내전략은 국가의 중요 구성부분인 국민을 어떻게 이끌어나가며 정치·경제·군사·안보 등 국가의 내부적인 영역을 어떻게 통치할 것이냐를 규정한 것이라면 대외전략(또는 외교전략)은 다른 국가들과의 관계를 통해 국익을 극대화하기 위해 펼치는 전략이다. 그러나 대외전략 역시 국익을 극대화함으로써 총체적인 국가전략 목표 달성에 기여한다는 점에 있어서는 대내전략과 일치한다고 할 수 있다.

분단국의 경우 보통의 독립국가와 달리 분단을 관리하거나 극복하기 위한 별도의 전략을 수립하는데 이러한 전략은 일반적인 보통국가의 대내외 전략과는 분명히 다른 특징을 갖고 있다. 남북이 분단된 상황에서 남한이 추진하고 있는 대북전략이나 북한의 대남전략은 모두 대내전략이라고 할 수 없으며 그렇다고 일반적인 대외전략과 같이 취급하기에도 애매하기는 마찬가지이다. 그것은 분단국가에서 분단극복을 위해 추진하는 전략이 분단되지 않은 보통국가에서 추진하는 국가전략과는 다를 수밖에 없기 때문이다. 즉 분단국가에서 '통일'이라는 궁극적인 목표 또는 '분단극복'이라는 목적을 실현하기 위해 추진하는 전략이 국가의 전체적인 시각에서 보면 부분적이라고 할 수 있으나 특수한 전략인 것만은 사실이기 때문이다.

그렇기 때문에 이 책에서는 분단국가인 북한이 분단극복을 위해 추진하는 대남전략이 국가전략의 한 부분이라는 인식을 바탕으로 이에 대해 살펴보려고 하는 것이다.

2. 북한의 국가전략과 혁명전략

북한은 국가전략을 어떻게 이해하고 있으며 과연 북한에도 국가전략이라는 개념이 존재할까? 이와 같은 질문을 받으면 흔히 북한에도 국가전략이 존재할 것이라는 일반적인 말로 대답할 수 있을 것이다.

물론 북한은 사회주의헌법에 "조선민주주의인민공화국은 북반부에서 인민정권을 강화하고 사상, 기술, 문화의 3대 혁명을 힘 있게 벌여 사회주의의 완전한 승리를 이룩하며 자주, 평화통일, 민족 대단결의 원칙에서 조국통일을 실현하기 위해 투쟁한다"는 조항을 삽입해 투쟁목표를 명백히 밝히고 있다.[6] 그러나 사실 북한에는 일반적으로 통용되는 '국가전략'이라는 개념이 존재하지 않는다고 보아도 무방할 것이다. 북한에 있어서 국가는 노동당의 영도를 받는 조직에 불과하기 때문이다.[7] 북한에서 국가가 추진하는 모든 전략과 정책, 노선 등을 입안하고 결정하는 주체는 바로 노동당이다. 따라서 북한에서의 국가전략은 곧 노동당의 전략이라고 할 수 있다.[8] 이와 함께 노동당은 혁명투쟁을 영도하는 것을 사명으로 하고 있기 때문에 노동당의 전략은 곧 국가전략인 동시에 혁명전략이라고 할 수 있다.[9]

북한은 국가전략을 철저히 혁명과의 연관 속에서 인식하고 있는 것이 특징이라고 할 수 있다.[10] 북한은 국가전략의 핵심이라고 할 수 있는 국가의 목표를 혁명임무 또는 혁명의 목표(목적)와 동일

---

[6] 2009년 4월 9일 최고인민회의 제12기 제1차 회의에서 개정된 사회주의헌법 제9조. 북한은 2012년 4월에도 헌법을 일부 수정했으나, 앞의 조항 부분은 수정하지 않은 것으로 알려지고 있다.

[7] 2009년 4월 9일 최고인민회의 제12기 제1차 회의에서 개정된 북한 헌법에는 "조선민주주의인민공화국은 조선로동당의 령도 밑에 모든 활동을 진행한다"(제11조)라고 규정되어 있다. 또한 2010년 9월 28일 노동당 제3차 대표자회에서 개정된 노동당 규약에는 "조선로동당은 근로인민대중의 모든 정치조직들 가운데서 가장 높은 형태의 정치조직이며 정치, 군사, 경제, 문화를 비롯한 모든 분야를 통일적으로 이끌어나가는 사회주의 령도적 정치조직이며 혁명의 참모부이다"(서문)라고 명문화함으로써 국가에 대한 노동당의 영도권을 제도화했다.

[8] 북한은 전략에 대해 "혁명의 기본임무를 실현하기 위하여 해당 혁명단계에서 전 기간에 견지되는 당의 일반적인 투쟁 강령과 기본방침"이라고 정의함으로써 전략의 주체가 노동당임을 분명히 하고 있다. 『조선말대사전』 제2권(평양: 사회과학출판사, 1992), p. 135.

[9] 『정치사전』(평양: 사회과학출판사, 1973), pp. 784-788.

[10] 북한은 혁명에 대해 "인민대중의 자주성을 실현하기 위한 사업"으로 간주하고 정권교체를 포함해 사회를 변혁하고 자연과 인간의 사상을 개조하는 것까지도 모두 혁명에 포함시키고 있다. 그러나 남한 운동권 내에서는 '혁명'이라는 용어에서 비롯되는 과격함과 거부감을 완화시키려는 의도에서 '혁명'이라는 용어를 '변혁운동'이라는 용어로 대체해 사용하고 있다. 그러나 이 책에서는 '혁명'이라는 본래의 용어를 그대로 사용할 것이다.

시하고 있으며 국가전략이라는 개념도 혁명전략 즉 혁명의 전략전술로 이해하거나 혁명의 전략전술 범주 내에 포함시키고 있다.[11] 다시 말하면 국가전략과 혁명전략을 별개의 것으로 보지 않고 동일한 개념으로 이해하거나 오히려 국가전략이 혁명전략의 범주 내에 포함되는 하위개념이라는 인식을 갖고 있다는 것이다.[12]

북한은 또한 '전략을 수립하는 데서 중요한 것은 투쟁대상, 특히 주되는 투쟁대상과 주공방향, 혁명투쟁의 일반적 방도를 정확히 세우고 혁명역량을 올바로 편성하는 것'이라고 강조함으로써 전략을 혁명과의 관계 속에서 인식하고 있음을 확인할 수 있다.[13] 그리고 전략에 대해 '소여 혁명단계에서의 전 기간에 변하지 않는다'며 전략이 장기적인 특성을 갖고 있다는 점을 인식하고 있다. 동시에 일정한 혁명단계에 국한된다고 함으로써 혁명단계가 바뀌면 국가전략도 변할 수 있음을 시인하고 있다.

전술에 대해서는 '전략적 방침을 실현하기 위한 구체적인 투쟁방침'으로서 '정세 변화에 따라 세우게 되므로 혁명투쟁의 일정한 전략적 단계에서 변화할 수 있다'며 전략과 밀접한 관계에 있는 하위개념으로 인식하고 있다.[14] 동시에 전술 역시 혁명과의 연관 속에서 이해하고 있는 점은 전략에 대한 인식이나 다를 바 없다.

북한이 국가전략을 혁명전략과 동일시하거나 혁명전략의 하위

---

11   북한은 "혁명의 전략전술은 혁명임무 또는 혁명의 목표 달성을 위한 이론과 행동지침 등을 밝혀놓은 것으로서 혁명의 지도이론이라고도 한다"라고 정의하고 있다. 『조선대백과사전』 제24권(평양: 백과사전출판사, 2001), p. 225.
12   그러나 정성장은 "북한과 같은 사회주의 국가의 경우에는 민주주의 국가에서와는 다르게 '혁명전략'이라는 또 하나의 하위전략이 존재하며 혁명전략은 국가전략 중에서도 핵심적인 부분을 차지한다"며 오히려 북한의 혁명전략을 국가전략의 하위개념으로 인식하고 있다. 『북한의 국가전략』, p. 25.
13   『백과전서』 제4권(평양: 과학, 백과사전출판사, 1983), p. 315.
14   『백과전서』 제4권, p. 315.

범주로 보고 있는 것은 혁명을 국가보다 우선시하는 인식 때문이라고 할 수 있다. 북한에서는 일제에게 나라를 빼앗긴 일제식민통치시기 김일성이 반일민족해방혁명을 위해 투쟁했다고 선전하고 있으므로 '국가'라는 개념보다 '혁명'이라는 개념이 먼저 생겨났다고 할 수 있다. 이에 따라 '혁명'이 '국가'보다 중요한 개념으로, 우선하는 개념으로 인식되고 있다. 북한은 또한 혁명의 개념에 대해 '인민대중의 자주성을 실현하기 위한 사업'으로 간주하고 정권교체를 포함해 사회를 변혁하고 자연과 함께 인간의 사상을 개조하는 것까지도 모두 혁명의 범주에 포함시키고 있다.[15]

"어떤 사람들은 낡은 사회제도를 뒤집어엎고 새로운 사회제도를 세우는 것만 혁명이라고 하는데 우리는 그렇게 보지 않습니다. 사상, 기술, 문화 분야에서 낡은 것을 새것으로 바꾸는 것도 하나의 혁명입니다."[16]

이와 같은 시각에서 보면 북한이 이미 완수했다고 하는 반제반봉건민주주의혁명이나 현재 추진하고 있는 사상·기술·문화의 3대혁명은 북한에 있어서는 혁명전략인 동시에 국가전략이라고 할 수 있다. 그것은 북한이 추진하는 어떠한 전략이나 정책도 '인민대중의 자주성을 위한' 것이므로 '혁명'이라는 범주에서 벗어날 수 없기 때문이다.

북한이 국가전략을 혁명전략과 밀접히 연관시키고 있는 것은

15　김정일, "주체의 혁명관을 튼튼히 세울 데 대하여"(조선로동당 중앙위원회 책임일꾼들과 한 담화, 1987년 10월 18일)『김정일선집』제9권(평양: 조선로동당출판사, 1998), p. 50.
16　김일성, "사상혁명, 기술혁명, 문화혁명을 더욱 힘 있게 다그치자"(조선로동당 중앙위원회 정치위원회 강서확대회의에서 한 결론, 1973년 3월 14일)『김일성저작선집』제6권(평양: 조선로동당출판사, 1974), p. 421.

국가를 혁명투쟁의 수단으로 간주하고 있는 것과도 무관하지 않다. 북한은 사회주의체제하에서의 국가를 '계급투쟁의 무기, 사회주의 공산주의 건설의 무기'라며 국가가 혁명을 위한 수단임을 명백히 하고 있다.[17] 바로 이러한 북한의 인식이 국가전략을 혁명전략의 범주에 포함시키거나 혁명전략의 하위개념으로 간주하도록 만들고 있다는 것이다.[18]

또한 북한은 '국가전략'이나 '혁명전략'이라는 용어 대신 '혁명의 전략전술'이라는 개념을 사용하고 있는 것도 특징이다. 앞에서 언급한 바와 같이 북한은 전략을 '일정한 혁명단계에서 해결해야 할 투쟁방침을 밝혀주며 그 혁명단계에서는 달라지지 않는' 것으로, 전술은 '전략적 방침을 실현하기 위한 구체적인 투쟁방침'으로 인식하는 등 전술을 전략의 하위개념으로 간주하고 있다. 그러나 대체적으로 전략과 전술을 구별하지 않고 '전략전술'이라는 하나의 통합된 개념으로 사용하고 있다. 북한에서 흔히 사용하는 '혁명의 전략전술'이나 '남조선혁명의 전략전술' 등이 그것이다.

3. 북한의 국가전략과 대남전략 전개

북한의 국가전략이 어떤 과정을 통해서 수립되고 변화돼왔는지를 살펴보는 것은 북한의 과거와 현재를 파악하고 미래를 예측하며 대남전략이 어떻게 대두되었는지를 파악하는 데 있어서 매우 중요하다.

---

17 『정치사전』, p. 79.
18 그러나 이 책에서는 북한의 인식을 바탕으로 우리에게 익숙하지 않은 '혁명전략'이라는 개념을 쓰지 않고 '국가전략'이라는 개념을 사용할 것이다.

8·15 광복 이후 김일성에 의해 제시되었던 북한의 국가전략은 지금까지 단계적으로, 지속적으로 변해왔다. 여기에서는 북한의 국가전략 가운데 가장 중요한 요소인 국가전략 목표가 구체적으로 어떤 것이었고 어떻게 변해왔는가를 살펴보려고 한다.

  김일성이 8·15 광복 이후 북한에 들어와 처음으로 제시했던 국가전략 목표는 한반도에 '자주독립국가를 건설하는 것'이었다. 북한은 이러한 전략목표 실현을 위해 일본이 남겨놓은 제국주의 잔재와 봉건적인 잔재를 청산하기 위한 반제반봉건의 과제와 토지개혁, 중요산업 국유화 등 민주주의혁명 과제를 수행하고 민주주의인민공화국을 창건하는 것을 과제로 내세웠다.[19] 당시 북한이 채택했던 '자주독립국가 건설'이라는 전략목표는 한반도 전체를 명확하게 지칭하지는 않았지만, 사실상 당시 북한과 동일한 사회구조와 경제발전 수준에 있던 남한까지도 포괄하는 전략이었다고 할 수 있다. 이는 북한이 남북총선거를 통한 독립국가 건설을 주장하고 민주기지를 건설하는 등 '자주독립국가 건설'을 위해 취했던 여러 가지 조치를 가지고 설명할 수 있다. 당시 김일성을 비롯한 북한지도부는 모스크바 3상회의에서 논의된 대로 미소공동위원회의 신탁통치가 끝나면 자신들이 세운 국가전략 목표 즉 한반도에 통일된 자주독립국가가 수립될 것이라고 인식하고 있었다.

  그러나 북한은 미군이 남한에 진주한 이후 군정을 실시하는 등 한반도 정세가 급변하자 이를 반영해 국가전략 목표를 수정했다. 즉 '자주독립국가 건설'이라는 국가전략 목표를 '통일된 자주독립

---

19 김일성, "해방된 조국에서의 당, 국가 및 무력 건설에 대하여"(군사정치간부들 앞에서 한 연설, 1945년 8월 20일) 『김일성저작집』 제1권, p. 260.

국가 건설'로 수정한 것이다.[20] 물론 통일된 자주독립국가 건설을 위한 과제로서의 '반제반봉건민주주의혁명 수행'은 변함없었다.[21] 이때부터 북한의 국가전략은 공식적으로 표현하지는 않았으나 북한지역에서 수행해야 할 대내전략과 남한을 상대로 하는 전략 즉 대남전략이 병존하게 된 것이라고 할 수 있다. 이는 결과적으로 이때부터 대남전략이 북한 국가전략의 중요 구성부분으로 자리매김하게 되었다는 것을 의미한다.

북한은 '통일된 자주독립국가 건설'이라는 국가전략 목표 실현을 위해 무엇보다도 대내적으로 건당建黨 · 건국建國 · 건군建軍의 3대 과제를 제시하고 이를 적극 추진했다. 이에 따라 1945년 10월 10일에는 가장 먼저 공산당을 조직했다.[22] 그리고 1948년 2월에는 북한군을 창설했으며 같은 해 9월에는 '조선민주주의인민공화국'의 국호를 가진 북한정권을 수립했다.[23]

북한은 또한 국가전략 목표 실현을 위해 북한지역에서는 일본제국주의 잔재와 봉건적 잔재를 없애기 위한 친일파 청산과 토지개혁, 중요산업 시설의 국유화 조치를 취하는 등 반제반봉건민주주의혁명 과제를 수행했다. 다른 말로 표현하면 민주기지 건설에 매진한 것이다.[24] 동시에 남한에서 북한의 국가전략 목표인 남북통

20 　해방 이후 '자주독립국가 건설'을 강조하던 북한은 1945년 10월 29일 국가전략을 '통일된 자주독립국가 건설'로 수정했다. 『김일성저작집』 제1권, p. 376.
21 　『김일성선집』 제1권(평양: 조선로동당출판사, 1963), p. 3.
22 　북한은 평양에서 김일성의 지도하에 '서북 5도당 책임자 및 열성자 대회'가 시작된 1945년 10월 10일을 노동당의 공식 창당 일자로 정하고 이를 기념하고 있다.
23 　북한군이 창설된 시점은 1948년 2월 8일이다. 이에 따라 북한은 1977년까지 2월 8일을 북한군 창설일로 기념했다. 그러나 김일성의 후계자로 내정된 김정일이 혁명전통을 계승한다고 하면서 1978년부터 김일성이 중국 길림성 안도현에서 반일유격대를 조직했다고 주장하는 1932년 4월 25일을 북한군 창설일로 소급시켜 재지정하고 이날을 '건군절(建軍節)'로 기념하고 있다. 한편 북한정권은 1948년 9월 9일 최고인민회의 제1차 회의를 통해 수립되었다.
24 　김일성이 통일국가 건설을 위해 북조선을 민주기지로 만들어야 한다는 주장을 제시한 것은

일을 실현하기 위해 활동하는 공산당조직과 빨치산에 대한 지원도 강화했다. 이러한 관점에서 보면 6·25 전쟁은 북한이 '통일된 자주독립국가 건설'이라는 국가전략 목표 실현을 위해 일으킨 전쟁이었다. 그렇기 때문에 북한은 6·25 전쟁을 "조국의 통일과 독립된 자유와 민주주의를 위한 정의의 전쟁"이라고 평가하고 있는 것이다.[25]

북한은 6·25 전쟁이 끝난 이후 '통일된 자주독립국가 건설'이라는 기존의 국가전략 목표를 '조국의 통일독립과 북한지역에서의 사회주의혁명 수행'으로 다시 수정하고 이 목표 달성을 위해 주력했다.[26] 당시 북한이 내세웠던 사회주의혁명의 내용은 사적 소유에 기초하고 있는 낡은 생산관계 즉 자본주의 경제관계를 없애거나 개조해 사회주의적 생산관계가 유일적으로 지배하도록 하는 것이었다. 북한은 이러한 사회주의혁명을 "제국주의자들과 그 앞잡이들의 소유를 빼앗으며 봉건적 토지소유관계를 없앤 기초 위에서 개인농민 경리를 협동화하며 개인상공업을 사회주의적으로 개조하는 것과 같은 일련의 혁명적 변혁을 통하여 실현"했다.[27]

그러나 북한은 여전히 한반도 전체적인 차원에서 볼 때 반제민

1945년 12월 17일이다. 『김일성저작집』 제1권, p. 476.
25 스칼라피노·이정식 공저, 『한국공산주의운동사』 제2권(서울: 도서출판 돌베개, 1986), p. 503. 참조. 북한은 전쟁을 정의의 전쟁과 부정의의 전쟁으로 구분하고 사회주의 이념을 가진 국가들이 일으킨 전쟁 즉 민중의 자주성 실현을 위한 전쟁은 '정의의 전쟁'으로 자본주의 또는 제국주의 국가들이 일으킨 전쟁은 '부정의의 전쟁'으로 간주하고 있다.
26 김일성은 1955년 4월 발표한 테제 "모든 힘을 조국의 통일독립과 공화국북반부에서의 사회주의 건설을 위하여"에서 사회주의혁명을 국가전략으로 제시했으며, 북한에서 사회주의혁명이 완수된 시점은 농업협동화와 개인상공업의 사회주의적 개조가 성공적으로 끝난 1958년 8월이다. 『조선로동당력사』(평양: 조선로동당출판사, 1991), p. 327.
27 김일성, "조선민주주의인민공화국에서의 사회주의 건설과 남조선혁명에 대하여"(인도네시아 '알리 아르함' 사회과학원에서 한 강의, 1965년 4월 14일) 『김일성저작선집』 제4권(평양: 조선로동당출판사, 1968), pp. 203-204.

족해방의 과업과 반봉건민주주의혁명의 과업이 국가전략으로 여전히 유효하다는 입장을 갖고 있었다. 그것은 이미 북한지역에서는 1950년대 후반에 들어와 "반제반봉건민주주의혁명을 완수하고 사회주의혁명 단계에 들어섰으나 남반부 인민들은 미제의 강점 밑에서 제국주의적, 봉건적 착취와 압박에 계속 시달리고 있다"는 이유 때문이라는 것이었다.[28]

이에 따라 북한은 1958년 사회주의혁명을 완수한 이후 다음 단계의 국가전략 목표로서 사회주의 건설과 함께 또다시 반제반봉건민주주의혁명 수행을 내세웠던 것이다. 즉 북한지역에서는 사회주의를 건설하는 것이 국가전략 목표였고 남한지역에서는 반제반봉건민주주의혁명 수행이 북한의 국가전략 목표, 대남전략 목표였던 것이다.

> "해방 후 남북조선은 정반대의 길을 걸어왔다. 인민이 주권을 잡은 북조선은 민족적 독립과 진보의 길을 따라 힘차게 걸어온 반면에 미제국주의자들이 지배하는 남조선은 또다시 식민지 예속과 반동의 길에 떨어졌다. 우리는 나라의 절반 땅을 해방하고 여기에서 새 생활을 건설하고 있으나 아직도 절반 땅은 외래 제국주의 침략세력에 의하여 강점당하고 있으며 민족해방혁명을 전국적으로 완성하지 못하였다.
> 그리하여 오늘 조선로동당과 조선인민 앞에는 두 가지 혁명과업이 나서고 있다.
> 그 하나는 나라의 북반부에서 사회주의를 건설하는 것이며 다른 하나는 남조선을 미제국주의의 식민지통치에서 해방하고 조국의 통일을 실현하는 것이다.

---

28   『조선로동당력사』, p. 327.

이 두 가지 혁명과업은 서로 밀접히 연결되어 있으며 그 실현을 위한 투쟁은 통일적인 조선혁명의 종국적 승리를 앞당기기 위한 투쟁이다. 조선공산주의자들의 목적은 자기 조국을 통일하고 전국적으로 사회주의혁명과 사회주의 건설을 실현하며 나아가서는 공산주의를 건설하는 데 있다. 우리 당은 전체 조선인민을 영도하여 이 목적을 이룩하기 위하여 투쟁한다.

그러나 지금 북조선과 남조선은 서로 다른 정세에 놓여 있으며 남북조선에서 혁명은 그 발전단계가 서로 다르다. 그렇기 때문에 조선혁명이 하나의 통일을 이루고 있음에도 불구하고 현 시기에 있어서는 북조선과 남조선에서 서로 다른 혁명과업이 나서지 않을 수 없는 것이다. 다시 말하여 북조선에서는 사회주의 건설이 당면한 혁명과업이지만 남조선에서는 반제반봉건적민주주의혁명이 당면과업으로 된다."[29]

이후 북한의 국가전략 목표는 북한지역에서 '사회주의의 전면적 건설→사회주의 완전승리'라는 변화과정을 거쳐 '사회주의 강성대국 건설'이라는 현재의 전략으로 변화해왔다. 그리고 대남차원에서는 '반제반봉건민주주의혁명 또는 민족해방인민민주주의혁명 수행'에서 현재의 '민족해방민주주의혁명'으로 변화된 것이다.

그러나 간과하지 말아야 할 것이 있다. 바로 북한이 노동당의 최종목적으로 제시한 "온 사회의 주체사상화와 인민대중의 자주성 실현"이다. 최종목적이라는 것은 당면목적을 달성한 이후 계속해서 수행해야 할 목표라는 것이다. 결과적으로 "온 사회를 주체사상화하여 인민대중의 자주성을 완전히 실현"하는 것을 골자로 하는 최종목적은 북한에서 사회주의 강성대국을 건설하고 남한에서 민족해방민주주의혁명을 수행한 이후 다음 단계에서 추진해야

---

[29] 『김일성저작선집』 제4권, pp. 195-196. 강조는 필자.

할 노동당의 목표라고 할 수 있다. 대남혁명전략 차원에서 보면 북한 노동당의 최종목적인 "온 사회의 주체사상화와 인민대중의 완전한 자주성 실현"은 당면목적인 "전국적 범위에서 민족해방민주주의혁명 완수" 즉 대남혁명 승리 이후 계속해서 수행해야 할 노동당의 목표라는 것을 알 수 있다. 결국 노동당의 대남혁명전략은 당면한 남한에서 "민족해방민주주의혁명"을 완수한 다음 계속해서 "온 사회를 주체사상화하여 인민대중의 자주성을 완전히 실현"하는 것으로 요약할 수 있다.

북한 국가전략의 한 부분인 대남전략은 대남혁명전략과 함께 조국통일전략으로 이루어져 있다. 대남전략을 포함한 위와 같은 북한의 국가전략은 외부에 드러나지 않는 내적이고 본질적인 성격이 강하며 또 한 번 정하게 되면 쉽게 변하지 않는 특성을 갖고 있다.

한편, 북한은 대내전략과 대남전략, 대외전략을 실현하기 위해 각종 전술적 조치나 제의 등 정책을 구사하고 있는데 각각의 성격에 따라 대내정책과 대남정책, 대외정책 등으로 세분화할 수 있다. 앞에서 언급한 것처럼 전략이 본질적이고 쉽게 변하지 않는 것이라면 정책은 외적이고 정세의 변화에 따라 쉽게 변하는 가변적인 특징을 갖고 있다. 특히 북한의 대남정책은 대남혁명 승리와 조국통일 실현을 위해 취하는 각종 대남조치 및 제안으로서, 북한은 대내외 정세와 주변 환경 변화에 맞게 때로는 강력한 대남도발과 대남공작을 전개하고 경우에 따라서는 남북대화와 협상에 나서는 등 신축적이고 탄력적인 대남정책을 구사하고 있다.

[그림 2-1]은 북한의 국가전략 구성요소를 함축적으로 보여주고 있다. 그림에서 보는 바와 같이 북한의 국가전략은 대내전략과

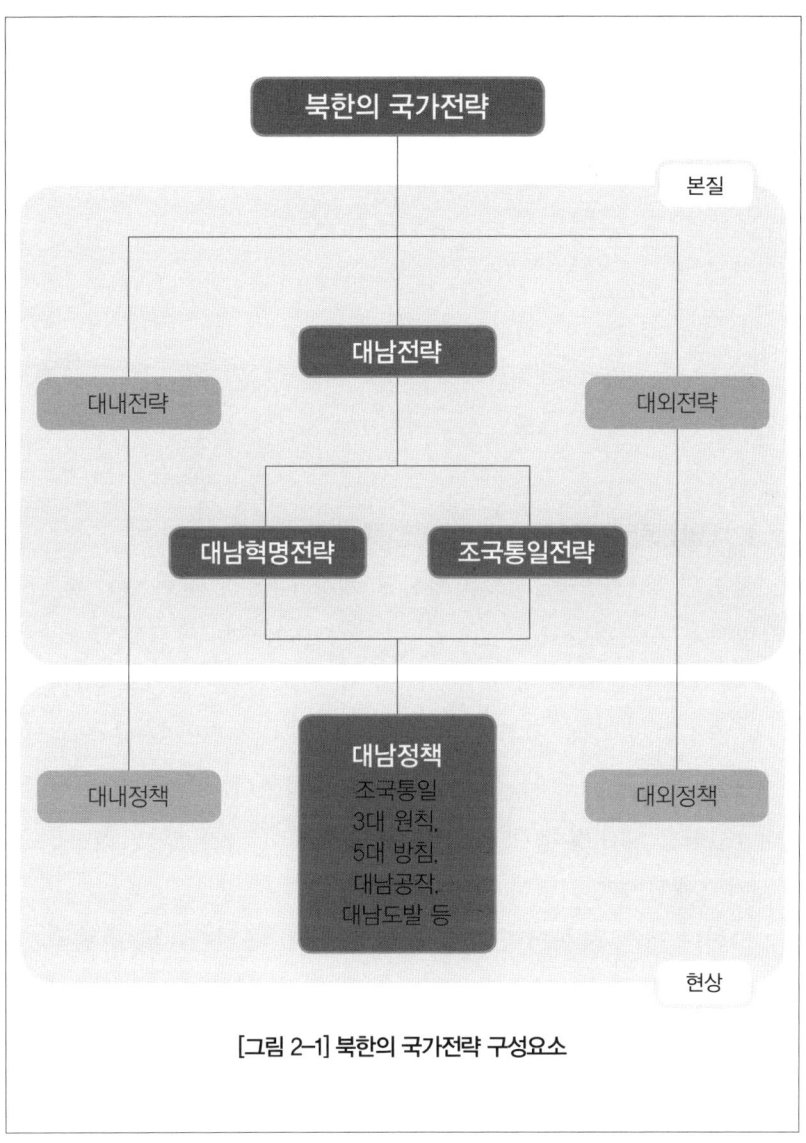

[그림 2-1] 북한의 국가전략 구성요소

대남전략, 대외전략 등 3대 전략으로 구성되어 있다.

제2절
대남전략과 대남혁명전략

1. 대남전략의 변천과 대남혁명전략 대두

　북한의 대남전략이 처음 제시된 것은 미군의 남한진주 및 군정실시와 관련된다고 할 수 있다. 앞에서 언급한 것처럼 광복 이후 '자주독립국가 건설'을 국가전략으로 제시했던 북한은 1945년 9월 미군이 남한에 진주해 군정을 실시한 이후 국가전략 목표를 '통일된 자주독립국가 건설'로 재빨리 수정했다. 이때부터 사실상 대남전략은 대내전략·대외전략과 함께 북한 국가전략의 한 축으로 자리매김하게 되었다.

　그러나 당시 북한이 염두에 두고 있었던 '통일된 자주독립국가 건설'이라는 국가전략에서 대남전략으로서의 '통일'이라는 개념은 현시점에서 얘기하는 통일의 의미와는 다른 개념이라고 할 수 있다. 당시 북한이 내세웠던 '통일'은 이념이나 체제 통일까지 염두에 둔 체제통합적인 개념이 아니라 일시적으로 분단된 국토와 민족을 하나로 합치는 통일 그 자체였다고 할 수 있는 것이다. 그것은 당시 남북한 모두 일제식민지통치에서 해방된 지 얼마 되지 않은 시점이어서 동일한 사회구조와 경제발전 수준에 놓여 있었기 때문이다. 이에 따라 '갈라진 국토와 민족을 하나로 만드는 통일' 그 자체만 실현된다면 체제나 이념을 통합하는 것은 문제시되지 않을 것이라고 보았던 것이다.

북한은 내부적으로 사회주의혁명 단계에 있던 1950년대 중반에 이르러서야 비로소 "남한에서의 반제반봉건민주주의혁명 완수"를 "조국통일위업 실현"과 함께 또 다른 대남전략 목표로 제시하면서 체제변혁 문제를 새롭게 제기했던 것이다.[30] 이 시기에 북한이 남한에서의 체제변혁 문제를 제시한 것은 이미 북한지역에서는 반제반봉건민주주의혁명을 완수하고 사회주의혁명 단계에 진입했으나, 남한에서는 반제민족해방의 과업과 민주주의혁명의 과제가 완수되지 않았다는 인식 때문이었다. 이때부터 체제변혁을 염두에 둔 대남혁명 수행과 분단극복을 위한 조국통일의 과제가 대남전략의 양대 축을 이루게 되었던 것이다.

그러나 이때까지도 북한은 대남전략의 양대 목표인 대남혁명 수행과 조국통일 실현에 대한 구분조차 정확히 하지 못하고 있었고 그것들을 어떤 방법으로 실현할 것인지 등 관련 내용을 구체화해 제시하지도 못하고 있었다.

> "현 단계에 있어서 조선혁명의 기본임무인 조국의 민주주의적 통일을 평화적으로 달성하기 위한 우리 당의 방침은 조성된 국내외 형편에서 유일하게 정당한 로선입니다."[31]

---

30 『김일성선집』 제4권(평양: 조선로동당출판사, 1960), pp. 515-516.
31 『김일성선집』 제4권, p. 517. 강조는 필자.

북한이 '조국통일을 조선혁명의 기본임무'로 간주했던 것은 바로 대남혁명과 조국통일에 대한 구체적인 이해가 없었다는 것을 방증하고 있다. 즉 대남혁명과 조국통일이 동일한 부분도 있지만 서로 다른 별개의 문제라는 정확한 인식이 없었기 때문이다.

　　북한이 대남혁명과 조국통일 관련 내용을 분리하고 비교적 구체화해 제시한 것은 1960년대에 들어선 이후라고 할 수 있다. 직접적인 계기는 1960년대 후반에 대남공작부서 내부에서 벌어진 대남혁명과 조국통일의 상호관계에 대한 논쟁이었다. 논쟁의 발단은 김일성이 1965년 4월 인도네시아 사회과학원에서 한 연설과 1966년 10월 노동당 대표자회의 보고를 통해 대남혁명 즉 남조선혁명이 승리해야 조국통일이 실현될 수 있다는 의미로 연설을 한 것과 관련된다. 말하자면 당시 김일성의 연설내용이 '대남혁명 승리가 조국통일의 전제조건'이라는 인식을 주기에 충분했기 때문이었다.

> "남조선에서 미제침략군대를 몰아내고 미제의 식민지통치를 없애지 않고는 남조선인민들의 자유와 해방도 남조선사회의 진보도 있을 수 없으며 우리 조국의 통일도 이룩될 수 없다.
> 이리하여 남조선혁명은 외래제국주의 침략세력을 반대하는 민족해방혁명이며 봉건세력을 반대하는 민주주의혁명이다.
> …….
> 남조선에서 미제가 쫓겨나고 혁명이 승리하기만 하면 우리 조국의 통일은 물론 평화적으로 실현될 것이다."[32]

　　"남조선에서 혁명이 승리하면 북조선의 사회주의 력량과 남조선의 애국적 민

32　『김일성저작선집』 제4권, pp. 228-239. 강조는 필자.

주주의 력량의 단합된 힘에 의하여 우리 조국의 통일 위업은 성과적으로 실현될 것입니다."[33]

위의 김일성 연설내용을 보면 앞서 언급한 것처럼 '대남혁명 승리가 조국통일의 전제조건'이라는 인식을 주기에 충분하다.

당시 대남공작부서에서는 김일성의 연설내용을 학습하는 과정에 '선先 대남혁명→후後 조국통일'을 주장하는 간부들과 반대로 대남혁명이 승리하지 못하더라도 조국통일 실현이 가능하다는 입장을 갖고 있는 간부들 간의 논쟁이 매우 격렬하게 전개되었다. 물론 당시 일부에서는 '대남혁명이 곧 조국통일'이라거나 '조국통일이 곧 대남혁명 승리'라는 인식 즉 대남혁명과 조국통일을 동일시하는 사람들도 있었다.[34]

이와 같은 논쟁은 김일성이 대남공작기관을 방문해 관련 지침을 하달함으로써 비로소 마무리되었다. 김일성은 먼저 1967년 1월 평양시 용성구역에 위치하고 있던 대남공작요원 양성기관인 노동당 중앙위원회 정치학교를 비공개 방문했다.[35] 그리고 같은 해 여름에는 대남공작부서들이 모여 있는 노동당 3호 청사를 비공개로 방문해 대남전략과 관련한 지침을 하달했다.[36] 당시 김일성은 대남혁명과 조국통일의 본질과 성격, 임무와 내용, 상호관계 등

---

33 『김일성저작선집』제4권, p. 399. 강조는 필자.
34 신평길 편저, 『김정일과 대남공작』제1권(서울: 북한연구소, 1996), p. 165.
35 당시의 노동당 중앙위원회 정치학교는 김일성고급당학교 분교형식으로 창설되었다. 이 학교는 그 후 금성정치군사대학→노동당 중앙위원회 직속 정치학교 등으로 명칭을 바꾸었다가 1990년대 초 현재의 김정일정치군사대학으로 개칭했다.
36 평양시 모란봉구역에 위치한 노동당 청사의 하나이며, 당시 이곳에는 노동당 대남공작부서들인 연락부(현 225국)·작전부(현 정찰총국 산하)·통일전선사업부 등이 함께 있었다. '3호 청사'라는 것은 노동당 청사 가운데 세 번째 청사라는 것이다. 1호·2호 청사는 평양시 중구역 창광동에 위치해 있는데 '본(本)청사'라고 한다.

에 대해 구체적으로 언급했다. 대남혁명과 관련한 김일성의 교시는 1970년 10월에 개최된 노동당 제5차 대회 보고를 통해 북한의 공식적인 '남조선혁명 이론과 전략전술'로 구체화되었다. 그리고 1975년 허종호의 『주체사상에 기초한 남조선혁명과 조국통일 리론』으로 정리되어 발표되었다. 그 후 1980년 10월 개최된 노동당 제6차 대회 보고를 통해 '고려민주연방공화국 창립방안'이 발표됨으로써 조국통일의 평화적 방도에 관한 문제가 추가되었다.

이와 같은 북한의 대남전략은 탈냉전시대에 들어와 변화되는 양상을 보이고 있다. 물론 변화의 계기는 1970년대 초반 후계자로 내정된 김정일이 대남공작부서를 완전히 장악한 후 대남전략과 관련한 자신의 이론을 주장하기 시작하면서부터라고 할 수 있다. 그러나 대남전략이 변하게 된 직접적이며 결정적인 요인은 '탈냉전'이라는 국제적인 흐름과 무관하지 않다. 1980년 후계자로 공식 등극한 김정일은 1980년대 말~1990년대 초 남한사회의 민주화와 동구권 사회주의 국가들의 붕괴 등 탈냉전시대의 변화된 현실을 반영해 대남전략의 중요한 구성부분인 대남혁명이론과 전략전술을 재정립해 제시했던 것이다.

이러한 북한의 대남전략은 국가전략의 하위개념으로서의 위상을 갖고 있다고 할 수 있다. 다시 말하자면 대남전략은 '전(全)조선혁명의 중요한 구성부분을 이루고 있는 전략'으로서 대내전략·대외전략과 함께 북한 국가전략의 중요한 부분을 이루고 있다는 것이다.[37]

"남조선혁명은 아직도 외래제국주의의 예속 밑에 있는 우리나라 영토의 절

---

37 [그림 2-1] 참조.

반과 인구의 3분의 2를 해방하기 위한 혁명으로서 전 조선혁명의 중요한 구성부분을 이루고 있다. 우리 조국의 통일과 조선혁명의 승리를 위하여서는 북반부의 사회주의역량을 강화하는 것과 함께 남조선 혁명역량을 강화하여야 하며 북반부에서 사회주의 건설을 다그치는 것과 함께 남조선에서 혁명을 하여야 한다."[38]

2. 대남전략의 포괄범위

일반적으로 전략은 전략주체가 달성하고자 하는 목적과 추구하는 이익이 무엇이고 그것을 어떤 수단을 가지고 어떠한 방법으로 달성할 것인가를 주요 내용으로 하고 있다. 북한의 대남전략 역시 마찬가지이다. 대남전략은 전략주체인 북한이 전략의 대상인 남한을 상대로 하여 달성하려는 목적이 무엇이며 그것을 어떤 수단과 방법으로 실현할 것이냐 하는 것을 중요한 내용으로 한다. 이에 따라 북한이 남한을 상대로 달성하려는 목적이 무엇인지를 먼저 짚고 넘어갈 필요가 있다.

북한이 남한을 상대로 해서 해결하거나 성취하고자 하는 목적은 크게 두 가지로 나누어 설명할 수 있다.

첫 번째 목적은 북한 노동당 규약에도 명시되어 있는 것처럼 남한지역에서 민족해방민주주의혁명을 완수하는 것이다. 북한은 이것을 "전국적 범위에서 민족해방민주주의혁명을 수행하는 것"이라고 포장해 부르고 있으며 이를 줄여서 "민족해방혁명"이라는 표현을 사용하기도 한다. 그리고 내부적으로는 "대남혁명 또는 남조선혁명"이라고도 한다. 그러나 대남혁명의 종국적 완성은 당면목

---

[38] 『김일성저작선집』 제4권, p. 229.

표인 "민족해방민주주의혁명 완수" 이후 사회주의혁명을 통해 남한지역에도 사회주의체제를 수립하는 것이라고 할 수 있다.[39] 이것은 "온 사회를 주체사상화하여 인민대중의 자주성을 완전히 실현하는 데 있다"는 북한 노동당의 최종목적에 그대로 담겨 있다.[40]

두 번째 대남전략 목표는 남북통일이다. 북한은 대남문제가 발생하게 된 근본원인이 미국의 남한강점과 외세에 의한 남북분단에 있다고 주장[41]하면서 조국통일은 본질에 있어서 "전국적 범위에서 민족의 자주권을 완전히 실현하며, 인위적으로 갈라진 민족의 혈맥을 다시 잇고 민족적 단합을 이룩하는 문제"라고 강조하고 있다.[42] 그러나 현재 북한이 실현하고자 하는 남북통일, 북한이 의도하는 남북통일은 앞에서 언급한 것처럼 분단극복으로서의 순수한 통일 그 자체가 아니라 북한이 주도하는 '자주적인 통일'인 동시에 남북한에 존재하는 서로 다른 체제와 이념을 하나로 합치는 통일이다.[43] 더 정확히 표현하면 남한에 존재하는 자유민주주의체제와 시장경제체제를 북한과 같이 주체사상에 기초한 사회주의체제로 만드는 것을 염두에 둔 적화통일赤化 統一 즉 북한에 의한 흡수통일이라는 점을 간과해서는 안 될 것이다.

"조선공산주의자들의 목적은 자기 조국을 통일하고 전국적으로 사회주의혁명과 사회주의 건설을 실현하며 나아가서는 공산주의를 건설하는 데 있다."[44]

---

39 『김일성저작선집』 제4권, pp. 195-196.
40 구체적인 내용은 제3장에서 살펴볼 것이다.
41 허종호, 앞의 책, p. 19.
42 『광명백과사전』 제3권(평양: 백과사전출판사, 2009), pp. 235-236.
43 북한은 '자주적 통일'이란 외세의 간섭 없이 우리 민족 자체의 의지와 힘에 의해 통일을 실현하는 것이라고 주장하고 있으나, 실제에 있어서는 북한이 주도하는 통일을 의미한다.
44 『김일성저작선집』 제4권, pp. 195-196.

북한의 대남전략은 바로 앞에서 얘기한 두 가지 대남목표 즉 대남혁명 승리와 조국통일 위업을 실현하기 위한 전략이다. 대남전략이 대남혁명전략과 조국통일전략으로 구성된다는 점을 처음으로 명백하게 제기한 사람은 김정일이다. 김정일은 1976년 초에 열린 대남공작부문 간부회의에서 대남전략의 범주 및 포괄범위에 대해 강조하면서 '남조선혁명전략이 남조선에만 국한된 전략이라면, 조국통일전략은 남북한을 포괄하는 전 한반도의 전 민족적 문제'라고 주장한 바 있다.[45] 이를 통해서도 대남전략이 대남혁명 완수를 위한 전략과 조국통일을 실현하기 위한 전략을 포괄한 개념이라는 것을 확인할 수 있다.

3. 대남혁명과 조국통일의 상호관계

대남전략의 범주 내에 포함되는 대남혁명과 조국통일은 일면 공통점도 있으나 차이점도 있다. 말하자면 대남혁명과 조국통일은 대남전략이라는 큰 틀 내에서 상호 밀접히 연관되어 있으면서도 구별되는 별개의 개념이라는 특징이 있다. 구체적으로는 본질적 내용과 추진주체, 대상과 수행방도, 과제 등에서 공통점이 있으면서 동시에 차이점을 내포하고 있는 등 상호 밀접히 연관되어 있다.[46]

무엇보다도 대남혁명과 조국통일은 본질적 내용과 추진주체 측면에서 차이가 있다고 할 수 있다. 남한에서 미국의 식민지통치를 끝장내고 민족해방과 인민민주주의혁명을 완수하는 것을 골자로 하는 대남혁명은 남한민중의 자주성 실현을 위한 투쟁이라는 점에

---

45 신평길 편저, 앞의 책, pp. 163-164.
46 신평길 편저, 앞의 책, pp. 165-166.

서 남한민중이 주체가 되는 혁명이다.[47] 북한이 내부적으로는 '혁명기지의 지원'을 이유로 대남혁명에 개입해야 한다는 인식을 갖고 있으나 적어도 대외적으로는 남한민중이 주체가 되어 수행해야 한다고 주장하고 있기 때문에 대남혁명의 주체는 남한민중이라고 할 수 있다. 그리고 대남혁명은 한반도의 남쪽지역에서만 전개된다는 특징도 갖고 있다. 그러나 조국통일은 갈라진 국토와 민족을 하나로 통합하는 문제인 동시에 남북 간의 대립과 갈등을 없애고 민족적인 단합을 이룩하는 문제이기 때문에 남과 북의 전 민족이 주체가 될 수밖에 없고 범위도 한반도 전역을 포괄하고 있다. 이것이 대남혁명과 조국통일의 근본적인 차이점이라고 할 수 있다.

현실적인 차원에서 예를 들어 설명하면 '매판자본가'로 표현되는 남한의 재벌은 조국통일 실현을 위한 투쟁에서는 민족의 한 구성원으로서 조국통일의 주체에 포함되지만 본질적으로 '계급혁명'의 성격을 갖고 있는 대남혁명의 측면에서 보면 타격대상, 청산대상인 것이다. 그러나 북한은 남한 재벌을 상대로 대남혁명 수행과정에서는 당연히 청산대상, 타도대상이라는 점을 철저히 숨긴 채 '조국통일에 특색 있는 기여'를 하라며 이들의 대북지원을 적극적으로 요구하고 장려하고 있다.

다음으로 대남혁명 완수와 조국통일 실현을 위해서는 다 같이 미군을 철수시키는 것이 가장 중요하다는 점에서 공통성이 있다. 말하자면 대남혁명이나 조국통일 모두 주한미군을 주 공격목표, 주 타격대상으로 하고 있다는 측면에서 공통적이라는 것이다. 이는 조국통일 문제가 분단을 조성하고 그것을 고착화시켜 유지함

---

47   여기서 말하는 '남한민중'은 남한의 노동자·농민·청년학생·지식인 등 대남혁명의 기본 동력과 대남혁명에 이해관계를 갖는 각계각층을 포괄하는 개념이다.

으로써 침략야욕을 충족시키려는 미국을 상대로 하여 남과 북의 민족이 하나가 되어 투쟁할 때 비로소 해결되는 문제이며, 대남혁명은 본질적으로 미국의 식민지통치를 청산하는 민족해방혁명이라는 것과 관련된다는 것이다. 그리고 미국의 대한반도 정책을 가장 앞장서 실행하는 세력, 조국통일을 가로막고 있는 주범이 미군이기 때문에 주한미군은 조국통일 실현과 대남혁명의 승리를 위해서는 반드시 축출해야 할 가장 중요한 타도대상, 청산대상이 된다는 것이다. 또한 통일문제가 잘 풀리면 대남혁명에도 긍정적인 영향을 주게 되고 대남혁명이 잘 진척되면 통일문제 역시 잘 해결된다는 점에서 상호 밀접한 연관성이 있다고 할 수 있다.

대남전략은 두 가지 대남전취목표 즉 대남혁명 완수 및 조국통일을 실현하기 위한 수단을 어떻게 마련하고 효율적으로 활용하느냐 하는 문제도 내포하고 있는 개념이라고 할 수 있다. 대남혁명과 조국통일은 남북한 전 민족이 참여하는 사회적 운동이기 때문에 여기에서 말하는 수단은 곧 역량편성에 관한 문제이다. 이를테면 남한민중을 어떻게 의식화·조직화해 대남혁명과 조국통일을 위한 투쟁에 동원할 것이냐의 문제라는 것이다. 해방 이후 지금까지 북한이 전개해온 각종 대남공작과 대남사업은 바로 대남전략의 수단 즉 대남전략을 성공적으로 수행하기 위한 역량을 조성하기 위한 과정이었다고 할 수 있다.

대남전략의 목표 달성을 위한 방법 역시 대남전략의 중요한 부분이다. 이는 대남혁명의 완수와 조국통일 실현을 어떤 방법으로 실현할 것이냐의 문제로서 평화적인 방법과 비평화적 방법 등으로 구분할 수 있다. 말하자면 대남혁명을 군사쿠데타나 무장폭동, 민중봉기 등 폭력적인 방법으로 할 것이냐 아니면 평화적인 정권교체의 방법으로 할 것이냐, 그리고 조국통일 역시 무력통일을 할 것이냐 아니면 평화적인 연방제 방식으로 할 것이냐 등을 정하는 문제라고 할 수 있다.

대남혁명과 조국통일은 방법적인 측면에서 보았을 때 상당한 차이점을 내포하고 있다. 과거 김일성은 "어떤 반동계급이 반혁명적 폭력을 쓰지 않고 공순히 정권에서 물러선 실례를 알지 못한다"며 대남혁명의 기본목표인 정권전취는 오직 '전민항쟁'이라는 혁명적인 폭력에 의해서만 해결할 수 있다고 강조한 바 있다.[48] 또한 과거의 사례로 보아 군부쿠데타나 군인폭동 등에 의해서만 남한정권 전복이 가능하다는 전제하에 군부를 상대로 하는 국군와해전취공작國軍瓦解戰取工作을 중요시하며 지금도 이러한 방침에는 변함이 없다.[49]

그러나 조국통일 실현을 위해서는 여러 가능성을 열어놓고 방법을 모색해왔다. 북한이 제시한 첫 번째 통일실현 가능성은 남한정부가 국민들의 압력에 굴복해 조국통일 3대 원칙과 5대 방침을 접수하고 그에 호응해 나오는 경우라고 할 수 있다.[50] 1972년 7·4 남북공동성명을 통해 합의한 조국통일 3대 원칙은 자주·평화통일·민족대단결을 주요 내용으로 하고 있다. 조국통일 3대 원칙 가운데 북한이 가장 중요하게 내세우는 원칙은 '자주'의 원칙이다. 북한은 바로 자주의 원칙을 내세우면서 주한미군을 철수시킬 때 비로소 통일이 가능하다는 점을 강력하게 주장하고 있다. 조국통일 5대 방침은 김일성이 1973년 6월 23일 체코슬로바키아 정

---

48   허종호, 앞의 책, pp. 122-123.
49   국군와해전취공작(國軍瓦解戰取工作)은 말 그대로 군 내부를 와해하는 공작과 군인들을 포섭(包攝)하는 전취공작을 포괄하는 개념이다.
50   허종호, 앞의 책, p. 264.

부대표단을 환영하는 군중대회에서 제시했다.[51]

통일의 두 번째 가능성은 남한에 반제자주적인 정권이 수립되거나 국내외 정세의 변화로 남한이 중립화되는 경우이다. 북한은 남한민중의 투쟁에 의해 반제자주적인 민주연합정권이 수립되면 남한에서 외세의존정책의 포기와 함께 한미, 한일 간에 맺어진 모든 조약들이 무효로 될 것이며 사회정치생활의 민주화가 실현될 것이라고 보고 있다. 이렇게 되면 자연스럽게 북한과 협상을 해서 남과 북이 힘을 합쳐 평화통일을 실현할 수 있다는 것이다.

세 번째 통일 가능성은 남한에서 혁명역량이 강력하게 조성되고 대남혁명이 승리하는 경우이다. 이는 남한에서 대남혁명이 승리한 후 북한의 사회주의 역량과 남한의 애국적 민주역량과의 전략적 배합에 의해 통일을 실현하는 경우를 의미한다. 전략적 배합에 의한 통일이란 곧 북한 노동당과 민주역량으로 위장한 남한의 "종북세력"이 이면합의에 의해 통일을 실현하는 것이다. 북한은 이런 경우를 평화통일의 가장 현실적인 방법으로 간주하고 있다. 대남혁명이 승리한다는 것은 반제민족해방의 과제가 완수되어 미군이 철수한다는 것이며 동시에 인민민주주의혁명이 승리해 계급해방의 과제가 기본적으로 완수된다는 것이다. 이러한 대남혁명은 폭력적인 방법에 의해서만 가능하다는 것이 북한의 인식이라고 할 수 있다. 대남혁명의 성공적인 수행 이후 남한에 세워진 정권은 인민민

---

51   김일성은 1973년 6월 23일 사회주의 국가인 체코슬로바키아 정부대표단을 환영하는 평양시 군중대회에서 한 연설 "민족의 분렬을 방지하고 조국을 통일하자"와 6월 25일 연설 "조국통일 5대 방침에 대하여"에서 조국통일 5대 방침에 대해 언급했다. 조국통일 5대 방침은 첫째로 북과 남 사이의 군사적 대치상태 해소와 긴장상태 완화, 둘째로 북과 남 사이의 다방면적인 합작과 교류 실현, 셋째로 북과 남 사이의 각계각층 인민들과 정당·사회단체 대표들로 구성되는 대민족회의 소집, 넷째로 고려연방공화국의 단일국호에 의한 남북연방제 실시, 다섯째로 단일한 고려연방공화국 국호에 의한 유엔 가입 등이다. 『백과전서』, p. 436.

주주의정권이며 이러한 정권이 수립되면 결과적으로 북과 남에 동일한 성격의 정권이 존재한다는 것을 의미한다. 이렇게 되면 대남혁명은 폭력적인 방법에 의해 승리했더라도 남북 간의 통일은 남북 정부 간의 합의에 의해 평화적으로 실현할 수 있다는 것이다.

북한은 남북통일이 평화적인 방법에 의해서만 실현되는 것이 아니라 오히려 비평화적 방법 즉 전쟁과 같은 폭력적 방법에 의해 실현될 가능성이 높다는 인식하에 그 준비에 주력하고 있다. 북한이 주장하는 첫 번째 비평화적 통일 전도는 미국이 북한을 상대로 전쟁을 일으키는 경우이다. 북한은 스스로도 언제나 전쟁을 반대하고 평화통일을 원하고 있지만 미국이 북침전쟁을 일으키면 정의의 전쟁으로 맞서는 방법밖에 없으며 그 기회를 이용해 남한을 해방하고 전국적 범위에서 민족해방혁명을 완수하는 동시에 조국통일을 실현할 수 있다고 주장하고 있다.

두 번째 통일 전도는 미국이 이러저러한 요인들에 의해 약화되었을 때 북한의 힘으로 미군을 몰아내고 통일을 이룩할 수도 있다는 것이다. 미국이 약화되는 계기는 여러 가지 측면에서 생각해볼 수 있다. 무엇보다도 세계적 범위에서 큰 전쟁을 도발해 역량을 분산하지 않으면 안 되는 경우이다. 이를테면 미국이 과거 베트남전과 같은 힘겨운 전쟁을 여러 지역에서 동시에 수행할 경우 주한미군 무력까지 빼내가지 않으면 안 될 상황이 생길 것이고 이렇게 미국의 역량이 분산된 틈을 이용해 전격적으로 대남공격을 감행함으로써 남북통일을 달성할 수 있다는 것이다.[52] 또한 미국은 제국주의

---

52 사실 북한이 지난 1968년 11월 울진·삼척 무장공비 침투사건 당시 120명이라는 많은 인원을 침투시킨 것은 당시 미군과 한국군이 베트남전에 투입된 여건에서 한반도에 남아 있는 한미 군사역량이 약화되었다는 판단하에 남한을 크게 흔들어놓고 상황을 보다가 전격적으로 대남 군사공격을 감행해 남북통일을 실현하기 위한 준비작업의 일환이라고도 할 수 있다.

(자본주의) 상호 간의 모순에 의해 전쟁에 휘말림으로써 한반도에 간섭할 힘을 잃게 되는 등 약화될 수 있다. 이는 자본주의 열강들 간의 전쟁이었던 제2차 세계대전이나 태평양전쟁과 같은 것을 염두에 두었다고 할 수 있다. 마지막으로 미국이 세계적인 반제투쟁에 의해 도처에서 공격을 받을 경우에도 약화될 수 있으며 이럴 경우 가만히 있지 말고 남한을 공격해 미군을 쫓아내야 한다는 것이다.

비평화적 전도의 세 번째는 남한에서 혁명정세가 성숙되고 남한민중들이 결정적인 투쟁에 떨쳐 일어나 북한의 지원을 요구할 때 북한이 이를 수용해 주동적으로 대남공격을 감행할 경우 통일이 가능하다는 것이다. 말하자면 남한의 혁명세력이 남한정부를 전복하기 위해 전민항쟁 또는 무장폭동 등을 일으켰으나 힘이 모자라 북한에 지원을 요청할 경우 북한은 지체 없이 이를 받아들여 지원해야 하는데 이렇게 되면 전쟁이 불가피해진다. 결국 북한의 대남공격 즉 남침전쟁에 의해 통일을 실현하게 되는 경우라고 할 수 있으며 이럴 경우 북한이 남한민중을 지원하기 위해 일으키는 전쟁은 소위 '정의의 전쟁'이라는 것이다.

이와 같이 대남혁명과 조국통일은 실현방법에 있어서 큰 틀에서는 공통적인 것도 있고 상호 연관성도 있으나 구체적인 방법에 들어가서는 많은 차이를 내포하고 있다. 그것은 주권전취를 기본목표로 하고 있는 대남혁명은 오직 폭력적 방법에 의해서만 승리할 수 있으나 조국통일은 비평화적 방법은 물론 평화적 방법으로도 실현될 수 있기 때문이다.[53]

---

53   허종호, 앞의 책, p. 264.

제3절 대남혁명전략 결정 및 변화 요인

1. 대남요인

일반적으로 국가전략의 결정에 작용하는 요인은 여러 가지로 분류할 수 있으나 대체로 국내적 요인과 국제적 요인 등으로 구분할 수 있다. 국내적 요인은 지리와 인구 등 물리적인 요소와 함께 정치·경제 등 다양한 사회적 요소가 있으며 국제적 요인은 국제체제를 포함해 해당 국가를 둘러싼 역학관계 변화, 주요 국가의 정책 등 여러 요소가 있다. 여기서 국내적 요인은 해당 국가의 의지와 노력에 의해 어느 정도 변화시킬 수 있는 주관적인 성격이 강한 것이라면, 국제적 요인은 특정 국가의 의지와 노력과는 관계없이 객관적으로 존재한다는 데 특징이 있다.

그러면 대남혁명전략 결정과 변화에 중요하게 작용하는 요인에는 어떤 것들이 있을까. 앞에서 언급한 바와 같이 일반론적인 시각에서 보더라도 북한의 대남혁명전략 결정에 작용하는 요인에 대해 북한의 내부적 요인과 국제적 요인 등 두 가지에 대해서는 누구나 얘기할 수 있을 것이다. 다시 말해 국내요인과 한반도를 둘러싼 국제적인 역학관계와 주변국들의 대對한반도 정책 등 국제적인 요인이 있다. 그러나 두 가지 요인만으로는 대남혁명전략 결정에 작용하는 요인을 모두 얘기했다고 할 수 없다. 그것은 대남혁명전략이 북한의 안보를 강화하고 경제를 발전시키기 위한 대내전략 또는 국제사회를 상대로 하는 일반적인 대외전략과 달리 적대적 상대인 남한체제를 전복하기 위해 구사하는 전략이기 때문이다. 따라서 당연히 대남혁명전략의 추진주체인 북한 내부요인과 함께 국제적 요인은 물론 대남혁명전략의 직접적 적용대상인 남한요인 즉 대남요인이 중요하게 작용할 수밖에 없는 것이다. 이와 같이 대남요인은 북한의 대남혁명전략 결정에 가장 중요한 영향을 미치는 요인의 하나라고 할 수 있다.

대남혁명전략 결정에 중요한 영향을 미치는 첫 번째 대남요인은 주한미군의 존재라고 할 수 있다. 사실 주한미군 문제는 미국의 대한반도 정책과 밀접히 연관되어 있기 때문에 북한의 대남혁명전략 결정에 영향을 미치는 국제적 요인의 하나로 보는 것이 적절할 수도 있다. 그러나 이 책에서 주한미군의 존재를 별도로 분리시켜 대남요인에 포함시킨 것은 주한미군에 대한 북한의 인식 때문이다. 북한은 대남혁명전략을 결정하기에 앞서 대남혁명의 대상인 남한사회에 대해 평가하며, 남한사회에 대한 평가에서 가장 먼저 거론되는 것이 주한미군의 존재이다. 북한은 남한에 미군이 주둔하고 있다는 이유를 들어 남한을 '미국의 식민지'로 평가하고 있다. 아울러 남한이 미국의 식민지이기 때문에 남한의 자본주의체제가 독립적이고 온전穩全한 자본주의가 아니라며 '반半자본주의'로 평가하고 있다. 그리고 이러한 '식민지적이고 반半자본주의적인' 성격을 극복하기 위해 대남혁명의 목표로 제시한 것이 바로 미국의 식민지통치를 청산하는 것을 기본으로 하는 민족해방혁명과 남한의 자본주의체제를 타파하는 것을 기본으로 하는 민주주의혁명의 완수이다.

남한에 존재하는 체제와 이념은 북한의 대남혁명전략 결정에 중요한 영향을 미치는 두 번째 대남요인이라고 할 수 있다. 대한민국에 존재하는 자유민주주의체제와 이념, 시장경제체제는 북한의 대남혁명전략 결정과 변화에 직접적으로 영향을 미치는 중요한 요소의 하나이다. 만일 남과 북이 분단되지 않았다면 갈라진 국토와 민족을 하나로 만드는 통일문제 자체가 제기되지 않았을 것이다. 아울러 분단되었더라도 남과 북에 동일한 사회체제와 이념이 존재한다면 체제와 이념을 하나로 통합하는 것을 목표로 하는 대남혁명은 제기되지 않았을 것이다. 그러나 민족 전체의 의사와는 무관하게 5천 년 역사를 자랑하는 우리 민족이 분단되었고 분단 이후 남과 북에는 서로 다른 체제와 이념이 존재하고 있다. 이에 따라 북한은 분단을 극복하고 남과 북의 서로 다른 체제와 이념을 하나로 만드는 것을 대남전략 목표로 설정하게 되었던 것이다. 북한의 대남전략 목표는 한마디로 분단을 극복하고 통일을 실현하는 것이며 남과 북의 서로 다른 체제와 이념을 하나로 통합하는 것이다. 구체적으로 말하면 미군을 몰아내고 외세에 의해 갈라진 국토와 민족을 하나로 통일하는 것과 함께 남한의 자유민주주의체제와 시장경제체제를 청산하고 북한의 지도이념인 주체사상에 입각해 사회주의체제를 수립하는 것을 기본으로 하는 대남혁명을 완수하는 것이다. 이러한 대남전략 목표를 실현하기 위한 전략이 바로 조국통일전략과 대남혁명전략이다. 이와 같이 분단과 함께 남한에 존재하게 된 자유민주주의체제와 이념, 시장경제체제는 주체사상과 사회주의 이념을 근간으로 하는 북한의 대남혁명전략 목표를 결정하는 중요한 요인일 수밖에 없다.

　남한의 내부적인 요소는 북한의 대남혁명전략 결정에 중요한 영향을 미치는 세 번째 대남요인이라고 할 수 있다. 대남혁명전략의 대상인 남한의 정치·경제·사회 구조와 함께 경제력과 군사력 등을 포함한 전체적인 국력과 남한이 행사하고 있는 국제적인 영향력 등은 북한이 대남혁명전략을 결정하고 변화시키는 데 중요한 요인으로 작용할 수밖에 없다. 북한은 남한의 경제력이 상대적으로 낙후했던 1960년대에는 남한사회를 식민지반봉건사회로 규정하고 이를 극복하기 위해 반제반봉건민주주의혁명 완수를 투쟁목표로 제시했다. 그러나 탈냉전과 함께 남한의 경제력이 획기적으로 발전하고 사회의 민주화가 실현된 이후에는 남한사회에 대한 평가를 식민지반자본주의사회로 달리 규정하고 대남혁명의 성격도 민족해방민주주의혁명으로 바꾸어 제시했다. 이와 같이 남한의 정치·경제·사회 발전수준이 상대적으로 낙후했던 1960년대와 OECD 회원국이 된 현재의 대남혁명전략은 동일할 수 없다는 것이다. 특히 남한사회의 민주화 실현은 대남혁명의 근본문제인 정권전취에 관한 북한의 인식을 변화시키는 데 결정적인 영향을 주었다. 북한은 남한에 민주화가 실현되기 이전에는 오직 폭력적인 방법에 의해서만 대남혁명이 가능하다는 인식을 갖고 있었으나 민주화가 실현된 이후에는 폭력 일변도의 방법에서 탈피해 비폭력·평화적인 방법을 통해서도 대남혁명의 근본문제인 정권전취가 가능하다는 인식으로 전환하게 되었다. 중요한 것은 위와 같은 대남요인은 북한의 노력이나 의지에 의해 쉽게 변화되거나 바꿀 수 없는 객관적인 요인이라는 것이다.

이상에서 본 바와 같이 대남요인은 북한의 대남혁명전략 목표와 방법 등을 결정하고 변화시키는 데 결정적인 영향을 미치는 요인이라고 할 수 있다.

2. 국내요인

국내요인 즉 북한 내부요인은 대남혁명전략 수립과 결정, 실현 등에 절대적인 영향을 미치는 중요한 요소라고 할 수 있다. 분단 이후 남한에 존재하는 시장경제체제와 자유민주주의 이념 문제가 기본적으로 북한의 대남혁명전략 목표를 결정하는 데 중요한 영향을 미치는 요인이라면 북한의 경제력과 군사력 등 내부요소는 대남혁명전략 목표 실현을 위한 수단과 방법 등을 결정하는 데 영향을 미치는 요인이라고 할 수 있다.

예로부터 '적을 알고 나를 알면 백번 싸워도 위태롭지 아니하다 知彼知己 百戰不殆'라는 말이 있다. 남한은 국방백서에 북한을 주적으로 규정한 문구를 삭제했으나 북한은 각종 문서들에 여전히 남한을 적으로 규정하고 있다. 따라서 북한의 대남혁명전략은 '적(남한)'과 싸워 이기기 위해 세우는 전략이며, 이러한 전략을 수립하기 위해서는 '적(남한)'도 잘 알아야 하지만 그에 못지않게 자신(북한)도 잘 알아야 한다. 바로 그러한 의미에서 북한 내부요인은 대남혁명전략 결정의 중요 변수가 되는 것이다.

북한 내부요인 가운데 대남혁명전략 수립과 결정에 영향을 주는 가장 중요한 요소는 무엇보다도 '수령' 또는 '지도자'로 표현되는 북한 최고 통치자의 교시 또는 지시라고 할 수 있다.[54] 로제나

---

54 사실 학계나 언론에서는 김일성과 김정일의 언급사항을 모두 '교시'로 표현하고 있으나, 이

우James N. Rosenau는 사회변수Societal Variables와 체제변수Systemic Variables, 정부변수Governmental Variables와 개인변수Individual Variables 등 네 개 변수를 외교정책 결정변수로 제시했다. 그리고 이 네 개 변수들 간 영향력의 우선순위는 국가의 크기Size, 경제발전의 정도State of the Economy, 정치체제의 개방 유무State of the Policy 등에 따라 달라진다고 주장했다. 예컨대 북한과 같이 크기가 작고 경제적으로 후진국이며 정치적으로 폐쇄적인 나라에서는 외교정책 결정과정에서 개인변수가 가장 큰 영향력을 미치고 그다음에 체제·정부·사회 변수 순으로 영향을 미친다는 것이다.[55] 북한에서 '곧 법으로 지상의 명령으로' 간주되는 최고 통치자의 교시나 지시는 대남혁명전략뿐만 아니라 북한의 모든 정책수립과 결정에 절대적인 영향을 미치는 중요한 요소라고 할 수 있다.[56]

북한 노동당 규약 역시 대남혁명전략을 규제하는 핵심요소 중의 하나라고 할 수 있다. 노동당 규약에는 북한이 추구하고 있는 전체적인 국가전략은 물론 대남혁명전략 목표가 그대로 반영되어 있다. 북한은 과거와 마찬가지로 지난 2010년 9월 노동당 제3차 대표자회에서 개정한 노동당 규약에도 '노동당의 당면목적은 전국적 범위에서 민족해방민주주의혁명을 완수하는 것'이라는 조항을 또다시 적시함으로써 대남혁명의 성공적 수행이 노동당의 중

는 북한에서 사용하는 표현과 비교해볼 때 틀린 것이다. 북한에서는 김일성의 언급내용만 '교시'라는 표현을 쓰고 김정일이나 김정은의 언급사항은 '지적' 또는 '지시'라는 용어로 엄격하게 구분해 사용하기 때문이다.
55 James N. Rosenau, "Pre-Theories and Theories of Foreign Policy," The Scientific Study of Foreign Policy (N.Y.: Nichols Publishing Company, 1980), pp. 128-133; 허문영,『북한외교의 특징과 변화가능성』(통일연구원, 2001), p. 5.
56 이것은 북한에서 헌법보다 우선시되는 "당의 유일사상체계 확립의 10대 원칙" 제5조 1항에 적시되어 있는 내용이다.『김정일선집』제6권(평양: 조선로동당출판사, 2010), p. 45.

요한 당면목표의 하나라는 점을 분명히 했다.

또한 북한의 전체적인 국력도 대남혁명전략을 규제하는 중요 요소라고 할 수 있다. 북한이 갖고 있는 국력은 대남혁명전략의 수단과 방법 등을 결정하는 데 중요한 영향을 미친다. 이는 북한이 정치·군사적 능력과 대외적 역량이 남한의 그것보다 강했던 1950년에 소위 남한지역을 해방하기 위해 '조국해방전쟁'을 일으켰던 사례를 보면 잘 알 수 있다.[57] 북한은 남한에 비해 국력이 강할 때에는 전쟁이나 군사도발 등 강경한 대남혁명전략을 노골적으로 추구했으며 상대적으로 그것이 약할 때에는 대화와 협상에 응하는 등 유화적인 조치를 취하면서 뒤편에서는 군사력을 강화하는 양면적이며 신축적인 대남혁명전략을 구사해왔다.

3. 국제적 요인

한반도를 둘러싼 국제적 역학관계 즉 국제적 요인 역시 북한의 대남혁명전략 결정에 중요한 영향을 미치는 요소라고 할 수 있다. 국제적 요인은 대남요인과 북한 내부요인 등과 함께 대남전략 목표 실현을 위한 수단과 방법 등을 결정하는 데 영향을 미친다.

북한이 냉전시대에 대남전략 목표 달성을 위해 6·25 전쟁을 일으키고 전후에는 수시로 무장도발을 감행하는 등 공격적인 대남혁명전략을 구사했던 것은 국내요인과 함께 대남 및 국제적 요인이 중요하게 작용했기 때문이었다고 할 수 있다. 구체적으로 보면 과거에 북한이 공세적이고 도발적인 대남혁명전략을 전개했

---

[57] 북한은 6·25 전쟁을 '미국이 점령한 조국의 한 부분인 남조선지역을 해방하기 위한 정의의 전쟁'이라는 의미에서 '조국해방전쟁'이라고 부르고 있다.

던 것은 상대적으로 남한의 전체적인 국력이 북한보다 약했기 때문이며, 소련과 중국 및 동구권 사회주의 국가들이 체제와 이념이 동일한 북한을 적극적으로 지지하는 등 국제적 역량이 남한의 그것보다 상대적으로 강했고 이것이 냉전시대 북한의 대남혁명전략 수립과 결정에 그대로 반영되었기 때문이다. 북한이 1960년대에 조국통일을 위해 북과 남의 혁명역량을 강화하는 것과 함께 국제적 혁명역량 강화를 주장하는 등 3대 혁명역량 조성을 강조했던 것도 그 때문이다.[58]

현재 북한의 대남혁명전략 결정에 가장 중요한 영향을 미치는 국제적 요인은 단연 미국 변수이며 그다음이 중국 변수라고 할 수 있다. 과거에는 구소련 변수가 중요한 영향을 미쳤던 것이 사실이나 냉전의 한 축을 이루었던 소련과 동구권 사회주의 국가들이 붕괴된 후 구소련 변수는 북한의 모든 정책 결정에 거의 영향을 미치지 못한다고 보는 것이 적절할 것이다. 오히려 탈냉전 이후 미국 주도의 새로운 세계질서가 존재하는 상황에서 미국 변수가 북한의 대남혁명전략 결정에 가장 중요한 영향을 미치는 요소라고 할 수 있다. 특히 한미동맹 관계가 그 어느 때보다 굳건한 현재의 상황에서 북한은 대남혁명전략을 결정할 때 앞에서 언급한 주한미군의 존재와 함께 미국의 대북정책을 포함한 대한반도 정책을 고려하지 않을 수 없는 것이다.

반면에 중국은 명색상으로 아직까지 사회주의체제이고 북-중 관계가 역사적으로 형성되고 공고화된 관계인데다 실제적으로도 중국이 국제무대에서 어느 정도 북한 입장을 대변하고 있기 때문에 중국 변수는 북한의 대남혁명전략 결정에 일정하게 작용한다

---

58   『김일성저작선집』 제4권, p. 80.

고 할 수 있다. 그러나 중국이 본격적으로 개혁·개방을 실시한 1990년대 이후 북한과 중국의 관계는 과거에 비해 상당히 소원해진 것이 사실이며, 따라서 현재 중국 변수가 북한의 대남혁명전략 결정에 미치는 영향은 상대적으로 낮아진 상태라고 할 수 있다.

4. 정책담당자들의 정세인식

일반적으로 어떠한 전략이나 정책도 최고 결정권자 또는 통치자가 처음부터 입안하고 결론 내리는 경우는 거의 없다고 해야 할 것이다. 설사 정책 결정권자가 혼자서 결정을 내린다 하더라도 반드시 정책담당자들의 역할은 명목 이상이다. 보통의 경우 정책담당자들이 만든 전략이나 정책을 결정하는 것이 최고 결정권자의 몫이기 때문이다. 또한 어떠한 전략이나 정책도 고정불변한 것은 없으며 구체적인 상황과 정세 변화에 따라 적시에 수정되고 보완될 때 정확한 전략이 될 수 있고 올바른 정책이 될 수 있다. 정세 변화에 따라 전략과 정책을 적시에 수정하고 보완해 최고 결정권자가 올바른 판단과 결정을 내리도록 하는 것은 순전히 정책담당자들의 몫이라고 할 수 있다.[59] 이러한 관점에서 볼 때 전략이나

---

[59] 이에 대해 그레이엄 앨리슨(Graham Allison)은 '주인(Principal, 정책결정권자)-대리인(Agent, 정책담당자)'의 관계를 비유해 다음과 같이 언급했다. "의사결정자는 주인이다. 그 주인은 결정을 내리거나 행동을 취함에 있어 조언이나 도움을 얻기 위해 다른 사람을 개입시킨다. 곧 대리인이다. 원칙적으로 말하자면 대리인이란 주인이 원하는 일을 함에 있어 하나의 수단-예를 들면 주인이 내린 결정을 집행하는 데 필요한 정보를 제공한다는 등-에 지나지 않는다. 그러나 현실은 그렇지 않다. 예로 내가 필요에 의해 의사나 변호사를 만나면 여전히 내가 주인이고 그들이 대리인이다. 그럼에도 불구하고 의사는 암이라는 질병과 그 치료방법에 대해, 그리고 변호사는 온갖 법률문제에 대해 나보다 월등히 많이 안다. 이 경우 내가 최종 선택을 했다고 해서 내가 그 내용을 결정했다고 말할 수는 없다. 수술을 받을지 말지에 대한 결정은 내가 내리지만 대리인이 제공하는 정보, 그리고 그가 내리는 판단이 결정적 역할을 한다. 그리고 그렇게 내리는 결정이 조언 없이 내리는 결정보다 나은 것임은 두말

정책을 직접 입안하는 정책담당자들은 그것의 결정과 변화에 적지 않은 영향을 미칠 수밖에 없다는 것이다.

사실 대남혁명전략 수립에 직접 참여하는 정책담당자들은 대남공작부서에 종사하는 실무자들로서 모두 북한 사람이다. 그렇기 때문에 정책담당자들을 북한 변수의 한 부분으로 포함시켜 보아도 큰 무리는 없을 것이다. 그러나 대남혁명전략 수립과 결정에 직접 참여하는 정책담당자들의 상황인식과 함께 그들의 역할이 상당히 중요하기 때문에 북한 변수에 포함시키지 않고 별도로 분리했다는 점을 밝혀두고 싶다.

남북한의 대내외적인 여건과 변화를 정확히 판단해 대남혁명전략을 끊임없이 수정 보완하고 그것이 최종 결정되기까지 중요한 역할을 하는 것은 순전히 북한의 대남정책담당자들이다. 남북한은 물론 국제적인 역학관계의 객관적 상황이 아무리 변했다 하더라도 북한 정책담당자들이 그것을 제때에 정확히 인식하지 못하고 대남혁명전략 수립에 반영하지 못한다면 보다 정확한 대남혁명전략을 수립할 수 없다. 따라서 북한의 대남전략 수립과 결정에 참여하는 정책담당자들이 대내외 정세와 남북한 내부의 객관적인 현실과 변화상황 등을 어떻게 인식하고 그것을 얼마나 정확히 반영하느냐 하는 것은 대남혁명전략 결정에 영향을 미치는 중요한 변

할 필요가 없다.
……
극단적인 경우이지만 주인이 전적으로 책임을 지는 결정을 내리는 경우라 하더라도, 그래서 다른 사람들은 단지 명목상 참가자에 불과하다 하더라도 그들의 역할은 명목 이상이다. 그들은 특별한 이해관계에 대해 주의를 환기시키고 때로 결정을 정당화하기 위해 그 이익을 대변하기도 한다. 따라서 대부분의 복합적인 결정 문제에서 대리인은 주인의 의사를 충실히 대변하기만 하는 것이 아닌 나름대로의 '경기자'이다. 경기자란 문제의 결정이나 행동의 결과에 영향을 줄 수 있는 사람을 가리킨다." 『결정의 엣센스』, pp. 337-338.

수라고 할 수 있다.

실제로 북한 정책담당자들이 남북한의 변화된 현실을 대남혁명전략 결정에 제때에 반영하지 못해 한동안 남한 운동권 내에 혼란을 조성하는 등의 문제가 발생되기도 했다. 앞에서 언급했듯이 일례로 북한은 해방 이후 남한사회가 '식민지반봉건사회'라는 인식을 바탕으로 대남혁명전략을 수립해오다 남한의 변화발전을 뒤늦게 수용하고 남한사회에 대한 평가를 수정한 바 있다. 구체적으로 보면 북한은 1970년대 이후 남한사회가 급격한 발전으로 반봉건사회에서 자본주의사회로 전환되었음에도 불구하고 과거 인식에서 벗어나지 못하고 있었다.[60] 그러한 가운데 1980년대 후반 남한 운동권 내에서 남한사회가 변화 발전했다는 인식을 바탕으로 '사회구성체논쟁' 또는 '사회성격논쟁'이라고 일컫는 이념논쟁이 벌어지게 되었고, 북한 대남정책담당자들도 여기에 주목하게 되었다. 이후 북한의 대남정책담당자들은 남한의 변화된 현실에 대한 심층적인 연구와 재평가 등 치열한 내부논쟁과 남한 운동권의 이념논쟁 결과를 수용해 남한사회에 대한 평가를 식민지반봉건사회→식민지반자본주의사회로 수정한 바 있다. 이러한 북한의 인식과 입장을 정리해 발표한 것이 앞에서 언급한 바 있는 김정일의 '5·24 문헌'이다.

또한 남한 현지에서 문제를 제기해 북한이 대남혁명전략의 내용을 수정하는 경우도 있다. 오래전 일이기는 하지만 1989년 1월, 당시 현대그룹 정주영 명예회장의 방북을 계기로 촉발된 문제와 북한이 이를 정리하는 과정에 있었던 일을 보면 잘 알 수 있을 것

---

60   북한은 해방 이후 남한사회를 '식민지반봉건사회'로 규정한 이후 1980년대 중반까지도 변함 없는 입장을 고수했다.

이다. 당시 정주영 명예회장의 방북을 놓고 남한 운동권 내에서는 불만의 목소리가 높았다. 정주영 명예회장의 방북을 앞둔 1988년은 공교롭게도 그가 총수로 있던 울산 현대중공업 노동자들이 계급해방과 재벌타도 등의 구호를 외치며 골리앗농성을 벌이고 있던 시기였다. 그런 민감한 시기에 정주영 명예회장의 방북계획이 알려지자 현대그룹 노동자들을 비롯한 남한 노동운동권 내부에서 정주영 명예회장의 방북을 허용한 북한을 공개적으로 비판하는 목소리가 흘러나왔다. 바로 '노동자·농민 등 근로민중을 위한 사회주의 국가라고 하는 북한이 어떻게 노동자들을 착취하는 정주영과 같은 매판자본가, 재벌을 초청할 수 있느냐? 북한은 국가이익을 위해서는 노동자의 타도대상, 적敵과도 손을 잡는 등 국가이기주의를 한다'는 것이었다. 남한의 노동운동권 내부에서 일어나고 있던 북한에 대한 비판의 목소리는 남한 현지에 잠복해 활동하고 있는 지하당조직을 통해 북한 노동당 대남공작부서에 그대로 보고되었다. 물론 당시 문제제기는 북한과 연계된 지하조직이 남한 운동권 내의 불만이나 항의사항 등 현지 여론을 종합해 보고한 것이었으며 대남혁명전략 수정을 요구하는 것은 아니었다.

원래 북한이 당시 정주영 명예회장을 초청한 목적은 남한 현대중공업 노동자들과 노동운동가들이 문제를 제기한 것처럼 강원도 통천이 고향인 그를 초청해 환심을 산 다음 현대그룹의 자본을 끌어들여 북한경제 회생의 발판을 마련하려는 데 있었다. 말하자면 북한의 국가이익을 위해 정주영 명예회장을 이용하려는 것이었다. 그러나 북한 노동당 대남공작부서에서는 국가의 이익도 중요하지만 남한 내 노동운동권의 비판을 무시할 수도 없었다. 정주영 명예회장의 방북과 관련해 제기된 문제를 어떤 식으로든 매듭짓지 않으면 앞으로도 지속적으로 문제가 될 것이기 때문에 그냥 넘어갈 수 없었던 것이다. 이에 따라 우선 북한은 1989년 1월 현대그룹 정주영 명예회장의 방북을 '현대그룹 회장 자격으로 하는 업무상의 방문이 아니라, 정주영 개인의 순수한 고향 방문'이라고 발표함으로써 표면적으로는 그의 방북 의미를 희석시키는 제스처를 취했다. 그리고 이면에서는 그의 환심을 사기 위해 그가 평양에 도착한 이후 숙소는 물론 그가 고향인 통천에 갈 때 헬기를 제공하는 등 국빈급에 준하는 대우를 해주면서 온갖 정성을 기울였다.

이와 같은 외부적인 모습과 달리 대남공작부서 내부에서는 '대남전략 차원에서 북한과 남한의 재벌과의 관계 설정을 어떻게 할 것이냐'를 놓고 격렬한 논쟁이 벌어졌다. 말하자면 대남혁명과 조국통일을 위한 투쟁에 있어서 재벌을 어떻게 처리할 것이냐를 놓고 노동당 대남공작부서인 통전부와 당시의 사회문화부(현 225국) 정책담당자들이 뜨겁게 논쟁을 벌인 것이다. 이와 같이 대남공작부서 정책담당자들의 격렬한 내부토론을 거쳐 정리된 내용이 김정일에게 보고되었고 그 후 김정일의 결론에 따라 남한의 재벌에 대한 입장 및 처리 원칙이 결정되었다. 당시 김정일이 남한 재벌에 대한 평가 및 처리에 적용한 원칙은 북한 노동당 내부에서 간부들을 평가할 때 적용하는 '건당원칙(件當原則)'이었다.[61] 이와 같은 원칙에

---

61   '건당원칙(件當原則)'이란 북한 노동당 내부에서만 사용되는 독특한 용어인데, 한마디로 사람을 평가할 때 가족이나 친척 등 가정주위환경보다 본인(당사자)의 사상과 충성심을 위주로 해서 매 사람당 달리 평가한다는 것이다. 다시 말하면 사람들을 평가할 때 일반적인 원칙을 적용하되 특별한 경우가 있을 때는 그 건에 한해 별도로 평가해야 하며 이때 혁명의 이익의 입장에서 본인을 중심으로 해서 평가해야 한다는 것이다. 말하자면 일반성과 특수성을 모두 감안해서 사람들을 평가하라는 것이다. 예를 들면 평가하려는 대상이 월남자가족이라고 할 경우 같은 월남자가족이라 할지라도 자진 월남이냐? 아니면 누구에게 끌려가거나 원자탄이 부서워 어쩔 수 없이 월남했느냐? 다른 사람을 죽이거나 괴롭히고 월남했느냐 등 구체적인 경위가 다르기 때문에 이를 감안해서 평가를 달리해야 한다는 것이다. 우리가 사용하는 'case-by-case'와 유사한 의미라고 보면 될 것이다.

따라 당시에 내렸던 결론은 남한의 재벌이 일반적으로 '매판자본가'이기 때문에 대남혁명을 통해 당연히 타도하거나 제거해야 할 대상인 것은 분명하나, 개별적인 대상에 따라 달리 처리해야 한다는 것이었다. 특히 정주영 명예회장과 같이 조국통일(정확히 표현하면 북한)을 위해 막대한 금전적 지원을 하는 등 조국통일 사업에 적극적으로 협력하는 재벌의 경우에는 충분히 통일의 주체로 인정하고 일단 대남혁명의 편에도 끌어들일 수 있다는 것이었다. 말하자면 재벌에 속하는 사람이라도 그가 북한에 막대한 금전적 지원을 하거나 미국을 반대하고 갈라진 국토와 민족을 하나로 만드는 통일위업 달성을 위해 적극적으로 협력하는 경우에는 타도(청산)하지 않고 북한이 주도하는 대남혁명의 편에 끌어들일 수 있다는 입장이었다.

이와 같은 대남혁명전략 즉 북한 대남공작부서의 입장은 1992년 새해를 맞으면서 발표한 김일성의 신년사를 통해 북한의 입장으로 정립되어 공식적으로 발표되었다.

> "북과 남, 해외에 있는 각계각층 동포들은 조선민족의 한 성원으로서 자기가 처한 환경과 조건에 맞게 힘 있는 사람은 힘으로, 지식 있는 사람은 지식으로, 돈 있는 사람은 돈으로 조국통일 위업에 **특색 있는 기여를 하여야 합니다.**"[62]

사실 김일성의 1992년 신년사 내용은 1945년 10월 14일 김일성이 평양 모란봉공설운동장에서 했던 개선연설 내용에 '특색 있

---

62 『로동신문』, 1992년 1월 1일. 강조는 필자.

는 기여'를 추가해 강조한 것이다.[63] 김일성의 1992년 신년사 가운데 조국통일을 위해 '특색 있는 기여를 해야 한다'는 문구가 내포하고 있는 핵심내용은 '북한을 위해 많은 돈(또는 많은 재산)을 내놓아야 한다'는 것이었다. 다시 말하면 정주영 명예회장과 같이 재벌집단에 속하는 사람이라도 북한을 위해 즉 북한경제 회생을 위해 돈이나 재산을 많이 내놓는다면 통일과정은 물론 통일 이후에도 청산하지 않고 협력할 수 있다는 것이었다.[64]

이처럼 당시 북한은 남한의 재벌들에게 표면적으로는 '조국통일'을 위해 기여하라고 했으나 실제적으로 그 이면에는 '경제적으로 어려운 북한에 자금을 투자해서 북한경제를 회생시키는 데 기여하라'는 의미가 내포되어 있었다. 그러나 북한을 위해 아무리 많은 금전적 지원과 협력을 했던 재벌이라도 민주주의 변혁을 실현하는 단계 또는 통일 이후 필연적으로 제기될 수밖에 없는 계급해방혁명, 사회주의혁명 과정에서 처벌하거나 제거하지 않겠다는 것은 결코 아니다. 그것은 한마디로 남북한 전체 민족이 주체로 참여하는 조국통일과 통일 이후 자본주의체제를 청산하고 사회주의체제를 수립하는 노동당의 최종목적 실현 단계와는 엄연히 구별되기 때문이다. 다시 말하면 착취관계를 청산하는 계급해방혁명, 사회주의혁명 수행 과정에서 매판자본가 즉 재벌은 가장 주되는 타도대상이 될 수밖에 없기 때문이다.[65]

---

[63] 1945년 당시 김일성은 "힘 있는 사람은 힘으로, 지식 있는 사람은 지식으로, 돈 있는 사람은 돈으로 건국사업에 적극 이바지해야 하며 참으로 나라를 사랑하고 민족을 사랑하고 민주를 사랑하는 전 민족이 굳게 단결해 민주주의 자주독립 국가를 건설"해야 한다고 주장했다.『김일성저작집』제1권, p. 532.
[64] 정주영 전 현대그룹 명예회장 방북 관련 부분은 전직 북한 대남공작요원 K 씨의 증언(2011년 10월 21일).
[65] 구체적인 내용은 이 책의 제4장에서 상세히 설명할 것이다.

그럼에도 불구하고 부분적이라고 할 수는 있지만 북한은 대남혁명전략을 수정했으며, 이것이 전적으로 정주영 명예회장의 북한 방문에 대한 남한 현지의 강력한 불만과 비판, 문제제기 때문이었다는 것은 의심할 여지가 없다. 이러한 사실들은 정책담당자들의 상황인식이나 판단력 등이 정책이나 전략 수립과 결정에 중요한 영향을 미치는 요소라는 것을 입증해주고 있다.

제4절
대남혁명전략 결정과정

1. 대남혁명전략 수립과 결정과정상의 특징

일반적으로 전략은 쉽게 바뀌거나 변화되지 않는 장기적인 성격을 내포하고 있는 것이 특징이다. 이것은 북한의 대남전략 역시 마찬가지이다. 북한의 대남전략은 해방 이후 분단극복을 의미하는 '통일달성'이라는 목표가 제시된 후 변화된 정세를 반영해 '반제반봉건민주주의혁명'이라는 대남혁명의 전략적 목표가 추가되었으나 큰 틀에서의 변화는 없었다. 다만 전체적인 대남전략은 물론 대남혁명전략 추진주체인 북한이나 그 적용대상인 남한 그리고 국제적 환경의 변화에 따라 대남혁명전략의 내용이 부분적으로 수정·보완되거나 구체화되는 등의 작은 변화는 있었다고 할 수 있다.

북한의 대남혁명전략 결정과정을 파악하기 위해서는 이를 분석하기 위한 틀이 필요하나 현재는 적절한 분석틀이 없는 실정이다. 이에 따라 일부 학자들은 북한의 대남전략을 대외전략 또는 대외정책의 한 부분으로 인식하고 대외정책 분석틀에 맞추어 대남전략 결정구조를 분석하고 있다.[66] 반대로 북한이 '남조선혁명과 조국통일'을 추진하기 위해 제시한 '3대 혁명역량 강화노선'을 북한의 외교정책 결정과정 분석틀로 원용하는 경우도 있다.[67]

그러나 앞서 언급한 것처럼 북한의 대남혁명전략은 일반적인 대내전략이나 대외전략과는 구별되기 때문에 대남혁명전략 수립과 결정과정 역시 다를 수밖에 없다.

무엇보다도 대남혁명전략은 대내전략이나 대외전략에 비해 상대적으로 제한된 정보에 의존해 수립되고 결정되는 전략이라는 점에서 현실성과 정확성이 떨어진다는 특징을 갖고 있다. 대내전략은 국내에 있는 충분한 자료를 바탕으로 수립되며 대외전략 역시 해당 국가와 교류하면서 그곳의 특징이나 변화상황을 충분히 파악해 전략이나 정책에 반영할 수 있으나 대남혁명전략은 그렇게 할 수 없다. 대남혁명전략은 전략의 대상인 남한을 마음대로 왕래할 수도 없고 정보수집 또한 상당히 어렵기 때문에 제한된 자료와 정보에 의존해 수립할 수밖에 없다. 최근 들어 인터넷의 도입으로 북한에 앉아서도 남한의 현실을 광범위하게 파악할 수 있으나 이는 일반적인 내용에 불과할 뿐이다. 대남혁명전략 수립과 결정에 필요한 내밀한 정보나 구체적인 자료 및 데이터는 사실상 파악이 불가능하며 특히 직접 보는 것과는 비교가 되지 않는다.

다음으로 북한의 대남혁명전략은 대내외 전략과는 달리 극소수의 전문가들에 의해 수립 결정된다는 것도 특징이라고 할 수 있다. 대내전략은 북한 내부의 구체적인 여건과 환경 등을 반영해 수

---

66 정봉화는 "북한의 대남정책은 전반적인 외교정책(대외정책)에서 대남관계에 관련된 정책이기 때문에 그 본질적 속성은 외교정책"에 가깝다며 북한의 일반적인 정책결정과정과 동일시하고 있다. 정봉화, 앞의 책, pp. 34-60.
67 허문영, 『북한외교의 특징과 변화가능성』(통일연구원, 2001), pp. 5-6.

립 결정되기 때문에 북한 일반주민이나 간부들이 모두 영향을 미칠 수 있으며 많은 전문가들이 전략 수립과 결정에 직간접적으로 참여할 수 있다. 대외전략 역시 마찬가지일 것이다. 그러나 북한에서 대남혁명전략 수립과 결정에 참여하는 정책담당자는 그 숫자가 상당히 제한될 수밖에 없다. 그것은 북한이 일반주민들에게 남한사회의 실상이 그대로 알려질 경우 체제유지에 절대적으로 부정적인 영향이 미친다는 판단하에 관련 정보를 전혀 공개하지 않고 있으며, 이것을 대남혁명전략 수립과 결정에 참여하는 극소수 대남정책담당자들에게만 공개하고 있기 때문이다. 이에 따라 남한을 지속적으로 관찰하고 연구하는 동시에 대남혁명전략을 집행하는 분야에 근무하는 소수의 대남전문가들만이 대남혁명전략 수립과 결정에 참여할 수 있다. 이는 비교적 많은 사람들이 참여해서 수립하는 대내외 전략보다는 상대적으로 전략의 현실성과 정확성을 떨어뜨리는 결과를 초래할 수 있음을 의미한다.

이와 같이 대남혁명전략의 수립과 결정과정을 보면 결과적으로 대내전략이나 대외전략에 비해 현실성과 정확성, 변화의 속도 등이 떨어질 수밖에 없기 때문에 대내외 전략을 분석하는 틀을 그대로 적용하기는 곤란하다는 것이다.

2. 대남혁명전략 결정구조와 과정

그러면 대남혁명전략이 구체적으로 어떤 과정을 통해 수립되고 결정되는지 살펴보기로 하겠다. 대남혁명전략은 우선 모든 전략이 그러하듯 정책담당자들과 전문가들이 전략 수립이나 변화에 영향을 미치는 주객관적인 요인들을 반영해 전략을 수정하거나 새로

입안하는 것으로부터 시작된다.

　대남혁명전략 수립에 참여하는 정책담당자들이 대남전략 변화에 영향을 미치는 요소들을 정책에 반영하는 과정은 크게 자발적인 수용과 강제적인 수용 등 두 가지 방법에 의해 이루어진다. 자발적인 수용은 정책담당자들이 스스로 대남혁명전략 수행에 영향을 미치는 주객관적 요인을 제때에 정확히 인식하고 그것을 반영해 대남혁명전략을 수정하거나 보완하는 경우이다. 북한이 기존에는 남한의 청년학생 계층을 혁명의 보조역량으로 구분했으나 1990년대에 들어와 그들이 역사적으로 자주 · 민주 · 통일 등 대남전략목표 실현을 위한 투쟁에서 중요한 역할을 해왔다는 재평가를 통해 대남혁명의 주력군에 편입시킨 것이 좋은 사례라고 할 수 있다.[68]

　강제적인 수용은 대남혁명전략 수행을 직접 담당하고 있는 부서나 현장에서 이의를 제기하거나 정책을 결정하는 실무책임자들이 문제를 제기함으로써 정책담당자들이 그것을 반영해 전략을 수정하거나 보완하는 경우이다. 이는 정책담당자들이 스스로 대남혁명전략 수행에 영향을 미치는 요소들을 제때에 정확히 인식하지 못한 상태에서 진행된다는 특징을 갖고 있다. 앞에서 언급한 것처럼 과거 남한 재벌들을 모두 '매판자본가'로 취급하면서 대남혁명은 물론 조국통일을 위한 투쟁에서도 청산대상, 타도대상으로만 간주했으나 정주영 현대그룹 명예회장의 방북을 계기로 치열한 논쟁을 거쳐 조국통일과 대남혁명에 기여하는 개별적인 재벌에 대해서는 연대해야 할 대상에 포함시키고 '조국통일을 위한 특색 있는 기여'를 주문하고 있는 것이 좋은 사례라고 할 것이다. 또

68　『주체의 한국사회 변혁운동론』, pp. 81-82.

한 남한사회의 발전상황을 전혀 고려하지 않은 채 8·15 광복 직후 평가했던 대로 1980년대 중반에 들어와서까지도 남한사회가 여전히 '식민지반봉건사회'라는 고정관념을 갖고 있다가 남한 운동권 내에서 전개된 이념논쟁을 접하고 그때야 비로소 남한사회가 발전했음을 인정한 후 재평가한 것 역시 마찬가지이다.

대남혁명전략을 수립하고 필요에 따라 수정 보완하는 작업은 대남부서의 정책담당 실무자나 전문가들에 의해 이루어진다. 대남혁명전략 수립과 결정에 직간접적으로 관여하는 부서는 각 대남공작부서의 '정책과'와 '교시편찬과'라고 할 수 있다. 노동당의 모든 부서에 존재하는 '교시편찬과'는 해당 부서와 관련된 김일성의 교시와 김정일의 지시, 새로운 북한지도자로 등장한 김정은의 지시 내용을 정리하고 관리하면서 그것이 정책에 제대로 반영되고 집행되는지 여부를 감독하는 임무를 수행한다. '정책과'는 부서 명칭 그대로 해당 부서의 정책이나 전략을 직접 연구 개발하고 기존의 전략이나 정책을 수정 보완하는 등 직접적으로 정책 수립과 결정에 관여한다.

먼저 노동당 대남공작부서의 정책과에서는 통전부 산하에 있는 남조선문제연구소 소속 연구원들 가운데 관련 분야의 전문가를 차출한다.[69] 그리고 일반 사회과학연구소 및 대학의 권위 있는 학자들을 비롯한 해당 분야의 최고 전문가들을 선발해 정책연구개발팀을 구성한다.[70] 이들을 다른 말로 '대남정책담당자'라고 표현

---

[69] 남조선문제연구소는 노동당 대남부서의 하나인 통일전선부 산하 기관으로 되어 있으나, 대남사업과 관련된 모든 부서의 전략이나 정책 수립에 관여하는 기관이다. 대외적으로는 '조국통일연구원'이라는 명칭을 사용하기도 한다. 이 연구소에서는 매월 '남조선조사연구'라는 제목으로 연구보고서를 발행하고 있다.

[70] 일종의 T/F라고 할 수 있는데 통상적으로 북한에서는 '필진' 또는 '집필진'이라는 용어를 사용한다.

할 수 있을 것이다. 그다음 기존의 대남혁명전략 또는 구체적인 대남정책 내용 가운데 수정하거나 보완해야 할 내용 또는 새롭게 다룰 문제와 방향을 제시해주고 그에 기초해 대남혁명전략 수정안이나 대남정책 초안을 작성하도록 한다.

정책연구개발팀에 소속된 정책담당자들은 오랫동안 대남관련 문제 연구에 매달리면서 축적한 지식과 경험을 바탕으로 김일성의 교시와 김정일 및 김정은의 지시, 해당 부서에서 요구하는 전략 수립 방향에 맞게 대남혁명전략 수정안 또는 대남정책 초안을 작성해 정책과에 제출한다. 정책과에서는 과장 책임하에 정책연구개발팀에서 제출된 대남혁명전략 수정안이나 대남정책 초안을 면밀히 검토하는 한편 해당 부서의 교시편찬과에도 관련 서류를 보내 동시에 검토하도록 한다. 이후 정책과와 교시편찬과의 의견을 종합해 정책(안)을 다시 보완한 다음 실무책임자인 대남부서 부부장(차관)들에게 전달한다.[71] 부부장들은 개별적인 검토와 함께 부장(장관)·부부장 협의회를 통해 해당 전략이나 정책을 재검토해서 정책과에 보낸다. 부장·부부장 협의회에는 조직지도부에서 파견된 간부들도 참석한다.[72]

대남부서 부장·부부장 협의회에서 보완된 대남전략 수정안이나 정책 초안은 정책과에 보내 최종 정리한 다음 부부장-부장 등의 공식적인 결재를 거쳐 '조직지도부 서기실'에 전달된다.[73] 조직

---

71 각 대남공작부서에는 부부장(차관)들이 보통 4~6명 정도 있다.
72 대남공작부서 등 노동당 각 부서에는 조직지도부에서 파견된 간부(부과장 또는 책임지도원)들이 상주하면서 해당 부서의 업무를 감시하고 조정하는 임무를 수행하고 있다.
73 조직지도부 서기실은 다른 말로 '김정은 비서실'이라고 할 수 있다. 주로 북한의 대내외 정책과 관련해 최고지도자(과거에는 김일성이나 김정일, 현재는 김정은)의 연설원고를 작성하거나 연설 속기록을 정리해 해당 부서에 하달하거나 당·정·군은 물론 대남부서 등에서 최고지도자에게 보고되는 문서들을 최종 검토해 전달하는 임무도 수행한다. 황장엽, 『나는 역사의 진리를 보았다』(서울: 도서출판 한울, 1999), p. 115. 참조.

지도부 서기실에서는 대남부서에서 제출한 대남혁명전략 수정안이나 대남정책 초안이 김일성·김정일은 물론 현재 북한의 지도자로 등극한 김정은의 의도와 노동당의 기본적인 활동원칙 및 정책방향에 부합되는지 여부를 전체적으로 검토한 다음 문제가 있으면 다시 수정하도록 하고 다른 문제가 없으면 최고 정책결정권자(김정은)에게 보고한다. 마지막으로 최고 정책결정권자(김정은)가 서명하면 그것이 대남혁명전략 또는 구체적인 대남정책으로 확정된다. 이와 같은 절차에 따라 확정된 대남혁명전략이나 정책은 다시 조직지도부 서기실을 통해 최고 정책결정권자인 김정은의 문헌이나 지시 형식으로 공식화되어 실무 집행부서에 전달된다. 그러면 대남공작부서에서는 이를 '김정은의 지시'로 간주하고 그 집행을 위한 구체적인 대책을 세운 다음 실행에 옮기게 된다.

이러한 대남혁명전략 결정과정은 전직 대남공작요원의 증언을 통해서도 확인할 수 있다.

"본인이 대남요원으로 활동하면서 경험한 바에 의하면, 북한의 대내정책이나 대외정책과 달리 대남혁명전략이나 대남정책은 관련 업무의 특성상 처음부터 김정일이 구상하고 완성해서 발표하거나 하달할 수 없다고 생각한다. 물론 김일성은 중국에서 활동할 때 중국공산당의 지도하에 지하공작이라는 것을 조금이라도 해봐서 그런지 단편적으로 전술적인 부분을 이야기한 바 있다. 그렇지만 김정일은 공작을 해본 경험이 전혀 없는데다 그에 대해 배운 적도 없기 때문에 그 개념이라든가 구체적인 내용에 대해서 전혀 알 수 없고, 따라서 대남공작 전술과 관련한 내용에 대해서는 거의 말을 할 수가 없다.

그래서 지난 1991년 5월 '5·24 문헌'이라고 하는 김정일의 비공개 문헌이 대남분야에 배포되었을 때에도 그것이 전부 김정일이 집필한 것이 아니라고 생각하게 된 것이다. 그것은 그냥 막연한 생각이 아니라 여러 가지 측면에서 객관적으로도 확인할 수 있다. 첫째로, 5·24 문헌을 보면 대남혁명과 관련한 이론과 전략전술에 대해 전문가들만이 알 수 있는 내용이 상당히 구체적으로 적시되어 있는데 김정일이 그 정도로 대남혁명에 대해 해박하게 알고 있을 리도 없고 200페이지 정도 되는 방대한 분량의 내용을 저술했을 리도 없기 때문이다. 둘째로, 노작 원문 표지에 '김정일이 대남부서 책임간부들 앞에서 한 연설'이라고 표기되어 있는데 김정일이 200페이지 이상 되는 많은 내용을 장시간 동안 연설한다는 것도 전례가 없다는 점에서 상식적으로 납득이 되지 않기 때문이다. 셋째로, 5·24 문헌이 발표되기 전인 1989년에 이미 5·24 문헌에서 언급된 대부분의 내용이 『한국사회성격 논의의 재조명』 제하의 책자로 출판되어 대남공작원들을 상대로 하는 내부교육용 자료로 활용된 바 있기 때문이다. 넷째로, 『한국사회성격 논의의 재조명』 책자 집필에 직접 참여했던 전문가들이 남파준비 중인 대남공작원들을 상대로 한 특강에도 출연한 바 있기 때문이다. 『한국사회성격 논의의 재조명』 책자 제작에 참여했고 직접 강사로도 출연했던 전문가 중의 한 사람이 현재 북한 사회민주당 중앙위원장으로 활동하고 있는 김영대이다.

김영대는 1989년 당시 통일전선사업부 산하 남조선연구소 실장을 역임하고 있었는데 그때에는 '김영호'라는 이름을 사용했다. 그러다가 사회민주당 중앙위원회 부위원장(1989년 9월)→위원장(1998년 9월)으로 공식석상에 나서면서 현재의 '김영대'라는 이름을 사용하고 있다."[74]

한편 김일성이나 김정일 및 김정은의 교시나 지시 형식으로 공식화된 대남혁명전략 또는 대남정책에 대해서는 그것을 집행하는

---

74   전직 대남공작요원 K 씨의 증언, 2011년 10월 21일.

과정에 발생하는 문제를 정기적으로 종합 검토한 후 수정안을 만들어 최종 정책결정권자인 김정은에게 보고해 재가를 받는 방법으로 지속 보완하는 작업을 진행한다.[75]

[그림 2-2]는 북한의 대남혁명전략 수립 및 결정구조를 그대로 그림을 통해 설명한 것이다. 대남혁명을 완수하기 위한 전략이나 이를 실현하기 위한 구체적인 정책들은 [그림 2-2]와 같은 과정을 통해 수립되고 결정되며 수정 및 보완하는 경우에도 동일한 과정을 거쳐 결정된다.

---

[75] 북한에서는 '포치(布置)-총화(점검 또는 결산)-재포치(再布置)'라는 나름대로의 정책집행 순환단계를 설정해놓고 특정 전략이나 정책이 결정되면 먼저 그것을 집행단위에 하달(포치)한 후 그것이 제대로 집행되고 있는지 여부를 정기적으로 점검(총화)하고 수정 보완한 후 다시 하달(재포치)해 다시 집행하도록 하는 조치를 취하고 있다.

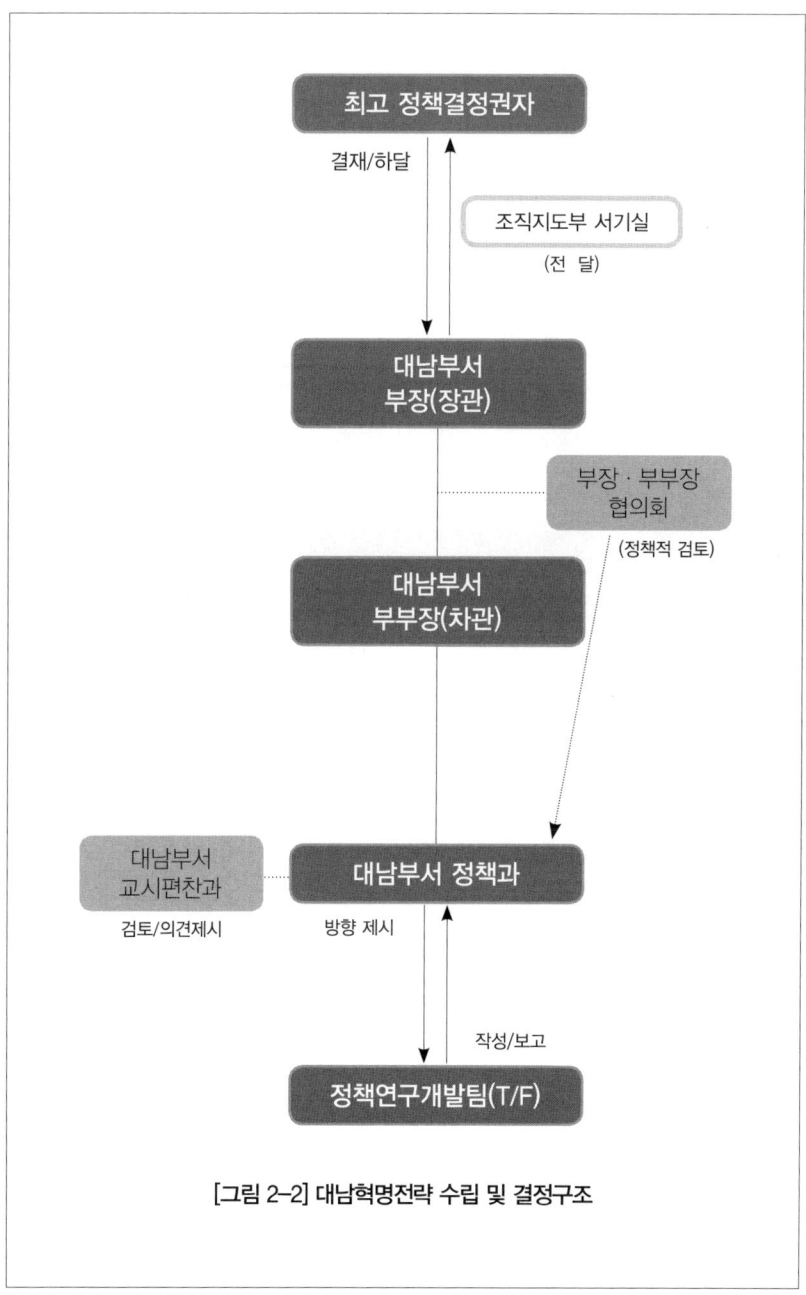

[그림 2-2] 대남혁명전략 수립 및 결정구조

제3장

냉전시기 북한의 대남혁명전략

제1절
대남혁명전략의 개념과 이론화과정

1. 남한사회의 성격과 대남혁명전략

앞에서 본 바와 같이 북한의 국가전략은 크게 대내전략과 대외전략 그리고 대남전략으로 구분할 수 있다. 이 가운데 대남전략은 '남조선혁명의 승리와 조국의 자주적 통일위업 실현'을 전략적 목표로 하고 있다. 대남혁명전략은 바로 이 '남조선혁명 승리와 조국의 자주적 통일위업 실현'을 전략적 목표로 삼고 있는 대남전략의 양대 축을 이루고 있는 전략이다.

북한은 일반적으로 혁명전략을 수립할 때 여러 가지 요인들을 고려하는데 가장 선차적으로 중요시하는 것이 해당 혁명전략의 적용대상이 되는 사회가 어떤 성격을 갖고 있느냐 하는 것이다. 대남혁명전략 역시 마찬가지이다. 북한은 대남혁명전략을 수립할 때 먼저 남한사회의 성격 즉 남한사회가 본질적으로 어떤 사회인가에 대한 평가를 실시하고 그것을 바탕으로 대남혁명전략을 수립하고 있다.[1] 북한은 사회의 성격에 대해 마르크스-레닌주의에

---

[1] 이것을 다른 말로 '남한사회의 성격'이라고 한다. 북한은 자연과 사회는 물론 모든 사물현상

입각해 사회의 이질성 즉 '역사발전의 특정한 단계에 있는 사회의 본질적 특징을 나타내는 사회역사적 범주'라는 인식을 갖고 있다.[2] 또한 주체사상의 사회역사관을 접목시켜 사회가 사람들과 그들이 창조한 사회적 재부와 그것을 결합시키는 사회적 관계로 이루어져 있으며 여기에서 기본을 이루는 것은 어디까지나 사람이기 때문에 사회의 성격도 사람을 중심에 놓고 고찰해야 한다고 주장하고 있다.[3] 사람을 중심으로 사회의 성격을 고찰한다는 것은 곧 사람들의 사회적 지위와 역할에 중심을 두고 사회의 성격을 인식한다는 것이다. 그리고 사람들의 지위와 역할, 처지는 정치생활과 경제생활에 의해 집중적으로 표출되기 때문에 결과적으로 사회의 성격은 국가주권과 생산수단을 누가 장악하고 있느냐에 따라 규정된다는 것이다. 이는 국가주권이 사람들의 사회적 지위와 역할을 규제하는 정치적 지배권이며 생산수단에 대한 소유권은 곧 경제생활에 대한 지배권이라는 인식으로부터 출발한다. 그러나 국가주권을 장악한 계급이 생산수단의 소유권도 장악하기 때문에 두 가지 요소 가운데 보다 중요한 것은 국가주권의 소재라는 것이다.[4]

북한이 대남혁명전략을 수립하고 결정하는 경우에도 마찬가지

의 속성을 표현하는 개념으로 '본질'이나 '본성' 또는 '성격'이라는 용어를 많이 사용한다. 따라서 남한사회의 성격이란, 한마디로 남한사회가 역사발전에 있어서 어느 단계에 있는 사회인가를 표현하는 개념이라고 할 수 있다.

2   한기영, 앞의 책, p. 9.
3   북한은 "기성 유물사관은 사회를 물질세계의 한 부분으로 보고 사회발전의 합법칙성을 물질적 경제적 요인들의 상호작용에 의한 자연사적 필연성으로 고찰했다. 마르크스는 이 같은 유물사관에 기초해 사회를 토대와 상부구조로 구분하고 사회역사발전을 토대와 상부구조 간의 모순에 의해 형성되는 생산양식의 교체의 역사로 보았다. 마르크스주의자들은 사회를 생산양식 유형에 따라 원시공동체적 사회구성체, 노예소유적 사회구성체, 봉건제적 사회구성체, 자본주의적 사회구성체, 사회주의적 공산주의적 사회구성체로 구분했다. 바로 이것이 유물사관에서 사회를 구분하는 방법론으로 내놓은 사회구성체론이다"라고 비판하며 사람을 중심으로 사회를 평가하는 것이 사회성격을 정확히 규정할 수 있는 방법론이라고 주장하고 있다. 『주체의 한국사회 변혁운동론』, p. 20. 참조.
4   한기영, 앞의 책, pp. 9-11.

이다. 대남혁명전략은 남한을 대상으로 하는 혁명전략이기 때문에 북한이 대남혁명전략을 수립할 때 가장 먼저 실시하는 것이 남한사회의 성격에 대한 분석과 평가이다. 북한은 위와 같은 논리에 기초해 남한의 국가주권과 생산수단을 어느 계급이 장악하고 있느냐를 기준으로 남한사회의 성격을 규정하고 있으며 이러한 평가를 바탕으로 대남혁명전략을 수립하고 있다. 그런 의미에서 남한사회의 성격을 규명하는 것이 대남혁명전략을 수립하는 데 있어서 가장 중요한 전제조건이라고 하는 것이다. 남한사회의 성격을 규명하는 것이 대남혁명전략 수립의 전제조건으로 되는 것은 남한사회의 성격을 어떻게 규정하느냐에 따라 대남혁명의 성격과 임무, 대상과 동력은 물론 대남혁명의 수행방법 등 대남혁명전략의 제반 요소들이 결정되기 때문이다.[5]

이와 같은 이유 때문에 북한은 대남혁명전략 수립에 앞서 남한사회의 성격에 대한 규명 작업을 반드시 선행하고 있다.

2. 대남혁명전략의 전개와 이론화과정

일반적으로 전략 수립에서 가장 중요한 부분은 목표에 관한 문제이다. 그것은 목표가 전략의 출발점이기 때문이다. 전략은 목표를 세우는 것으로부터 시작되며 따라서 목표설정은 전략 수립의 가장 선차적인 단계라고 할 수 있다.

대남혁명전략 역시 마찬가지이다. 앞서 언급한 것처럼 초기 대

---

5 이 가운데 대남혁명의 성격이란 한마디로 대남혁명이 어떤 혁명이냐 하는 본질적인 내용에 관한 것이다. 다시 말하면 대남혁명의 성격은 대남혁명이 포괄하고 있는 내용이나 형식이 부르주아혁명이냐, 아니면 사회주의혁명이냐 등을 본질적인 측면에서 특징짓는 개념이라고 할 수 있다.

남혁명전략은 한마디로 북한의 한반도 지배 야욕 즉 통일된 한반도를 지배하려는 김일성의 의도에서 비롯된 것이라고 할 수 있다. 물론 대남혁명전략은 남북이 분단된 후 남과 북에 서로 다른 체제가 수립되었기 때문에 분단극복 문제가 대남혁명전략의 출발점이라고 해도 큰 무리는 없을 것이다. 그것은 북한이 분단된 상황에서 어쩔 수 없이 남북이 상호 다른 형식의 혁명을 하지 않으면 안 되었다고 주장한 것을 보아도 잘 알 수 있다.[6] 그러나 순수한 의미에서 분단을 극복하는 것은 남북통일이지 대남혁명은 아니다. 따라서 초창기 대남혁명전략의 출발점이 김일성의 한반도 지배 야욕이라는 것에는 의심할 여지가 없다.

8·15 광복과 함께 남북이 분단된 후 김일성은 '자주독립국가 건설→통일된 자주독립국가 건설'로 국가전략 목표를 수정해 제시했다. 물론 해방 직후에는 남북한이 모두 일제식민지 잔재와 봉건적인 요소가 뒤섞인 식민지반봉건사회였기 때문에 당시의 전략 목표는 단순한 남북통일만을 의미하는 것이었다고 할 수 있다. 말하자면 해방 직후 북한의 대남전략 목표는 공산주의자들이 목표로 삼았던 사회주의혁명까지를 염두에 둔 것이 아니라 단순한 통일만을 염두에 둔 전략이었다는 것이다.

북한이 대남혁명의 필요성을 인식하고 공식적으로 제시한 것은 1948년 5월 10일 한반도의 남쪽에 대한민국 정부가 수립되고 뒤이어 북한에도 공산당이 영도하는 정권 즉 '조선민주주의인민공화국'이 수립된 1948년 9월 9일 이후라고 할 수 있다.[7] 그러나 당시 북한이 염두에 두었던 대남혁명의 목표는 현재와 같이 남한

6　　허종호, 앞의 책, p. 19.
7　　허종호, 앞의 책, p. 17.

에 사회주의체제를 수립하는 것이 아니라 북한지역과 같이 남한지역에서도 반제반봉건민주주의혁명을 수행해 토지개혁과 중요산업 국유화와 같은 민주개혁을 실시하는 것이었다고 말할 수 있다. 그것은 남한지역에서도 농지개혁 등을 실시했으나 북한지역에서와 같은 반제반봉건민주주의혁명은 완수하지 못했다고 인식하고 있었기 때문이다. 북한이 이와 같은 인식을 갖고 있었다는 점은 6·25 전쟁 발발 이후 북한군의 남진으로 남한의 많은 지역을 점령했을 때 시행했던 여러 가지 개혁조치들을 보면 잘 알 수 있다. 북한은 6·25 전쟁 초기 북한군의 공격으로 남한의 많은 지역을 점령하게 되자 재빨리 정치공작대를 점령지역에 파견해 각 지역마다 인민위원회를 조직하고 이를 기반으로 하여 북한이 해방 직후에 실시했던 토지개혁과 같은 소위 '민주주의개혁'을 실시했던 것이다. 이를 통해서도 북한이 해방 이후에 추구했던 대남혁명의 목표 즉 반제반봉건민주주의혁명을 통해 달성하려고 했던 목표가 사회주의혁명을 위한 기반조성이었을지는 모르나 사회주의혁명 그 자체는 아니었다는 것을 알 수 있다.

  이와 함께 북한은 적어도 해방 이후부터 1950년대 중반까지는 대남혁명과 남북통일을 분리시켜 생각하지 않았다고도 할 수 있다. 왜냐하면 1958년 이전에는 북한도 사회주의혁명이 이행되지 않아 완전한 사회주의체제가 아니었고 따라서 남북통일과 함께 민주개혁 즉 민주주의혁명을 수행하면 통일된 한반도의 남쪽에도 동일한 사회체제가 수립된다고 생각했기 때문이다. 물론 당시 북한에 조직된 노동당의 최종목적이 다른 나라에 존재했던 공산당·노동당들과 동일하게 사회주의체제 수립과 나아가서 공산주의사회를 건설하는 것이었으므로 반제반봉건민주주의혁명을 완수하면 필연적으로 계속해서 사회주의혁명을 수행했을 것이다. 그러나 당시에는 북한지역에도 사회주의혁명이 완수되지 못한 여건이었으므로 남한에서 곧바로 사회주의혁명을 하겠다는 것은 불가능한 일이었다는 것이다.

북한이 남한에서 반제반봉건민주주의혁명을 완수한 다음 북한과 같은 사회주의체제로 만들어야겠다는 인식을 갖게 된 것은 북한에서 생산관계의 사회주의적 개조가 끝남으로써 사회주의체제가 성립된 1958년 이후라고 할 수 있다. 그것은 1958년에야 비로소 북한이 농업협동화와 개인상공업의 사회주의적 개조 등 사회주의혁명을 완수하고 사회주의체제를 수립했기 때문이다.[8] 물론 1958년 이전에도 북한과 남한의 사회체제는 동일하지 않았다. 북한에서는 공산주의자들이 정권을 잡고 사회주의체제 수립을 위해 '반제반봉건민주주의혁명'이라는 명목으로 토지개혁과 중요산업 국유화 등 사회주의체제 수립의 기초를 다지기 위한 제반 조치를 실시하고 있었고 남한에는 자유민주주의를 근본이념으로 하는 자본주의체제가 수립되어 있었기 때문이다. 말하자면 북한에서 사회주의체제가 수립되기 이전까지는 북한의 반봉건사회나 남한에 존재하는 자본주의체제나 대동소이하다고 판단했던 것이다.

그러던 북한이 대남혁명의 위상과 성격 등 대남혁명전략에 대해 나름대로 논리를 제시한 것은 1961년 9월 11일 개최된 노동당 제4차 대회를 통해서이다.[9] 당시 김일성은 노동당 제4차 대회에서 한 보고를 통해 대남혁명의 성격과 임무, 대남혁명의 타도대상과

---

8 북한은 1958년 8월 농업협동화가 완성되고 그해 말 개인수공업과 자본주의적 상공업에 대한 사회주의적 개조가 끝남으로써 사회주의적 생산관계가 확립된 시점을 기준으로 사회주의혁명이 완수되었고 이때부터 북한에 사회주의체제가 확립되었다고 주장하고 있다.
9 『김일성저작선집』 제3권(평양: 조선로동당출판사, 1968), pp. 141-145.

함께 대남혁명 추진 방도 등에 대해 제시했다. 그러나 당시에 제시한 김일성의 대남혁명전략의 내용을 보면 체계화되고 정리된 논리가 아니라 개념적인 수준에 불과했다. 그렇기 때문에 이때까지도 북한은 대남혁명을 통해 남한에 사회주의체제를 수립하겠다는 생각보다는 북한에서 해방 초기에 실시했던 토지개혁과 같은 민주개혁 정도의 변혁을 생각하고 있었다고 할 수 있다.[10]

이때까지만 해도 막연하게 미국의 식민지통치를 끝장내고 분단된 남과 북을 통일해야 한다는 논리를 내세웠던 북한이 통일 이후 '사회주의혁명과 사회주의건설을 실현'해야 한다며 대남혁명이 곧 사회주의혁명임을 분명히 한 시점은 1965년이다. 김일성은 1965년 4월 인도네시아 '알리 아르함' 사회과학원에서 한 강의를 통해 대남혁명의 위상과 성격은 물론 대남혁명의 대상과 동력, 방법 등 대남혁명전략의 핵심요소에 대해 구체적으로 언급했다.[11]

> "...... 오늘 조선로동당과 조선인민 앞에는 두 가지 혁명과업이 나서고 있다. 그 하나는 나라의 북반부에서 사회주의를 건설하는 것이며 다른 하나는 남조선을 미제국주의의 식민지통치에서 해방하고 조국의 통일을 실현하는 것이다.
> 이 두 가지 혁명과업은 서로 밀접히 연결되어 있으며 그 실현을 위한 투쟁은 통일적인 조선혁명의 종국적 승리를 앞당기기 위한 투쟁이다. 조선공산주의자들의 목적은 자기 조국을 통일하고 전국적으로 사회주의혁명과 사회주의건설을 실현하며 나아가서는 공산주의를 건설하는 데 있다. 우리 당

---

10 『김일성저작선집』 제3권, p. 144.
11 김일성, "조선민주주의인민공화국에서의 사회주의건설과 남조선혁명에 대하여", 『김일성저작선집』 제4권, pp. 195-240.

은 전체 조선인민을 령도하여 이 목적을 이룩하기 위하여 투쟁한다."[12]

북한이 대남혁명에 관한 논리와 내용을 더욱 구체화시켜 현재와 같은 체계적인 대남혁명이론과 전략으로 완성한 것은 1970년이다. 김일성은 1970년 10월 개최된 노동당 제5차 대회를 통해 그동안 산발적으로 제시했던 대남혁명과 관련한 내용을 체계적으로 정리해 남조선혁명전략 즉 대남혁명전략으로 발전시켰던 것이다. 그 후 1975년 허종호의 『주체사상에 기초한 남조선혁명과 조국통일 리론』을 통해 보다 체계화된 대남혁명전략으로 정리되었다. 이와 같이 체계화된 대남혁명전략을 다른 말로 대남혁명이론 또는 대남혁명론이라고 할 수 있다.

김일성이 제시한 위와 같은 북한의 대남혁명전략은 탈냉전시대가 도래하기 전까지는 그대로 유효했다. 그러나 김일성이 냉전시기에 제시했던 대남혁명전략은 1991년 김정일의 '5·24 문헌'을 통해 탈냉전시대에 맞게 재정립되었다.

12　『김일성저작선집』 제4권, pp. 195-196.

제2절
냉전시기 대남혁명전략 목표

　북한은 대남혁명전략의 근본적인 바탕을 이루는 대남혁명전략 목표 즉 대남혁명의 성격을 규정할 때 김일성이 제시한 원칙을 철저히 따르고 있다. 북한체제가 수립되기 훨씬 이전인 1937년에 김일성에 의해 제시되었다고 하는 논리는 지금도 북한의 국가전략과 혁명전략을 규제하고 있으며, 이는 그대로 이 책의 핵심인 북한의 대남혁명전략을 규제하는 논리로도 작동하고 있다.[13]

　김일성이 제시한 혁명전략을 규제하는 요인의 하나는 매개 혁명단계에서의 혁명의 기본임무이며 다른 하나는 조성된 사회계급적제관계이다.[14] 여기에서 말하는 혁명의 기본임무는 '매개 혁명단계에서 해결하려는 혁명의 기본목적, 기본과업'을 의미하는 것이라고 할 수 있다.[15] 사회계급적제관계는 해당 사회에 존재하는 여

13　북한은 이를 '혁명의 성격을 규정하는 요인'으로 표현하고 있다. 혁명의 성격은 다른 말로 '혁명의 본성' 즉 어떤 혁명이냐 하는 것이다. 김일성, 「조선공산주의자들의 임무」(조선인민혁명군 대내기관지 『서광』에 발표한 논문, 1937년 11월 10일) 『김일성저작집』 제1권, p. 151.
14　『김일성저작집』 제1권, p. 151.
15　『조선대백과사전』 제24권, p. 219.

러 계급들 간의 이해관계와 역량관계를 반영하는 개념이다.[16] 이를 국가전략이나 혁명전략 차원에서 보면 국가가 내세우고 있는 목표, 혁명을 통해 달성하려고 하는 목표가 무엇이며 해당 사회의 계급구조 즉 계급적 대립관계가 어떻게 이루어져 있느냐에 따라 국가전략이나 혁명전략의 성격이 결정된다는 것이다.

무엇보다도 북한 통치자들의 한반도 지배 욕구는 북한의 대남혁명전략을 규제하는 가장 중요한 요인이라고 할 수 있다. 북한 통치자들의 한반도 지배 욕구는 대남혁명의 기본임무와 일치하는 것으로서 대남혁명전략의 목표를 규제하는 가장 중요한 요인으로 작용한다. 사실 아무리 남북한에 서로 다른 체제가 수립되어 있다 하더라도 통치자가 분단된 다른 한쪽을 복속시키려는 의지를 갖고 있지 않다면 '적화통일'이니 '승공통일'이니 하는 용어가 생겨나지 않았을 것이다. 김일성은 한반도 전체를 지배하려는 욕구로부터 출발해 동족을 향해 전쟁까지 일으켰으며 김정일에 이어 북한의 지도자로 등장한 김정은 역시 심각한 경제난을 겪고 있는 가운데서도 한반도 지배 의지를 버리지 않고 있다. 북한 통치자들의 한반도 지배 욕구는 북한에서 '최고 형태의 정치조직인 동시에 영도적 조직이며 혁명의 참모부'인 노동당의 규약에 그대로 명시되어 있으며 이는 지금도 대남혁명전략의 목표를 규제하는 가장 중요한 요인으로 작용하고 있다.[17]

[표 3-1]에는 북한이 1956년 노동당 제3차 대회 때부터 2010

16 　북한은 "사회계급적제관계(社會階級的諸關係)란 여러 계급들 사이의 이해관계와 역량관계이다. 매개 혁명단계에서 청산해야 할 착취계급, 반동계급과 혁명에 참가하는 계급이 어떤 계급들인가, 특히 혁명의 영도계급이 어떤 계급인가에 따라 혁명에 의하여 세워지게 될 사회제도의 성격이 달라진다"고 주장하고 있다. 『조선대백과사전』 제24권, p. 222.
17 　『조선로동당규약』 전문.

년 노동당 제3차 대표자회까지 개정했던 노동당 규약 내용 가운데 통치이념과 함께 노동당이 내세웠던 당면목적과 최종목적, 투쟁방침 등이 정리되어 있다. 이를 통해 북한이 과거에는 물론 현재에도 대남혁명 완수를 변함없는 노동당의 투쟁과제, 투쟁목표로 삼고 있음을 알 수 있다.

다음으로 남한사회가 갖고 있는 체제적인 성격 역시 대남혁명 전략을 규제하는 중요한 요인의 하나이다. 북한은 남한사회가 미국의 식민지인 동시에 반자본주의사회라는 인식을 갖고 있다. 결과적으로 북한이 인식하고 있는 남한의 식민지통치체제 그리고 남한에 존재하는 자본주의 시장경제체제와 자유민주주의 이념에 입각한 정치체제 등이 북한의 대남혁명전략을 규제하는 중요한 요인의 하나라는 것이다. 남한의 자유민주주의 이념과 시장경제체제는 대남혁명전략의 핵심내용인 대남혁명의 본질과 성격은 물론 대남혁명의 임무와 목표 등을 규제하는 중요한 요인으로 작용하고 있다.

만약 남북한이 분단되었더라도 남과 북에 동일한 사회주의체제가 존재하거나 자본주의체제가 존재한다면 체제와 이념의 통합을 의미하는 '대남혁명'이라는 용어 자체도 생기지 않았을 것이며 그렇게 되면 대남혁명전략 역시 불필요할 것이다. 그러나 분단 이후 북한에는 사회주의혁명을 통해 계획경제와 사회주의 이념을 바탕으로 하는 사회주의체제가 수립된 반면, 남한에는 자본주의체제가 수립되었다. 이에 따라 북한은 한반도 전체를 사회주의체제로 만들어야 한다는 명목하에 지금까지도 대남혁명전략을 수립하고 추진하고 있는 것이다.

당 대회\내용	통치이념	당면목적과 최종목적	대남투쟁방침
3차 당대회 개정규약 (1956년)	• 맑스-레닌주의	• 당면목적: 전국적 범위에서 반제, 반봉건적 민주개혁 과업 완수 • 최종목적: 공산주의사회 건설	• 남반부를 해방하고 조국의 완전한 통일을 달성하기 위해 투쟁
4차 당대회 개정규약 (1961년)	• 맑스-레닌주의 일반적 원리를 조선혁명의 실천 활동에 창조적으로 적용	• 당면목적: 공화국북반부에서 사회주의의 완전한 승리 보장, 전국적 범위에서 반봉건민주주의혁명 과업 수행 • 최종목적: 공산주의사회 건설	• 남반부를 해방하고 조국의 완전한 통일을 달성하기 위해 투쟁
5차 당대회 개정규약 (1970년)	• 맑스-레닌주의를 창조적으로 적용한 김일성의 주체사상	• 당면목적: 공화국북반부에서 사회주의의 완전한 승리 보장, 전국적 범위에서 민족해방인민민주주의 혁명 과업 수행 • 최종목적: 공산주의사회 건설	• 남조선인민들의 투쟁을 적극 지지성원하며 남조선혁명의 완성을 위해 투쟁
6차 당대회 개정규약 (1980년)	• 김일성의 주체사상, 혁명사상	• 당면목적: 공화국북반부에서 사회주의의 완전한 승리 실현, 전국적 범위에서 민족해방과 인민민주주의혁명 과업 완수 • 최종목적: 온 사회의 주체사상화와 공산주의사회 건설	• 남조선인민들의 투쟁을 적극 지원하고 조국을 통일하며 나라와 민족의 통일적 발전을 위해 투쟁
당대표자회 개정규약 (2010년)	• 김일성의 혁명사상, 주체사상	• 당면목적: 공화국북반부에서 사회주의 강성대국 건설, 전국적 범위에서 민족해방민주주의혁명의 과업 수행 • 최종목적: 온 사회를 주체사상화해 인민대중의 자주성을 완전히 실현	• 남조선인민들의 투쟁을 적극 지지성원하며 우리 민족끼리 힘을 합쳐 조국을 통일하고 나라와 민족의 통일적 발전을 위해 투쟁

[표 3-1] 북한 당 규약에 명시된 통치이념, 당면·최종 목적, 대남투쟁방침[18]

---

18 『국제문제연구』 제10권 제4호(국가안보전략연구소, 2010), pp. 222-223. 참조.

또한 남한사회 내에 존재하는 사회계급적제제관계 역시 대남혁명전략을 규제하는 요인의 하나이다. 북한은 현재 남한사회의 계급구조에 대해 국가주권과 생산수단에 대한 지배권과 소유권을 둘러싸고 지배계급과 피지배계급, 착취계급과 피착취계급 등으로 구분되어 있다는 인식을 갖고 있다. 이러한 남한사회 내부의 계급관계가 대남혁명을 통해 타도하거나 제거해야 할 대상과 함께 대남혁명을 추진하는 동력 즉 수단을 규정하는 요인으로 작용한다는 것이다.

마지막으로 대남혁명을 중심에 놓고 형성되는 세력관계 즉 피아간의 역량관계 역시 대남혁명전략을 규제하는 하나의 요인이라고 할 수 있다. 김일성은 대남혁명 승리를 위해서는 3대 혁명역량이 준비되어야 한다면서 "그 첫째는 북조선 혁명역량이며, 둘째는 남조선의 혁명역량이며, 셋째는 국제적 혁명역량"이라고 주장한 바 있다.[19] 이와 같은 3대 혁명역량의 준비 정도는 대남혁명의 시기와 방법을 규제하는 요인으로 작용하고 있다.

---

19 『김일성저작선집』 제4권, p. 80.

제3절
냉전시기 대남혁명전략 전개

1. 민주기지 건설론

북한이 냉전시기에 대남혁명전략 목표 달성을 위해 취했던 중요한 조치의 하나는 북한지역을 남조선혁명 즉 대남혁명의 전진기지, 근거지로 만들어야 한다는 소위 '민주기지 건설론'을 제시하고 이를 적극적으로 추진한 것이다.

민주기지를 건설한다는 것은 한마디로 남한에서의 혁명을 완수하고 분단된 한반도를 통일하기 위해 북한을 혁명근거지로 만드는 것이라고 할 수 있다.[20] 북한의 민주기지 건설론은 해방 직후 조건이 보다 유리한 북한에서 먼저 혁명을 급속히 추진시켜 북한지역을 전국혁명을 위한 강력한 기지로 만든다는 김일성의 '혁명근거지 건설론'에 이론적 바탕을 두고 있다고 할 수 있다.[21] 말하자면 혁명운동의 승리는 반혁명역량에 대한 혁명역량의 압도적 우

20　북한은 해방 직후부터 1980년대 말까지는 대남혁명의 성격을 반제반봉건민주주의혁명 또는 민족해방인민민주주의혁명으로 규정했으나 현재는 '민족해방혁명'으로 간략하게 부르거나 '민족해방민주주의혁명'으로 대남혁명의 성격을 수정했다.
21　허종호, 앞의 책, p. 20.

세에 의해 보장되는데 이러한 혁명역량은 일정한 지역과 주민을 포괄하는 혁명적 민주기지에 의존해야 정치·경제·군사적으로 더욱 강력하게 구축될 수 있다는 논리이다.

북한은 위와 같은 논리를 바탕으로 해방과 함께 미군과 소련군이 남과 북을 각각 점령함으로써 남과 북이 분단된 상황에서 국가전략을 '자주독립국가 건설→통일된 자주독립국가 건설'로 재빨리 수정하면서 그 실현을 위해 우선적으로 북한지역을 대남혁명의 기지로 만들기 위한 작업에 매진했다.

> "해방 직후 우리 당은 북조선에서 민주개혁을 철저히 수행하고 민주건설을 촉진함으로써 장차 조선민족을 완전히 해방하며 조선을 부강한 자주독립국가로 만들기 위한 튼튼한 민주기지를 북조선에 창설하는 것을 기본적인 정치로선으로 규정하였습니다."[22]

김일성도 언급한 것처럼 북한은 해방 직후부터 북한지역을 민주기지 즉 남한혁명을 위한 근거지로 만드는 것을 당의 기본 정치노선으로 규정하고 이를 적극 추진했다. 이를 위해 북한은 1945년 10월 10일 조선공산당 북조선분국을 결성했으며 1946년 2월 8일에는 북조선임시인민위원회를 수립했고 이를 기반으로 3월부터 토지개혁과 중요산업 국유화 등 제반 민주개혁을 본격적으로 실시했다. 그렇기 때문에 사실 북한이 민주기지 건설을 정확히 언제 공식화했느냐 하는 것은 별로 중요하지 않다. 그보다는 북한이 민주기지 건설에 나서게 된 배경과 추진과정, 그 결과를 정확히 파악하고 현재에도 북한의 민주기지 건설론이 유효한지에 대해 면밀

---

22 『김일성저작집』 제4권, p. 227.

히 분석하는 것이 중요하다고 할 것이다.

민주기지에 대한 북한의 인식은 무엇보다 남과 북의 분단을 그 출발점으로 삼고 있다. 북한은 "조선에 대한 미제의 민족분렬 정책으로 말미암아 하나의 내용과 형식을 가지고 있어야 할 조선혁명은 한 나라의 두 지역에서 각이한 혁명과업을 제기하고 서로 다른 형식으로 진행하게 되었다"며 남북분단이 민주기지 건설의 출발점이라는 것을 분명히 하고 있다.[23] 북한의 이와 같은 인식은 분단 이후 북한지역에서는 "친일파 등 반동세력을 타도하고 사회생활의 모든 영역에서 제국주의 및 봉건적 잔재를 숙청하기 위한 사회경제적 개혁들이 성과적으로 추진"되었고 인민민주주의혁명과업이 빛나게 수행되었으나 남한지역에서는 그렇게 되지 못했다는 주장에서 그대로 표출되고 있다.

결과적으로 분단으로 인해 남과 북의 사회성격이 근본적으로 달라졌고 계급관계도 서로 다른 내용을 가지게 되었으며, 역량관계는 북한지역의 혁명역량과 남한지역의 애국적 민주역량을 한편으로 하고 남한의 지배·착취계급 등 반동세력을 다른 한편으로 하는 적대관계로 갈라지게 되었다는 것이다. 이는 필연적으로 동일 국가 내에서 상호 다른 두 개의 혁명과업을 제시하지 않을 수 없게 했고, 따라서 통일적인 하나의 조선혁명이 조성된 정세의 주객관적 여건에 맞게 남한과 북한 두 지역에서 각각 자기 지역의 특성에 따라 진행되지 않을 수 없게 한 객관적 근거로 작용했다는 것이다.[24]

또한 북한의 민주기지 건설론은 남과 북에서 각각 추진하는 혁

23　　허종호, 앞의 책, p. 19.
24　　허종호, 앞의 책, p. 19.

명이 지역혁명으로서의 위상을 갖고 있으며, 이에 따라 한반도 차원에서 전개되는 '조선혁명'이라는 전국적 차원의 혁명승리에 복종해야 한다는 '지역혁명론'에 근거하고 있다고 할 수 있다. 북한은 전국적으로 사회주의혁명을 완성하고 이 땅에 공산주의 낙원을 건설하는 것이 조선혁명의 종국적 목적이나 남과 북이 분열되어 동일한 성격의 혁명을 동시에 추진시킬 수 없기 때문에 남한과 북한 지역에서 각각 현실적 여건에 맞게 지역혁명을 추진해야 한다고 주장하고 있다.[25] 이에 따라 조건이 유리한 북한지역에서는 인민민주주의혁명에 이어 사회주의혁명을 계속 추진하고 남한지역에서는 현실에 맞게 반제반봉건민주주의혁명을 완수한 다음 북한지역의 혁명과 통합해 '조선혁명'이라는 하나의 흐름 속에서 공산주의를 향해 나가도록 해야 한다는 것이다.[26] 이와 같이 북한의 민주기지 건설론은 남북분단과 그로 인해 필연적으로 남한과 북한 지역에서 서로 다른 혁명을 추진할 수밖에 없다는 현실적인 인식에 기초하고 있다는 것을 알 수 있다.

북한은 민주기지가 어떠한 기능과 역할을 해야 하는지에 대해서도 구체적으로 지적하고 있다. 북한은 민주기지가 무엇보다도 "평상시에는 혁명역량을 정치·경제·군사적으로 키우는 요람이며 적들의 침공으로부터 그것들을 믿음직하게 보호하는 성새"로서의 기능과 역할을 해야 한다고 주장하고 있다.[27] 실제로도 북한은 해방 직후 남한에서 월북한 좌익세력 및 공산주의자들을 규합해 빨치산을 조직하고 그들을 훈련시킨 후 다시 태백산과 지리

---

25   허종호, 앞의 책, p. 20.
26   허종호, 앞의 책, p. 20.
27   허종호, 앞의 책, p. 23.

산·덕유산 등 남한지역의 산악지역에 침투시켜 해당 지역의 좌익세력과 연계하에 빨치산활동을 전개하도록 했다. 그리고 북한에서 게릴라요원들을 훈련시켜 남파하는 등 남한에서의 빨치산활동을 물심양면으로 적극 지원했다. 북한의 이와 같은 행위는 6·25전쟁이 끝난 다음 국군의 대대적인 공격에 의해 남한지역에서 빨치산의 존재가 사라질 때까지 지속되었다. 이러한 북한의 조치는 바로 민주기지 건설론에 입각해 북한을 남한혁명을 위한 전진기지로 만들고 그 기능과 역할을 충실히 이행하기 위한 행위의 결과라고 할 수 있다.

북한은 또한 민주기지가 '결정적 시기에는 적들에 대한 반공격의 기지인 동시에 강력한 후방'으로서의 역할을 수행해야 한다고 주장하고 있다.[28] '결정적 시기'라는 것은 한마디로 남한체제를 전복할 수 있는 여건이 완전히 성숙된 시기를 말한다. 다시 말하면 남북한 간에 전쟁이 발발하거나 남한에서 북한의 영도를 받는 대남혁명세력이 민중봉기 또는 폭동을 일으키고 그 주도세력이 북한의 지원을 요청할 경우 북한이 적극적으로 개입하는 시기가 결정적 시기라고 할 수 있다. 이와 함께 남한에서 쿠데타나 무장폭동 등이 발생해 남한체제가 전복되는 시기도 대남혁명의 결정적 시기라고 말할 수 있다. 이러한 혁명의 결정적 시기에 북한은 '남조선혁명이 전全조선혁명의 구성부분이라는 숭고한 민족적 의무'와 조국통일에 사활적인 이해관계를 가진 형제로서 남한 혁명세력의 요구에 따라 전쟁을 포함해 모든 형태의 지원을 아낌없이 해야 한다는 것이다.[29] 이와 같은 '결정적 시기'에 대비하기 위해서는 북

---

28 허종호, 앞의 책, p. 23.
29 북한은 남한에서 혁명세력이 민중봉기나 폭동 등을 일으키고 북한에 지원을 요청할 경우 모

한을 정치·경제적으로는 물론 군사적으로도 강력한 나라로 만들어야 한다며 사회주의혁명을 전개하고 국방력 강화에도 매진해왔다. 이로써 이미 북한은 남한에서의 혁명을 수행하기 위한 튼튼하고 안전한 근거지가 된 셈이다. 이러한 북한의 행위 역시 민주기지 건설을 위한 것이었다고 할 수 있다.

사실 북한이 주장하는 북조선 민주기지론은 해방 직후에만 적용된 개념과 전략이 아니었다. 해방 직후의 상황에서는 당장 부르주아 민주주의를 이룩하는 것이 필요했으므로 이에 적합한 '민주'라는 개념을 사용했으나 나중에는 전국적인 조선혁명의 완성 즉 전국적인 범위에서 사회주의혁명을 달성해야 한다고 주장하면서 '민주기지' 대신에 '혁명기지' 혹은 '혁명적 민주기지'라는 표현을 사용했다. 결국 혁명기지를 건설하는 데 순서상 먼저 민주기지를 창설해야 했고, 혁명기지를 더욱 강화하기 위해서는 사회주의혁명과 사회주의 건설을 더 적극적으로 밀고 나가야 했으며 사회주의혁명이 진전됨에 따라 혁명적 민주기지는 한층 강화되고 발전된다는 것이었다.[30]

실제로 북한은 대남혁명 완수를 위해 해방 직후부터 지금까지 남한 출신은 물론 북한 출신의 수많은 대남공작원들을 양성해 남파시키고 그들을 통해 남한의 자본주의체제 전복과 사회주의혁명을 주요 목적으로 하는 지하당조직을 구축하도록 하고 있다. 그리고 지하당조직을 동원해 각계각층의 대중단체들을 만들고 이들의 투쟁을 조직 지도해 역량확대를 꾀하는 등 대남혁명의 결정적 시

든 힘을 다해 적극 지원해야 하며 이때에는 불가피하게 전쟁이 일어나게 된다는 인식을 갖고 있다. 이와 같이 남한 혁명세력의 요청에 의해 북한이 남한을 공격해서 일어난 전쟁은 '정의의 전쟁'이라고 강변하고 있다. 허종호, 앞의 책, pp. 269-270. 참조.
30   세종연구소 북한연구센터 엮음, 『북한의 국가전략』, p. 160.

기를 조성하기 위한 대남공작을 끊임없이 전개해오고 있다. 이와 같은 대남공작은 북한에 사회주의체제가 존재하는 한 앞으로도 지속될 전망이다. 북한의 위와 같은 조치와 행위는 해방 직후 북한이 제시하고 추진했던 '민주기지 건설론'이 '혁명기지 건설론'으로 표현만 바뀌었을 뿐 현재는 물론 앞으로도 유효하다는 것을 명백히 입증해주고 있다.

아울러 1960년대 중반 김일성이 조국통일 실현을 위해 강조했던 3대 혁명역량 강화 즉 북한의 혁명역량과 남한의 혁명역량, 국제적 혁명역량을 강화해야 한다는 방침은 북한의 혁명역량 강화를 중요 내용으로 삼고 있다는 점에서 부분적인 측면은 있으나 민주기지 건설론의 연장이라고 봐도 큰 무리는 없을 것이다.

2. 반제반봉건민주주의혁명론

1) 남한사회에 대한 평가와 대남혁명의 성격 규정

남한사회가 어떤 사회인가에 대한 평가는 대남혁명의 성격을 규정하는 중요한 요인이다. 냉전시기 북한은 남한사회가 자본주의적 요소보다는 봉건적인 잔재가 더 많이 남아 있다는 의미에서 반봉건사회로 평가하고 이러한 인식을 바탕으로 대남혁명의 성격을 규정했다.

사실 북한은 해방 전부터 한반도가 일본제국주의의 식민지통치를 받고 있는 반봉건사회라는 인식을 갖고 있었다. 한마디로 우리나라가 해방 전에는 식민지반봉건사회였다는 것이다.[31] 이에 따라

---

31   『김일성저작집』 제1권, p. 7.

해방 전에는 일본제국주의를 반대하고 봉건적인 착취관계를 청산하는 것을 기본내용으로 하는 반제반봉건민주주의혁명反帝反封建民主主義革命 수행을 주장했다. 북한은 해방된 이후에도 반제반봉건민주주의혁명 수행을 국가전략 목표로 내걸고 이를 적극 추진했다. 그러나 해방 이후 북한이 추진했던 국가전략 목표가 광복 이전에 추진했던 혁명의 목표와 다른 점은 '반제反帝'의 의미가 '일본제국주의 타도'가 아니라 '일제의 식민지통치 잔재 또는 유물 청산'이라는 것이었다. 물론 '반봉건反封建'의 의미가 농촌에서의 토지소유관계를 핵심으로 하는 봉건적인 착취관계를 청산하기 위한 것이라는 점은 동일하다.

이와 같은 북한의 시각은 남한사회에 대한 인식과 평가에 있어서도 그대로 적용되었다. 북한은 해방과 함께 식민지통치의 장본인이었던 일본제국주의가 패망해서 물러났지만 그 후 미군의 남한 진주와 군정실시, 6·25 전쟁 이후 미군의 계속된 남한주둔 등을 이유로 남한을 미국의 식민지로 평가했다. 아울러 경제적인 측면에서도 남한에는 자본주의적인 요소보다 봉건적인 잔재가 훨씬 더 많이 남아 있다는 점을 강조하면서 남한을 온전한 자본주의 사회가 아니라 반半봉건사회라고 평가했다. 한마디로 북한의 시각에서 보았을 때 남한은 일제식민지로부터 해방은 되었으나 해방 이전과 같이 여전히 '식민지반봉건사회'라는 것이었다. 남한사회에 대한 위와 같은 북한의 인식과 평가는 과학적인 자료와 근거를 바탕으로 한 것이라기보다는 과거에 갖고 있던 인식에 기초한 지극히 주관적인 판단이라는 점에서 객관성이 떨어질 수밖에 없다. 그럼에도 불구하고 남한사회에 대한 북한의 인식은 탈냉전시대가 도래한 1980년대 말~1990년대 초까지 유효했다.

이상에서 본 바와 같이 북한은 냉전시기 남한사회가 미국의 식민지이며 반봉건사회라는 인식을 바탕으로 대남혁명의 성격을 반제반봉건민주주의혁명으로 규정했다. 다른 말로 표현하면 대남혁명은 '미국'이라고 하는 제국주의를 반대하는 민족해방혁명인 동시에 자본주의적이며 봉건적인 경제관계를 청산하기 위한 인민민주주의혁명 즉 '민족해방인민민주주의혁명'이라는 것이다.

> "남조선혁명은 미제국주의 침략자들을 반대하는 민족해방혁명인 동시에 미제의 앞잡이들인 지주, 매판자본가, 반동관료배들과 그들의 파쑈통치를 반대하는 인민민주주의혁명입니다."[32]

이에 따라 대남혁명의 임무 역시 미국의 식민지통치를 끝장내는 민족해방혁명의 과제와 함께 민주개혁을 기본내용으로 하는 인민민주주의혁명의 과제가 동시에 제기된다는 것이다.

그러면 왜 북한이 처음에는 대남혁명의 성격에 대해 '반제반봉건민주주의혁명'이라는 표현을 쓰다가 그 후에는 '민족해방인민민주주의혁명'이라는 표현을 주로 사용하느냐 하는 것이다. 실제적으로 북한은 1960년대까지만 해도 대남혁명의 성격에 대해 논할 때 '반제반봉건민주주의혁명'이라는 용어를 사용했으며 1970년대 들어와서는 '민족해방인민민주주의혁명'이라는 용어를 주로 사용했다. 이에 대해서는 두 가지 표현이 내포하고 있는 의미를 정확히 이해하면 의문이 풀릴 것이다.

구체적으로 '반제반봉건민주주의혁명'이라는 의미는 대남혁명을 통해 청산해야 할 대상(타격목표)과 대남혁명을 통해 달성해야

---

32 『김일성저작선집』 제5권(평양: 조선로동당출판사, 1972), p. 479.

할 목표(전취목표)가 혼재된 개념이다. 8·15 광복 이후 널리 사용되었던 '반제반봉건민주주의혁명'이라는 표현은 '제국주의'와 '봉건'이라는 타격대상을 명확히 강조하기 위해 붙였던 명칭이라고 할 수 있다. 그러나 그 후 사용된 '민족해방인민민주주의혁명'이라는 용어는 '반제반봉건민주주의혁명'을 통해 달성해야 할 두 가지 전취목표를 하나의 개념으로 정립한 표현이다. 따라서 두 가지 표현은 다른 것처럼 보이지만 본질적으로는 같은 의미를 내포하고 있는 개념이다. 그러나 '반제반봉건'이라는 표현은 구체적으로 제국주의와 봉건을 반대한다는 의미이기 때문에 '반反자본주의'의 내용은 빠져 있다는 단점이 있다. 그렇기 때문에 북한은 그 후 제국주의와 봉건, 자본주의 모두를 반대하는 혁명이라는 의미에서 '민족해방인민민주주의혁명'이라는 개념을 사용하게 되었다고도 할 수 있다.

여기서 반드시 짚고 넘어가야 할 문제가 또 있다. 바로 북한이 주장하는 '민족해방인민민주주의혁명'의 본질적인 내용에 관한 문제이다. 정확히 표현하면 민족해방인민민주주의혁명이 단순한 민주주의 개혁을 넘어 사회주의혁명까지를 포괄하는 개념이라고 할 수 있느냐 하는 것이다. 필자는 북한이 주장하는 '인민민주주의혁명'이 소위 그들이 얘기하는 '봉건적 착취관계'를 청산하기 위한 혁명이라는 점에서는 기본적으로 계급혁명의 개념에 포함된다고는 할 수 있으나, 그것이 곧 사회주의혁명을 의미하는 것은 아니라는 점을 지적하고 싶다. 그것은 민족해방인민민주주의혁명이 남한 민중을 미국의 식민지 예속과 봉건적 착취 및 억압에서 해방시킴으로써 민중의 자주성을 실현하는 데 있어서 의심할 바 없는 하나의 질적 변화로는 될 수 있으나 민중을 온갖 착취와 억압에서 완전히 해방하지는 못하기 때문이라는 것이다. 구체적으로 인민민주주의혁명은 인민민주주의제도를 수립하기 위한 혁명으로서, 여기에서 기본문제는 혁명적 폭력에 의거해 인민민주주의독재정권을 세우는 것이다. 그리고 인민민주주의독재정권에 의존해 토지개혁을 비롯한 제반 민주주의개혁을 수행할 때 인민민주주의혁명은 완수된다.[33]

> "토지문제의 해결은 남조선에서 당면한 민주주의혁명의 가장 중요한 과업의 하나입니다.
> ……
> 미제국주의자들과 예속자본가, 민족반역자들의 소유인 공장, 광산, 철도운수 및 은행을 몰수해 국유화함으로써 외래제국주의와 국내 매국세력의 경제적 토대를 짓부시고 민족공업을 발전시켜야 할 것입니다."[34]

이상에서 보는 바와 같이 북한이 대남혁명을 통해 수행하려는 인민민주주의혁명은 북한이 해방 초기에 농촌에서 토지개혁을 실시해 농민들에게 땅을 나눠주고 중요산업을 국유화함으로써 큰 틀에서 자본주의적 경제관계를 청산했던 사회주의혁명 이전의 민주주의혁명과 동일한 것으로서 사회주의에로의 이행조건을 마련하는 혁명이라고 말할 수 있다.[35]

한편, 북한은 인민민주주의혁명 단계에서 사회주의혁명의 구호를 들고 즉시 사회주의를 실시할 것을 주장하는 것은 좌경기회주

---

33 『백과전서』 제6권(평양: 과학, 백과사전출판사, 1984), p. 699.
34 『김일성저작선집』 제3권, pp. 144-145.
35 허종호, 앞의 책, pp. 44-48.

의적 견해라고 비판하면서 인민민주주의혁명이 사회주의혁명으로 인식되는 것에 대해 경계하고 있다.[36] 그렇기 때문에 북한은 광복 이후 토지개혁, 중요산업 국유화 등 민주주의개혁을 실시하면서 '사회주의혁명'이라는 표현을 쓰지 않고 '진보적 민주주의'라고 포장해 부르기도 했다.[37]

북한은 반제반봉건민주주의혁명이 수행된 다음에도 도시와 농촌에 자본주의적 착취와 억압이 부분적으로 남아 있으며, 특히 농촌에 지배적으로 존재하게 되는 소농경리가 착취와 빈곤을 낳는 온상이 된다는 인식을 갖고 있다. 따라서 반제반봉건민주주의혁명을 수행한 다음에는 필연적으로 사회주의혁명을 수행해야 한다고 강조하고 있다.

"우리나라에서 혁명은 아직 끝나지 않았으며 우리 조국 남반부에는 지주, 자본가들의 착취제도가 계속 남아 있습니다. 우리는 남반부의 지주, 자본가들과 투쟁해야 하며 앞으로 남조선에서도 사회주의를 건설해야 합니다."[38]

김일성도 위에서 언급한 것처럼 남한에서 민족해방인민민주주의혁명을 완수한 다음에는 계속해서 사회주의혁명을 수행해야 한다는 인식을 갖고 있었다는 점을 간과해서는 안 될 것이다.

---

36 『백과전서』 제6권, p. 699.
37 『백과전서』 제4권, pp. 811-812.
38 『김일성저작선집』 제3권, p. 52.

2) 대남혁명의 대상과 동력

북한의 대남혁명전략은 앞에서 언급한 대남혁명의 성격과 기본임무는 물론 대남혁명의 대상과 동력, 대남혁명수행을 위한 역량 편성 등에 대해서도 포괄하고 있다.

북한은 대남혁명의 대상과 동력을 정확히 규정하는 것이 적아 간의 계선을 명백히 긋고 혁명역량을 튼튼히 편성하며 대남혁명에 대한 정확한 전략전술적 지도를 위해 필요하다는 인식을 갖고 있다. 또한 대남혁명의 대상과 동력을 분명히 파악하는 것은 대남혁명의 성격을 더욱 명약관화하게 인식할 수 있도록 하기 때문에 중요하다는 것이다.

일반적으로 혁명의 대상이란 혁명을 저해하거나 반대하는 세력이며, 따라서 대남혁명을 통해 타도하거나 청산해야 할 세력, 극복해야 할 세력을 의미하는 것이다. 그리고 혁명의 동력이란 혁명에 이해관계를 가지고 동참하는 세력 즉 혁명위업 수행에 이바지해 나가는 계급계층을 말하는 것이다. 대남혁명의 대상과 동력 역시 마찬가지이다. 대남혁명을 통해 타도하거나 청산해야 할 세력은 대남혁명의 대상이며 대남혁명에 이해관계를 갖고 동참하는 계급계층은 대남혁명의 동력이 되는 것이다. 중요한 것은 남한민중의 자주성에 대한 태도와 입장은 대남혁명의 대상과 동력을 구별하는 기준이라는 것이다. 다시 말하면 남한민중의 자주성 실현을 위한 투쟁인 민족해방민주주의혁명에 나서느냐 아니면 그것을 반대해 나서느냐에 따라 대남혁명의 동력과 대상이 달라진다는 것이다. 이에 따라 민족해방민주주의혁명을 반대하고 저항해 나서는 세력은 대남혁명의 대상이 되며 이 혁명에 이해관계를 갖고 참여하는 등 직접적으로 이바지하거나 도움을 주는 각 계급계층은 대남혁명의 동력이 되는 것이다.

　북한은 대남혁명전략 수립 초기 사회의 모순관계에 의해 혁명의 대상과 동력이 규정된다는 중국 모택동의 모순론에 기초해 대남혁명의 대상과 동력을 구분하고 이를 대남혁명전략 수립에 반영했다. 이에 따라 남한사회의 기본모순은 '미제국주의자들과 그와 결탁한 지주·예속자본가(또는 매판자본가)·반동관료배들을 한편으로 하고 노동자·농민·도시소부르주아 및 민족자본가들을 다른 한편으로 하는 두 세력 간의 모순'이며 두 세력 간의 모순을 해결하는 것이 바로 대남혁명이라는 인식을 갖고 있다.[39]

　북한은 대남혁명전략에서 대남혁명을 통해 타도하거나 청산해야 할 세력 즉 대남혁명의 대상에 '미제와 그와 결탁한 지주·예속자본가·반동관료배'를 포함하며 '그 가운데서도 미제국주의는 남조선인민들의 첫째가는 투쟁대상'으로 규정하고 있다.[40] 이와 함께 남한에 존재하는 지주·매판자본가·반동관료배 등도 대남혁명을 방해하고 반대하는 '반동세력'인 동시에 미국의 식민지통치의 안내자, 집행자로서 그들의 침략정책에 충실히 복무하기 때문에 대남혁명의 타도대상으로 간주하고 있다.

　북한은 대남혁명의 타도대상을 규정하면서 동시에 타도대상의 우선순위를 정하고 있는데, 그 첫 번째가 미군이며 그다음이 지주·예속자본가·반동관료배 순이다. 북한이 규정한 대남혁명의

39　허종호, 앞의 책, pp. 64-65.
40　"미제국주의자들은 남조선에서 모든 권력을 틀어쥐고 있는 실제적 통치자이며 남조선혁명의 첫째가는 투쟁대상입니다.
……
남조선의 한 줌도 못 되는 지주, 매판자본가, 반동관료배들은 미제국주의자들의 침략정책을 충실히 집행하고 있으며 그들의 비호 밑에 남조선인민들을 억압하며 가혹하게 착취하고 있습니다." 『김일성저작선집』 제5권, pp. 479-480.

타도대상 가운데 지주계급이 주한미군 다음으로 타도대상의 우선순위에 거론된 것이 특징이다. 당시 지주가 매판자본가보다 우선시되어 주한미군 다음으로 중요한 타도대상에 오른 것은 1980년대까지만 해도 남한사회가 봉건적이며 전근대적인 생산관계에 기초한 '반봉건사회'라는 인식을 갖고 있었기 때문이다.

대남혁명의 동력은 대남혁명에 이해관계를 갖고 이를 주도하는 세력이나 참여하는 계급 및 계층 등 대남혁명의 담당자 또는 주체를 일컫는 개념으로 여기에는 '노동자·농민을 비롯해 진보적 청년학생, 지식인, 애국적 군인, 일부 애국적 민족자본가들과 소자산계급' 등을 포함시켰다. 이들은 대남혁명을 담당 수행하는 주체이며 이 가운데 노동계급은 대남혁명의 기본 추동력인 동시에 대남혁명발전에 결정적 역할을 하는 기본 동력이며 농민도 노동계급의 가장 믿음직한 동맹자로서 기본 동력에 포함된다.[41] 이와 함께 북한은 진보적인 청년학생과 지식인 역시 중요한 대남혁명역량으로 간주하고 있으며 애국적 군인들과 일부 애국적 민족자본가, 도시소상인 및 수공업자 등 소자산계급 역시 대남혁명의 동력으로 규정하고 있다.[42]

또한 북한은 대남혁명의 동력을 이루는 각 계급, 계층들은 사회계급적 처지가 상이하고 대남혁명에서 하는 역할도 다르기 때문에 이러한 부분들을 감안해 대남혁명의 주력군과 보조역량을 편성해야 한다고 주장하고 있다. 대남혁명의 주력군은 혁명투쟁에서

---

41 허종호, 앞의 책, pp. 75-76.
42 이 가운데 북한이 주장하는 애국적 군인은 '민족적 압박과 천대를 받고 있는 노동자, 농민, 소자산계급 출신의 병사들과 중하층 장교 및 기타 반제적이며 민족적 양심을 갖고 민족해방인민민주주의혁명에 이해관계를 가진 모든 군인'을 의미하는 것이다. 이 가운데 '중하층장교'의 범위는 소위~중령까지의 장교들을 포괄하는 개념인데, 이는 북한에서 소위~중좌까지는 일반 군관으로 취급하고 상좌(연대장) 이상 군관들을 고급군관으로 대우하는 북한 나름대로의 기준을 적용해서 구분한 것이다.

기본전선을 담당할 수 있는 정치적 군대로서 구체적으로는 노동자·농민과 그 속에 뿌리박은 노동계급의 당을 의미하며 이 가운데 노동계급의 당은 혁명의 참모부이며 주력군의 향도적 역량으로 간주하고 있다. 혁명의 주력군 가운데 노동계급은 가장 혁명적인 계급으로서 혁명을 끝까지 이끌고 나갈 수 있는 영도계급이며, 농민은 기본계급으로서 노동계급의 가장 믿음직한 동맹자라는 것이다.

특히 대남혁명의 주력군 편성을 위해서는 남한에서 활동하는 혁명가들이 스스로 독자적이고 탄력성 있는 노동계급의 혁명적 당을 건설해야 하며, 이는 기존의 남로당을 복구하는 방법이 아니라 새 터전 위에서 당을 새로 만드는 방법으로 해야 한다는 것이다. 그런 관점에서 볼 때 1955년 12월에 창당되었던 진보당은 대남혁명가들의 적극적인 노력과 투쟁의 결과로 나온 합법적 정당이었으나 노동계급의 혁명적 당은 아니었다고 할 수 있다.[43] 1960년 4·19 봉기 이후 창당되었던 사회대중당 역시 청년학생들의 혁명적 진출을 미국의 식민지통치를 끝장내며 민주주의적 정권 수립을 위한 투쟁에로 노동자, 농민 등 광범위한 군중을 조직 동원하지 못했기 때문에 전위당과는 거리가 멀었다고 할 수 있다. 그러나 1969년 8월 서울에서 통일혁명당 지도기관을 조직하고 선언과 강령을 채택한 후 그것을 공포한 것은 남한에 독자적인 혁명적 당을 결성해야 한다는 김일성의 방침이 구현되었으므로 전위당이라고 평가할 수 있다.[44]

대남혁명의 주력군 편성을 위해 중요한 것은 또한 노동자·농

---

43 『김일성저작선집』 제5권, p. 481.
44 허종호, 앞의 책, pp. 90-97.

민들을 대중조직에 결속시켜 당의 대중적 지반을 강화해야 한다는 것이다. 그것은 조직에 결속되지 않은 군중은 어디까지나 자연군중이며 산만한 자연군중을 가지고는 혁명을 할 수 없기 때문이라는 것이다. 대중조직을 건설할 때는 광범위한 노동자, 농민을 망라하는 조직으로, 민주주의적 조직으로 만들며 여러 가지 형태의 합법적인 조직으로 만들어야 한다는 것이다.

또한 대남혁명의 보조역량에 대해 '대남혁명에서 기본전선의 주력 즉 주력군을 엄호하고 지원하는 역량'으로 규정하고 이 범주에는 혁명에 이해관계를 가진 각계각층의 광범위한 군중을 포함시키고 있다. 구체적으로 보면 진보적인 청년학생과 지식인, 일부 애국적 민족자본가들과 도시소자산계급 등이 대남혁명의 보조역량이다.[45]

그리고 주권전취를 기본으로 하는 대남혁명을 성공적으로 완수하기 위해서는 혁명의 주력군과 보조역량이 갖춰진 상태에서 이들 두 역량을 하나로 묶어세울 수 있는 반미구국통일전선을 형성하고 이를 전략적으로 잘 활용해야 한다는 것이다. 여기서 중요한 것은 북한이 통일전선을 '일정한 혁명의 전략단계에서 그 혁명에 이해관계를 같이하는 여러 정당, 사회단체 및 개별적 인사들이 노동계급의 당의 영도 밑에 공동의 원수를 반대해 싸우며 같은 목적을 달성하기 위해 모인 정치적 연합'이라고 규정하고 있다는 점이다. 결과적으로 통일전선은 노동계급의 당이 혁명의 전략적 목적 달성을 위해 혁명에 이해관계를 가진 정치세력과 실현하는 정치연합이며 이는 동맹자전취문제라는 점을 분명히 하고 있다는 것

---

45 허종호, 앞의 책, pp. 82-86.

이다.[46]

북한의 혁명역량과 남한의 혁명역량, 국제적 혁명역량 등 3대 혁명역량 역시 대남혁명의 성공을 위한 중요한 역량이라고 할 수 있다.[47]

3. 폭력혁명론

'폭력혁명론'은 북한이 냉전시기에 '남한체제 전복'이라는 대남혁명전략 목표 달성을 위해 취했던 유일한 투쟁방법을 함축적으로 나타내는 개념이라고 할 수 있다. 북한은 대남혁명의 승리가 주권전취에 있다며, 혁명세력이 반혁명세력(혁명의 타도대상)으로부터 정권을 빼앗으면 대남혁명은 승리한다는 논리를 내세우고 있다.[48] 여기에서 정권을 빼앗는다는 것은 곧 남한의 자유민주주의체제를 전복한다는 의미이다. 결국 대남혁명은 남한의 혁명세력이 어떤 방법으로든 남한의 반동세력으로부터 정권을 빼앗으면 성공한다는 것이다. 따라서 대남혁명의 방법문제는 대남혁명을 통해 달성하고자 하는 목표인 주권전취 즉 남한체제 전복을 어떤 방법으로 할 것이냐의 문제라고 할 수 있다.

일반적으로 자유민주주의 사회에서 어떠한 정치세력이든 정권을 장악하거나 교체하는 방법은 크게 두 가지가 있다. 하나는 군사쿠데타나 민중봉기 등 폭력적이고 강압적인 방법으로 정권을 빼앗는 경우이며 다른 하나는 선거를 통해 평화적으로 정권을 교체

---

46   허종호, 앞의 책, pp. 102-121.
47   『김일성저작선집』 제4권, p. 239.
48   허종호, 앞의 책, p. 122.

하는 방법이 있다. 그러나 냉전시기 북한은 남한에서 정권을 빼앗는 방법이 군사쿠데타나 무장봉기, 전민중적 항쟁 등 폭력적인 방법밖에 없다는 인식을 갖고 있었다. 말하자면 폭력혁명만을 유일한 대안으로 간주했다는 것이다.

> "반혁명적 폭력은 모든 착취계급에게 있어서 필수적인 통치수단이다. 인류력사는 아직 어떤 통치계급이 자기의 지배권을 순순히 양보한 일을 알지 못하며 어떤 반동계급이 반혁명적 폭력을 쓰지 않고 공순히 정권에서 물러선 실례를 알지 못한다.
> …….
> 이런 조건에서 피압박 인민들의 해방투쟁은 외래제국주의자들과 그와 결탁한 국내착취계급의 반동적 독재기구를 전복하는 혁명적 폭력이 없이는 승리할 수 없다. 폭력에는 폭력으로 맞서야 하며 혁명적 무력으로서 반혁명적 무력을 격파하여야 한다."[49]

> "남조선혁명운동의 력사적 경험은 정권을 위한 투쟁에서 평화적 이행이란 있을 수 없으며 또한 순수 대중운동만으로는 혁명을 승리에로 이끌 수 없다는 것을 뚜렷이 보여주었습니다."[50]

이에 따라 '남한정권 전복'이라는 대남혁명의 목표 달성을 위해 북한은 대남혁명역량을 준비하고 성숙시켜나가는 것을 주목표로 하는 '혁명의 준비기'와 정권전취를 실현하는 '혁명의 결정적 시기'로 구분하고 매 시기에 적절한 투쟁과제를 수행해야 한다는 논

---

49   『김일성저작선집』 제5권, pp. 243-244.
50   『김일성저작선집』 제5권, p. 483.

리를 제시했다.

혁명의 준비기 기본과제는 대남혁명 역량을 부단히 축적하고 장성시켜 혁명적 대사변 즉 정권장악을 성공적으로 할 수 있는 만단의 준비를 갖춰놓는 것이다. 이를 위해 남한민중에 대한 의식화와 조직화를 통해 혁명의 주력군과 보조역량을 튼튼히 구축하는 동시에 대중투쟁을 기본형식으로 하여 혁명역량을 확대강화하며 반미자주화 · 반파쇼민주화 · 조국통일 투쟁을 여러 가지 형식과 방법으로 전개함으로써 대남혁명의 주객관적 여건을 성숙시키는 것이다. 이와 함께 '정권은 총구에서 나오고 총구에 의해서만 지킬 수 있다'는 논리를 내세워 반혁명세력 즉 대남혁명의 타도대상은 정권을 순순히 내놓지 않기 때문에 이들을 타도하고 정권을 전취하기 위해서는 대남혁명세력이 무장을 잡아야 한다며 '무장화'를 의식화 · 조직화와 함께 혁명의 준비기에 달성해야 할 중요한 과제로 제시했다.[51]

대남혁명의 결정적 시기 기본과제는 남한체제 전복이며, 이를 위해서는 준비된 모든 대남혁명역량을 총동원해 최후결전을 전개해야 한다는 것이 북한의 논리이다.[52] 그리고 최후결전의 방법이 민중봉기나 무장폭동 등 폭력적인 방법밖에 없다는 것이다. 북한이 끊임없는 대남침투와 대남도발을 통해 남한사회를 혼란 · 약화시키는 한편 지하당조직 구축 등 반미 · 반정부 세력 구축을 위한 대남공작을 지속적으로 전개하는 것도 대남혁명역량을 마련하고 대남혁명 완수를 위한 여건을 조성하기 위해서라고 할 수 있다.

---

51 전직 대남공작요원 K 씨의 증언, 2011년 10월 21일.
52 허종호, 앞의 책, pp. 127-133.

제4장

탈냉전시기
대남혁명전략 변화

제1절
대남혁명전략 변화 요인과 특징

1. 북한의 경제난

　김일성→김정일→김정은으로 이어지는 북한통치자의 한반도 지배 욕구와 남과 북에 존재하는 상이한 체제와 이념은 북한의 대남혁명전략을 규제하는 요인으로서뿐만 아니라 대남혁명전략 변화에도 중요한 작용을 한다. 냉전시대에 김일성이 그랬던 것처럼 김일성 사망 이후 권력을 잡은 김정일 역시 탈냉전시대에 들어와서도 한반도 지배 야욕을 버리지 않았고 3대 세습을 통해 새롭게 북한의 권력자로 등장한 김정은도 마찬가지이다. 또한 사회주의 종주국이었던 구소련과 동구권 사회주의 국가들이 붕괴된 이후에도 북한은 '우리식 사회주의'라는 슬로건을 내세우고 사회주의체제를 유지하고 있다. 반면 한반도의 남쪽에는 여전히 자유민주주의체제가 존재하고 있다. 이에 따라 전국적 범위에서 민족해방과 인민민주주의혁명을 실현하겠다는 북한의 의지 즉 대남혁명의 목표에는 어떠한 변화 요인도 없다고 할 수 있다.

　그러나 대남혁명전략에는 목표만 있는 것이 아니다. 탈냉전을 계기로 대남혁명의 추진주체인 북한과 대남혁명의 적용대상인 남한, 그리고 한반도를 둘러싼 국제적 역학관계에 있어서 많은 변화가 일어났으며 이는 대남혁명의 목표를 제외한 대남혁명전략의 다른 내용들을 변화시키는 요인으로 작용했다.

무엇보다도 북한에 들이닥친 심각한 경제난과 이에 따른 북한의 전체적인 국력약화는 강력한 경제력과 군사력을 바탕으로 전개해왔던 공격적이고 도발적인 대남혁명전략을 변화시키게 한 직접적인 요인이라고 할 수 있다. 사실 북한은 1960년대 후반까지만 해도 경제발전에 있어서 매우 성공적인 국가로 분류되었다.[1] 대부분의 전문가들도 1970년대 초반까지는 북한경제가 남한경제보다 앞서 있었다는 평가를 내놓고 있었다. 그러나 북한의 '획기적이고 비약적인' 경제발전은 오래가지 못했다. 1970년대 중반 이후 시작된 북한의 경제적 침체는 이후에도 회복세로 돌아서지 못하고 지속적으로 축적되어왔으며, 1980년대를 지나면서 점차적으로 하강국면에 접어들게 되었고 1990년대에 들어서면서 급속히 악화되었다.

이에 따라 북한은 1993년 12월 8일 개최된 노동당중앙위원회 제6기 제21차 전원회의에서 제3차 7개년(1987~1993) 계획이 '사회주의 시장의 붕괴와 방위력 약화'로 인해 실패했음을 공식 인정하기에 이르렀던 것이다.[2] 실제로 1990년 북한의 경제성장률은 -3.7%였으며 1996년(-3.4%)까지도 마이너스 성장을 벗어나지 못

---

1   20세기를 대표하는 세계적 경제학자의 한 사람이었던 조안 로빈슨(1903~1983)은 1965년 북한을 방문한 이후 「코리언 미러클」이라는 논문을 통해 1950~1960년대 북한의 경제건설을 가리켜 "코리아의 기적"이라고 찬양한 바 있다.
2   『로동신문』, 1993년 12월 9일.

했다.[3] 이와 같은 북한의 경제난은 1996년 이후 더 악화되었으며 지금도 회복되지 않고 지속되고 있다.

북한 경제난의 핵심요소라고 할 수 있는 식량난 역시 1995년 발생한 대홍수를 계기로 국제사회에 식량지원을 요청하면서 외부에 알려지게 된 후 1990년대 후반 '고난의 행군'으로 인한 대량 아사자 발생으로 더욱 심각한 상황으로 전개되었다. 그러나 북한의 식량난은 사실상 1980년대 중반부터 악화되었으며, 이는 그때부터 점차적으로 하강국면에 접어들었던 경제난과 밀접히 연관되어 있다고 할 수 있다. 1980년대 중반부터 시작되어 1990년대에 들어서면서 급격히 악화된 북한의 경제난은 내부적인 요인이 우선적으로 작용했다고 할 수 있다.

1990년대에 들어서면서 북한경제가 악화된 중요한 원인은 첫째로, 중앙집권적 사회주의계획경제의 비효율성과 북한식 경제관리 방식, '자립적 민족경제 건설 노선'으로 대표되는 북한 경제정책의 실패에 직접적으로 기인한다고 할 수 있다.[4] 특히 김일성이 제시한 자립적 민족경제 건설 노선은 북한경제의 폐쇄성을 심화하는 결과를 초래했다. 또한 경제에 대한 노동당의 통제를 주요 내용으로 하는 북한의 경제관리 방식 즉 대안의 사업체계는 경제 분야에 대한 노동당의 독단과 통제를 강화함으로써 경제운용의 자율성을 저하시키고 결과적으로 경제발전을 가로막는 요인으로 작용했다.

3 　한국은행, 『남북한 경제사회상 비교』(1996) 참조.
4 　북한은 이에 대해 "자립적 민족경제를 건설한다는 것은 나라를 부강하게 하고 인민생활을 높이는 데 필요한 중공업 및 경공업 제품들과 농업생산물을 기본적으로 국내에서 생산 보장할 수 있도록 경제를 다방면적으로 발전시키고 현대적 기술로 장비하며 자체의 튼튼한 원료기지를 닦아 모든 부문들이 유기적으로 련결된 하나의 통합적인 경제체계를 이룬다는 것을 의미"한다고 주장하고 있다. 『조선로동당력사』, p. 266.

둘째로, 왜곡된 투자구조와 함께 설비 및 기술 분야에 대한 재투자를 거의 하지 않아 생산설비가 노후화되고 기술적으로 낙후되어 있는 것도 북한의 경제난을 가중시킨 원인의 하나라고 할 수 있다. 북한은 앞에서 언급한 바와 같이 1960년대 이래 주체사상에 입각한 자립적 민족경제 건설 정책 추진으로 규모의 경제를 실현하지 못했으며 양적 팽창 및 산업영역의 확대에 주력한 결과 연구개발비 투자를 통한 국제수준의 산업기술 습득에 실패했다.[5] 북한 주요 산업설비의 대부분은 6·25 전쟁 이후 중국과 구소련 및 동구권 사회주의 국가들로부터 무상지원을 받아 들여놓은 것들이며 1970년대 초까지 추진되었던 이들 국가들로부터의 차관에 의한 것이므로 기술수준이 상대적으로 낙후되어 있었다. 실제로 1990년대 중반 북한의 대표적인 신발제조업체인 평양신발공장에 설치되어 있던 생산설비를 보더라도 당시에 가장 최신설비라고 하는 것이 그때로부터 20년 전인 1970년대 초반에 독일로부터 수입해 설치한 사출장화생산 설비였고, 나머지 대부분의 기계설비는 6·25 전쟁이 끝난 후 공산국가들의 원조를 받아 들여놓은 것들이었다. 심지어는 8·15 광복 이전에 일본인들이 사용하다 남겨놓고 간 기계를 그대로 쓰고 있는 경우도 있을 정도로 설비투자가 전혀 이루어지지 않았다.[6]

한편, 1970년대 초 이래 북한이 시도했던 서방국가들로부터의 생산설비 도입을 통한 산업설비 현대화계획 역시 수출부진에 따른 외채상환능력 부족으로 인해 실패했다. 북한은 이를 만회하기

---

5 오승렬, 「북한 경제제도의 한계와 개혁방향」, 민족통일연구원 편, 『북한 경제제도의 문제점과 개혁전망』(서울: 민족통일연구원, 1996), p. 57.
6 북한이탈주민 A 씨 증언, 2011년 9월 23일.

위해 1984년에 '합영법'을 제정하고 외자유치를 통한 기술 및 선진설비 흡수계획을 추진했으나 이 또한 별다른 가시적 성과를 거두지 못했던 것으로 알려지고 있다. 사실 북한은 합영법 제정 이후 우선적으로 재일교포 자본을 끌어들여 경제의 질적 발전을 꾀했다. 그러나 내부에서 하는 방식 그대로 재일교포 사업가들에게 인사권을 주지 않고 경영권에 대한 간섭마저 노골적으로 함으로써 그들이 얼마 못 가 스스로 철수하는 바람에 결과적으로 재일교포들과의 합작은 대부분 실패하고 말았던 것이다. 또한 1985년 고르바초프Mikhail Gorbachev 등장 이후 구소련과의 경제협력을 통한 산업현대화를 추진했으나 구소련의 해체와 더불어 중단되게 되었다.[7]

그러나 북한의 경제난이 더욱 악화된 근본적인 이유는 당시 후계자로 내정된 김정일이 자신의 입지를 강화하기 위해 선심정책을 펼치는 동시에 김일성 우상화 작업에 막대한 자금을 투자하고 과도한 군사비를 지출했기 때문이라고 할 수 있다. 이것이 북한 경제난 악화의 세 번째 원인이다.

1970년대 초반 후계자로 내정된 김정일은 무엇보다 왕재산에 김일성 동상과 군상, 혁명사적관을 비롯한 대규모 우상화 선전물을 건설했다.[8] 그리고 양강도 삼지연과 혜산, 대홍단과 보천보 등을 아우르는 넓은 지역을 포괄하는 백두산 혁명전적지 조성작업을 적극 추진했다.[9] 이를 통해 김정일은 권력세습의 정당성을 확보하

7　　오승렬, 앞의 책, pp. 46-57.
8　　왕재산은 북한의 함경북도 온성에 있는 자그마한 산의 명칭으로, 북한은 1933년 3월 만주에서 활동하던 김일성이 두만강을 건너 이곳 왕재산에서 국내 인사들과의 회의를 소집하고 일제를 반대하는 무장투쟁을 국내에로 확대할 데 대한 방침을 제시했다고 주장하고 있다. 김정일은 바로 자신이 후계자로 내정된 1970년대 초부터 왕재산을 백두산과 함께 2대 혁명성지로 조성하기 위해 소위 '왕재산혁명전적지' 건설 공사를 발기하고 추진했던 것이다. 현재 왕재산에는 김일성 동상과 군상(群像), 혁명사적관 등 김일성 우상화 상징물들이 대규모로 건립되어 있다.

는 한편 북한주민들의 환심을 얻기 위해 1977년 4월 15일 김일성 생일 65주년을 맞아 거액의 통치자금을 풀어 북한의 모든 어린이들과 인민학교(현재 소학교)·고등중학교(현재 중학교) 및 대학생들에게 교복과 문구는 물론 사탕·과자 등 먹을 것까지 선물로 지급하는 선심을 베풀었다. 또한 1980년 10월 노동당 제6차 대회에서 후계자로 공식화된 김정일은 자신이 후계자로 추대된 것을 성대하게 기념하기 위해 막대한 돈을 투자했다. 김정일은 노동당 제6차 대회 및 노동당창건 35주년을 기념하는 100만 군중시위를 직접 기획하고 지휘했으며 1982년 4월 김일성 생일 70주년을 앞두고 평양에 주체사상탑과 개선문·김일성경기장 등 대규모 우상화 상징물들을 건설했다. 양강도 삼지연에 이미 조성했던 김일성 혁명전적지 및 사적지는 대규모로 확장하고 대동강 하류를 막아 서해갑문을 건설하는 데도 거액의 자금을 투입했다.[10] 이와 함께 1985년에는 '김일성에 의한' 광복 40주년을 성대하게 기념한다는 명목으로 8월 15일 대규모 군사퍼레이드를 실시했다. 또한 남한에서 1988년 88서울올림픽을 개최해 국제적 위상이 높아지고 상대적으로 북한의 위상은 낮아지게 되자 그것을 만회하기 위해 1989년 제13차 세계청년학생축전을 강행하는 등 연이어 정치선전용 행사를 개최하는 데 막대한 자금을 투자했다.[11] 그리고 1970년대 초에

---

9   이 시기 백두산에도 '백두산혁명전적지' 건설이라는 명목으로 혁명전적지를 조성했는데, 백두산혁명전적지는 삼지연에 건립된 김일성 동상과 각종 군상 및 혁명박물관, 그리고 양강도 혜산, 보천보, 대홍단 등 넓은 지역에 조성된 전적지와 사적지, 백두산 밀영 등을 포괄하는 개념이다.

10   북한은 정주영 전 현대그룹 명예회장이 1989년 방북 당시 서해갑문을 방문해 갑문건설비로 40억 달러 정도는 들었을 것 같다고 한 말을 인용해 대내외적으로 서해갑문 건설에 40억 달러를 투자했다고 선전하고 있다. 그러나 서해갑문 건설에 군인들을 투입해 인건비가 거의 들지 않았다는 점을 고려할 때 그보다 훨씬 적게 들었을 것이라는 게 전문가들의 평가이다.

11   1989년 7월 평양에서 개최된 제13차 세계청년학생축전에는 당시 한국외국어대학교 학생이었던 임수경이 밀입북해 전대협 대표로 참가한 바 있다.

김정일이 김일성의 후계자로 내정되면서 또 한 사람의 지도자가 됨으로써 그를 위한 별장과 '돈 주머니'를 따로 마련하는 등 북한은 그때부터 두 사람의 통치자금을 따로 만들어야 하는 이중고에 시달리게 되었다.

북한은 또한 러시아의 지원 중단 및 미국의 위협을 구실로 대량살상무기 개발 등 국방부문에 대한 투자도 아끼지 않았다. 이에 따라 1990년대 들어 북한의 경제성장률은 -3.7%를 기록하는 등 하강국면에 들어서게 되었으며 이후 북한의 경제난은 지금까지도 회복될 기미가 보이지 않는 것이 사실이다. 그러나 이는 1980년대부터 시작된 북한의 경제난이 표면적으로 드러난 것에 불과하다고 할 수 있다.

넷째로, 북한의 심각한 경제난은 구소련 및 동구권 사회주의 국가들의 붕괴, 중국의 개혁·개방 정책과도 밀접히 연관되어 있다고 할 수 있다. 말하자면 구소련을 위시로 한 공산권 국가들의 붕괴와 개혁·개방 정책은 북한의 경제위기를 초래한 외부적 요인으로서 북한의 경제난을 가중시키는 데 중요하게 작용했다는 것이다. 실제로도 북한은 과거 구소련 및 동구권 사회주의 국가들과 물물교환의 방법으로 무역관계를 가져왔으나 이들 국가들이 1980년대 말부터 시작된 개혁·개방 이후 북한에 대해 무역대금의 경화결제를 요구하고 나섰으며 이로 인해 외화가 절대적으로 부족했던 북한은 상당히 어려운 처지에 직면하게 되었다. 특히 자본주의 시장체제로 전환한 러시아는 구소련이 북한에 제공했던 막대한 원조와 차관, 청산결제제도 등 다양한 혜택을 중단했다. 그 결과 1990년 11월 2일 구소련과 북한 간에 무역대금의 경화결제협정이 체결되고 1991년 1월부터 경화결제를 요구함으로써 외화가 절대적으로 부족했던 북한으로서는 외화부담이 가중될 수밖에 없었다. 이에 따라 구소련으로부터의 에너지 수입은 1990년 수준에 비해 무려 75%나 감소하게 되었다. 중국 역시 개혁·개방 추진 및 실용주의 경제정책을 추진하면서 북한에 대한 무상원조를 대폭 줄이는 등 특혜무역을 중단했으며 1991년 5월에는 구소련과 같이 무역대금의 경화결제를 요구했다. 그리고 원유를 국제시세의 3분의 1 가격으로 퍼주었던 우호무역도 중단했다. 이에 따라 1991~1992년 북한의 석유소비량은 이전에 비해 25~30%로 급격히 감소하게 되었으며, 이는 북한경제 전체에 엄청난 타격을 주었다.[12] 이와 같이 냉전기 북한 대외무역의 50% 이상을 차지하던 구소련 및 중국이 특혜무역을 중단하고 경화결제를 요구한 것은 지불능력이 없는 북한으로 하여금 외화난→에너지난→식량난으로 이어지는 1990년대 경제위기에 직접적인 원인을 제공했던 것이다.

북한의 심각한 경제난은 1995년 여름 대홍수 이후 북한이 이를 전격 공개함으로써 대외적으로 알려지기는 했으나, 사실은 위와 같은 대내외적인 요인으로 인해 이미 1990년대 초반부터 총체적인 난국에 빠진 상태였다고 해도 과언이 아니다. 그것은 당시 북한 노동당의 재정을 총괄하는 중앙당 재정경리부 부부장(차관)까지 노골적으로 불만을 표시한 것을 보아도 확인할 수 있다.

"정말 문제가 심각하다. 이제는 종축(種畜)까지 잡아야 할 상황에 와 있다. 사람이 먹을 식량도 없는 형편에 가축에게 먹일 사료가 어디에 있겠느냐? 그래서 육류생산용으로 기르던 가축을 이미 다 잡아먹었는데 이제는 종자까지 잡아먹어야 할 형편이다. 지금은 중앙당 창고에도 육류가 없다. 농민

---

12 돈 오버도퍼, 『北한국과 南조선 두 개의 코리아』(서울: 중앙일보, 1998), p. 222.

들은 굶어 죽어도 종자는 베고 죽는다는 말이 있는데 앞으로 어떻게 해야 할지 난감하기 그지없다.
더 큰 문제는 지금 내리막길에 있는 우리 경제를 멈춰 세우지 못하고 있다는 것이다. 경제하락을 멈춰 세워야 그것을 발판으로 해서 다시 딛고 올라가든가 할 텐데, 지금으로서는 멈춰 세울 수도 없는 형편이다. 경제부문 간부들이 뭐 하고 있는지 도대체 모르겠다."[13]

이때부터 대남공작을 전담하는 노동당 공작부서에서는 해외공작원들에게 외화벌이를 시키고 그들이 벌어 온 돈으로 식량을 사서 김정일에게 선물로 바치는 지경에까지 이르게 되었다. 결과적으로 해외공작원들에게는 현지에 사는 남한사람 포섭이나 정보수집 등 전통적인 공작임무 외에 외화벌이가 추가되었으며, 각 공작부서에서는 경쟁적으로 기존의 무역관계자들을 끌어들여 본격적인 외화벌이에 나서게 되었다.[14]

이와 같이 1990년대 초 북한이 직면한 심각한 경제난은 국방비 축소로 이어졌으며, 이는 결국 강력한 군사력과 경제력을 바탕으로 수립하고 추진해온 대남혁명전략에도 당연히 영향을 미칠 수밖에 없었던 것이다.

2. 남한의 경제발전과 민주화 실현

1980년대~1990년대 초 사이에 이뤄진 남한사회의 획기적인 발전은 북한의 대내외 상황과 함께 대남혁명전략 변화에 직접적

---

13 전직 대남공작요원 K 씨의 증언, 2011년 9월 23일.
14 전직 대남공작요원 J 씨의 증언, 2009년 5월 12일.

인 영향을 준 중요한 요인이었다고 평가할 수 있다.

사실 많은 북한 연구자들은 북한의 대남전략 또는 대남정책 변화를 얘기할 때 그 변화 요인으로 국제적인 요인과 북한 내부요인에 대해서만 지적할 뿐 정작 가장 중요한 요인인 남한요인 즉 대남요인에 대해서는 대체적으로 간과하고 있는 것이 사실이다. 그러나 필자는 대남혁명전략을 포괄해 북한의 대남전략을 변화시키는 데 영향을 미치는 것은 대남혁명전략의 추진주체인 북한의 국내요인뿐만 아니라 대남혁명전략의 적용대상인 남한요인 역시 중요하게 작용한다는 점을 강조하고 싶다.

탈냉전시대에 들어와 북한의 대남혁명전략 변화에 직접적인 영향을 미친 남한요인은 산업화의 성공에 따른 획기적인 경제발전과 민주화운동을 통한 남한사회의 민주화 실현 등 두 가지로 요약할 수 있을 것이다.

무엇보다 먼저 86아시안게임과 88서울올림픽을 치르면서 남한 경제가 획기적으로 발전한 것은 북한의 대남혁명전략 변화에 직접적인 영향을 미쳤다고 할 수 있다. 당시 남한경제의 획기적 발전은 사실상 국제적인 흐름이었던 탈냉전과는 무관한 것이었으나 공교롭게도 남한의 경제발전이 북한의 국제적 고립과 경제위기를 가중시킨 탈냉전과 시기를 같이함으로써 북한의 대남혁명전략 변화에 영향을 미쳤던 것이다. 물론 북한은 남한의 경제체제가 획기적으로 변화하고 발전하기 시작한 시점이 1970년대 초부터라고 인식하고 있다. 다시 말하면 남한에서 봉건적인 요소가 차지하는 비중이 줄어들고 자본주의적 요소가 지배적인 비중을 차지하게 된 시점을 3차 5개년계획 이후 시기 즉 1970년대 말~1980년대 초반으로 보고 있다는 것이다. 이것은 다른 말로 표현하면 1970년대 말~1980년대 초반 사이에 남한사회가 봉건적인 경제체제로부터 자본주의적인 경제체제로 전환되었다는 것이다.

"한국사회의 정치체제의 변화는 1960년대 말 이후 시기에 자본주의적 요소들이 예속정권의 계급구성 면에서나 그 기능 면에서 지배적인 것으로 되었다고 볼 수 있으나 정치에 의한 경제체제에서의 변화는 이보다 더 늦게 되었다.
한국의 경제체제가 변화되기 시작한 것은 1970년대 초부터이며, 그것이 지배적인 것으로 뚜렷해진 것은 1970년대 말~1980년대 초반으로 볼 수 있다.
한국사회의 성격변화의 시기를 이렇게 보게 되는 근거는 정치체제는 물론 경제체제에서까지 자본주의적 요소가 지배적인 것으로 뚜렷해진 시기가 바로 1970년대 말~1980년대 초이기 때문이다.
…….
자료에 의하면 국민총생산에서 농업과 공업의 비중이 1953년에는 44.8% 대 10.1%였던 것이 1972년에는 25.4% 대 26.2%로 그 비중의 크기가 바뀌어졌으며, 1981년에는 15.8% 대 30.8%로 공업의 몫이 농업의 2배로 늘어남으로써 공업을 비롯한 사회간접자본 부문의 몫까지 합하여 자본주의적 관계가 지배적인 것으로 되었다.
그리고 소재적 견지에서 보면 부문총생산의 60~70%를 외국독점자본과 그와 결탁한 매판자본이 차지하게 된 것도 이 시기라고 볼 수 있고, 다른 농업부문과 공업을 비롯한 기타 부문에 종사하는 인구의 비중이 서로 이러한 현상을 뚜렷이 나타내게 되었다.
이와 같이 한국경제에서 자본주의적 요소가 70% 이상의 비중을 차지하게 되었던 것은 식민지반봉건사회로부터 식민지반자본주의사회에로의 질적 변화라고 볼 수 있다. 1980년대 중반기 이후 미국의 거대독점자본이 대대적으로 침투함으로써 이와 같은 변화는 더욱 급속도로 진행되고 있다."[15]

이와 같은 북한의 시각은 남한경제의 객관적이고 실제적인 발전과는 관계없는 북한만의 주관적 인식에 불과하다고 할 수 있다. 그러나 남한경제 발전에 대한 북한의 인식이 주관적인 판단에 의한 것이라 하더라도 북한이 그러한 인식을 바탕으로 남한사회 전체에 대한 평가를 다시 했다는 점에서 주목하지 않을 수 없다. 북한은 바로 남한경제에 대한 나름대로의 인식에 기초해 남한사회를 봉건적인 잔재가 여전히 남아 있는 반‡봉건사회로 봐왔던 과거의 시각에서 탈피해 자본주의적인 요소가 더 많은 비중을 차지한다는 의미에서 반‡자본주의사회로 평가하기에 이르렀다. 그리고 이와 같은 북한의 변화된 시각은 남한사회에 대한 평가에 기초해 수립되고 전개되는 대남혁명전략의 내용을 변화시키는 데 중요한 영향을 미치게 되었던 것이다.

다음으로 북한의 대남혁명전략 변화에 중요한 영향을 미친 것은 남한사회의 민주화 실현이라고 할 수 있다. 1987년 6월 민주항쟁을 계기로 본격적으로 이뤄진 남한사회의 민주화는 북한의 대남혁명전략 변화를 야기한 직접적인 요인이었다. 실제로도 남한사회의 민주화를 계기로 북한의 대남혁명전략은 여러 가지 측면에서 변화를 가져왔다. 그 가운데서 대표적인 것이 남한사회의 민주화를 계기로 대남혁명의 중요 전취목표인 남한체제 전복이 폭력적인 방법으로 단번에 이뤄지는 경우도 있으나 합법적인 선거의 방법을 통해서 민주적인 정권으로 교체한 다음 또다시 계급해방

---

15 한기영, 앞의 책, pp. 21-22.

혁명, 인민민주주의혁명을 통해 노동자·농민이 주인이 되는 민중정권을 수립할 수 있다는 인식을 갖게 된 것이라고 할 수 있다.

이 밖에도 남한사회의 발전은 대남혁명을 담당 수행하는 동력과 대남혁명을 통해 타도하거나 청산해야 할 대상의 우선순위와 포괄범위 등을 수정토록 하는 등 북한의 대남혁명전략 변화에 많은 영향을 미쳤다.[16]

3. 국제적 역학관계의 변화

1980년대 중반부터 시작되어 1990년대 초반까지 전개된 '소련 및 동구권 사회주의 붕괴와 냉전체제의 종식'이라는 급격한 국제정세 변화는 북한을 둘러싼 국제적 역학관계의 변화를 초래했다. 한마디로 탈냉전시대에 들어와 북한이 대남혁명역량의 중요한 부분으로 간주하고 있는 국제적 혁명역량이 급격히 약화된 것이다.

이는 필연적으로 북한의 대내외 정책은 물론 대남혁명전략 변화에도 지대한 영향을 미치게 되었다. 특히 소련의 몰락과 동구권 사회주의 국가들의 붕괴로 특징지을 수 있는 탈냉전시대의 개막은 곧 북한이 대남혁명 완수를 위한 3대 혁명역량의 하나로 간주하고 있는 국제혁명역량이 결정적으로 약화되었음을 의미하는 것으로서 이는 북한의 대남혁명전략 변화에 직접적인 영향을 미칠 수밖에 없었다.

1985년 고르바초프 등장 이후 사회주의 종주국이었던 소련이 채택한 개혁·개방 정책은 사회주의권의 체제변동을 가져왔으며, 1989년 미·소 정상회담을 통해 제2차 세계대전 이후 국제정치

16　구체적인 내용은 제2절에서 살펴볼 것이다.

를 규정했던 동서냉전체제가 종식되었다.[17] 1985년 3월 소련공산당 중앙위원회 총비서에 취임한 고르바초프는 같은 해 4월 개최된 당중앙위원회 전원회의에서 소련의 정치·경제 등 총체적 위기를 극복하기 위한 개혁의 필요성을 제기했다. 이는 페레스트로이카Perestroika와 글라스노스트Glasnost로 불렸고 1986년 2월에 개최된 제27차 소련공산당대회에서는 '신사고new thinking'라는 외교정책에서 개혁이 주창되었다. 상호의존의 세계관과 범세계주의를 바탕으로 한 신사고는 1986년 6월 28일 개최된 소련공산당 제19차 특별 당대회에서 공식노선으로 공식화되었으며 이에 따라 소련은 적극적인 평화공존과 긴장완화의 추구, 지역분쟁에 대한 개입축소 및 외교의 효율화 등을 표방했다.[18]

동맹국의 내정에 간섭하지 않겠다는 소련의 정책전환에 따라 동유럽 사회주의 국가들은 정치·경제 개혁을 본격화할 수 있었다. 그 결과 공산국가의 하나였던 헝가리는 1989년 2월 정치에서의 다당제를 채택하고 1989년 10월 7일 공산당을 해체했다. 유고슬라비아 역시 1989년 10월 21일 정치개혁안을 발표해 공산당의 독재를 종식시켰다. 폴란드에서는 1989년 8월 비공산정부가 등장한 이래 1989년 12월 29일 헌법에서 공산당의 지도적 역할과 사회주의 국가라는 조항을 삭제했다. 동독은 1989년 11월 9일 동서

---

17 정규섭, 『북한외교의 어제와 오늘』(서울: 일신사, 1997), p. 211.
18 Gerhard Wetting, "New Thinking' on Security and East-West Relations," Problems of Communism, vol. 37(March/April 1988), pp. 1-4; David Holloway, "Gorbachev's New Thinking," Foreign Affairs, vol. 68, no. 1(Winter 1988/1989), pp. 66-81. 참조. 소련의 외교정책 전환이 극적으로 표출된 것은 셰바르드나제 소련 외무장관이 1988년 9월 27일 유엔총회 연설에서 국제사회에서 계급투쟁은 끝났으며 이데올로기가 국제관계의 기본원리가 될 수 없다고 주장한 것이다. 소련의 외교정책 전환에 따른 대표적인 성과는 1989년 5월 고르바초프의 중국방문으로 개최된 중·소 정상회담과 1989년 12월 몰타에서 개최된 미·소 정상회담이다. 몰타회담 이후의 세계질서를 냉전 이후의 시대로 부른다. 정규섭, 위의 책, p. 212.

독을 갈라놓았던 베를린 장벽을 허물었고 이는 동서독이 통일로 가는 시발점이 되었다.[19] 체코슬로바키아도 1989년 12월 8일 공산당 지배를 포기했으며 루마니아에서는 변혁을 거부하면서 사회주의 강화를 선언했던 공산당 총비서 차우셰스쿠의 처형(1989년 12월 25일)에 이어 공산당이 해체(12월 31일)되는 비운을 겪기도 했다. 1991년 12월 8일에는 사회주의 종주국이었던 소련에서 연방이 해체되고 독립국가연합Commonwealth of Independent States이 창설됨으로써 제2차 세계대전 이후 세계질서의 한 축을 형성했던 사회주의권이 와해되기 시작했으며 1992년 말에 이르러서는 완전히 붕괴되었다.[20]

중요한 것은 소련 해체 이후 1992년 1월 북한을 방문한 러시아 대통령 특사 로가초프는 러시아가 해체된 소련을 계승한다는 점을 통보하면서 과거 '조·소 우호조약' 제1조에 명시된 자동개입 조항을 개정할 의사를 밝히는 등 전통적 동맹관계를 사실상 청산했다는 것이다.[21] 또한 1992년 11월 남한을 방문한 옐친 러시아 대통령은 북한에 공격용 무기와 핵물질 및 관련 기술 공급을 중단하는 데 협조하겠다는 의사를 밝혔으며 러시아는 같은 해 12월 모스크바 공항에서 북한으로 출국하려던 러시아 핵전문가 36명의 출국을 정지시킴으로써 옐친 대통령의 입장을 확인시켜 주었다.[22]

한편 남한정부는 과거 북한의 동맹이었던 사회주의 국가들과 외교관계를 체결하는 북방정책을 추진했다. 당시 남한정부가 추진했던 북방정책은 한마디로 소련·중국 및 동유럽 사회주의 국가

---

19 김국신 외, 『분단극복의 경험과 한반도 통일 1』(서울: 한울아카데미, 1994), p. 30.
20 정규섭, 앞의 책, p. 213.
21 내외통신사, 『內外通信 종합판(49)』(서울: 내외통신 1993), p. 113.
22 내외통신사, 위의 책, p. 118.

들과 관계개선을 추진하는 정책을 뜻한다. 노태우 대통령은 1988년 2월 25일 대통령 취임사에서 북방외교의 적극적인 추진의사를 처음으로 표명했고, 북방정책을 공식적으로 선언한 것은 1988년 7월 7일 노태우 대통령의 "민족자존과 통일번영을 위한 특별선언"(일명 7·7 선언)을 통해서이다. 이 선언에서 남한정부는 한반도의 평화정착 여건 조성을 위해 북한이 미국·일본 등 우리 우방과의 관계를 개선하는 데 협조할 용의가 있으며 또한 남한은 소련·중국 등 사회주의 국가들과 관계개선을 추구한다는 입장을 표명했다.[23] 북방정책 추진 선언 이후 남한정부는 먼저 헝가리 및 폴란드와의 수교를 실현했다.[24] 이를 시작으로 소련 등 공산권 국가들과 외교관계를 체결하는 등 외교적 성과를 거두었다.[25] 중국도 88서울올림픽 이후 남한과의 교역에 있어서 간접교역을 직접교역으로 전환함으로써 무역량을 급격히 확대했으며 대한반도 정책을 이념 차원의 결속보다는 실용주의적 경향으로 전환했다. 그 결과 1990년 10월 중국은 남한과의 무역사무소 개설에 합의했다.[26]

이와 같은 정세하에서 남한은 1991년 4월 유엔가입을 신청하면서 북한에 동시가입을 제의했다. 북한은 그때까지 남북한 단일국호에 의한 유엔가입을 주장하면서 남북한이 각각 유엔에 단독으

---

23 정규섭, 앞의 책, pp. 213-214.
24 남한과 헝가리 양국은 1988년 8월 26일 상주대표부 교환 설치에 합의하고 1988년 10월 25일 및 27일에 부다페스트와 서울에 각각 상주대표부를 개설해 양국 간 협력관계를 진전시켜왔다. 이후 1989년 2월 1일 최호중 외무부장관이 남한을 방문한 줄라 호른 헝가리 외무담당 국무비서와 양국 간의 상주대표부를 상주대사관으로 격상시키기로 합의하고 수교의정서에 서명함으로써 남한과 헝가리 양국은 대사급 외교관계를 수립했다. 남한과 폴란드는 1989년 11월 1일 국교관계를 맺었다.
25 남한은 소련과 1989년 4월 3일 무역사무소 개설에 이어 12월 8일 영사관계를 수립했으며 1990년 6월 4일 미국 샌프란시스코에서 개최된 노태우 대통령과 고르바초프 대통령 간의 정상회담에서 수교원칙에 합의한 후 9월 30일 대사급 외교관계를 체결했다. 또한 1989년 12월 28일 유고슬라비아, 1990년 3월 22일 체코슬로바키아, 3월 23일 불가리아, 1991년 8월 22일 알바니아와 국교를 수립했다.
26 남한과 중국은 1992년 8월 24일 외교관계를 수립했다.

로 가입하거나 동시에 가입하는 것을 반대해왔기 때문에 당연히 '하나의 조선' 정책을 끝까지 고수한다는 명분하에 남한의 유엔 동시가입 제의를 단호히 거부했다.

당시 북한이 남북한 유엔 동시가입을 거부하면서 기대했던 것은 중국과 소련으로부터의 외교적 지지 즉 남한의 단독 유엔가입에 대한 소련과 중국의 반대였다. 그러나 소련은 이미 1990년 9월 30일 남한과 수교관계를 체결했기 때문에 북한의 '남북교차승인 반대'를 통한 '하나의 조선' 정책 추진에는 빨간 불이 켜진 상태였다.[27] 그런데다 1991년 4월 18일 소련의 고르바초프 대통령이 제주도를 방문해 노태우 대통령과 가진 정상회담에서 남한의 유엔 가입을 지지함으로써 북한의 기대는 물거품이 되고 말았다. 한편 1980년대부터 실용주의 정책을 추진하고 있던 중국 역시 남한의 유엔가입을 현실로 받아들이는 분위기여서 북한의 실망과 불만은 더 컸다고 할 수 있다.[28]

북한은 소련과 중국의 외교적 지지로 남한의 유엔가입이 기정사실로 된 상황에서 난처한 입장에 놓이게 되었다. 당시 유엔가입을 둘러싼 북한의 주변 환경은 사면초가四面楚歌의 형국이라는 표현이 적절할 것이다. 이러한 상황에서 북한이 기존부터 취해왔던 '하나의 조선' 정책 입장만을 고집하면서 남한의 유엔 단독가입을 방관할 경우 국제무대에서 북한의 위상만 떨어지고 고립을 자초할 것이라는 점은 명약관화한 것이었다. 또한 북한이 더 이상 유엔가

---

27 북한은 1990년 10월 5일 노동신문 논설을 통해 소련의 행위를 '배신'이라고 주장하면서 한-소 수교는 결국 '두 개 조선'을 인정, 북한을 국제적으로 고립시키고 개방으로 유도하며 궁극적으로는 사회주의제도의 전복을 초래하는 것이라고 거세게 비난했다.
28 당시 홍콩의 『명보』 및 일본 『마이니치』 신문 등은 중국의 이붕 총리가 북한을 방문해 남북한의 유엔 동시가입을 설득할 것이라는 기사를 게재한 바 있다. 내외통신사, 『內外通信 종합판(49)』 (서울: 내외통신사, 1993), p. 120. 참조.

입 결정을 미룰 경우 남한에 주도권을 빼앗기는 결과를 초래하리라는 것 역시 의심할 여지가 없었다.[29]

이와 같은 현실적인 여건들을 감안해볼 때 북한이 남한에 주도권을 빼앗기지 않고 그나마 체면을 유지하기 위해서는 아무리 불쾌하더라도 유엔가입을 서둘러 결정하고 남한과 함께 유엔에 가입하는 길밖에 없었다. 이에 따라 북한은 1991년 5월 27일 유엔에 가입하겠다는 외교부(현 외무성)의 공식성명을 서둘러 발표하게 되었다. 그 후 남북한은 1991년 8월 8일 유엔안보리 전체회의와 9월 17일 유엔총회 의결을 통해 함께 유엔에 가입하게 되었다.

4. 대남혁명전략 변화의 특징

이상에서 본 바와 같이 북한은 자국의 국력이 급격히 약화된 반면 남한의 국력이 강해지고 국제적 역학관계 역시 남한에 유리한 국면이 조성되자 여러 측면에서 대남혁명전략을 수정하지 않을 수 없었다.

탈냉전시대 대남혁명전략을 포함한 북한의 대남전략 변화는 무엇보다 국제환경과 대내외 정세 변화에 대응하기 위해 취한 자발적이며 능동적인 변화의 성격보다는 수세적이고 피동적인 성격이 강한 변화라는 특징을 갖고 있다고 평가할 수 있을 것이다. 이는 남북한 유엔 동시가입을 놓고 보아도 잘 알 수 있다. 사실 남북한 유엔 동시가입 문제는 외교적인 문제로서 북한의 외교정책과 관련되는 문제라고 할 수 있으나 대남혁명의 대상인 남한과 직접적으로 관련되는 문제라는 점에서 대남전략과 관련된 문제이기도

---

29   『內外通信』, 1991년 5월 27일.

하다. 그렇기 때문에 북한은 남북 유엔 동시가입이 남북한의 영구 분단을 가져올 수 있다며 '하나의 조선 논리'를 내세우고 '단일 국호에 의한 남북한 동시 유엔가입'을 주장하면서 남북한이 각각 유엔에 가입하는 것을 지속적으로 반대해왔던 것이다. 그러나 탈냉전시대에 들어와 북한은 어쩔 수 없이 남한과 함께 각각 유엔에 가입하는 조치를 취했다. 이는 북한의 필요에 의해 북한이 주동적으로 취한 외교정책의 성과물이 아니라 국제정세 및 국제적 역학관계의 변화에 따라 북한의 의지와는 상관없이 선택할 수밖에 없는 불가피한 변화의 산물이었다.[30] 말하자면 북한이 당시의 불리한 국내외 정세를 극복하기 위해 선택한 궁여지책이었다고 할 수 있다.[31]

그럼에도 불구하고 남북한 유엔 동시가입은 당시 북한의 속내가 어떠했는지 상관없이 적어도 대외적으로나 표면적으로는 북한이 그때까지 고수해왔던 '하나의 조선' 정책 포기를 시인하는 결과를 초래한 것은 분명했다. 아울러 남북한 유엔 동시가입은 당시에 남한이 추진했던 북방정책 등 외교정책의 결과물이기도 하다.

북한이 대남혁명전략의 내용을 여러 측면에서 새롭게 정립하고 구체화한 것 역시 당시 변화된 남한의 현실과 남한 내에서 전개되고 있던 이념논쟁에 대응하기 위해 취한 조치의 성격이 강한 것이었다고 할 수 있다. 그런 의미에서 이와 같은 북한의 변화는 '외부로부터 강요에 의해 선택한 불가피한 변화'라고 정의할 수 있을 것이다.

---

30 1992년 1월 1일 북한 신년사 내용 참조.
31 북한 외교부대변인은 1991년 5월 27일 남북한 유엔 동시가입 결정 사실을 밝히면서 그 이유에 대해 '남한이 유엔에서 한반도 문제를 일방적으로 몰아갈 것에 대한 염려 때문'이라고 말한 바 있다. 『內外通信』, 1991년 5월 27일.

다음으로 탈냉전시대 대남혁명전략 변화는 근본적인 측면에 있어서의 변화는 없었으나 국제적 흐름과 한반도 주변 환경의 변화에 따라 일부 부분만 변화시켰다는 특징도 갖고 있다. 다시 말하면 대남혁명을 통해 달성하고자 하는 근본적인 목적(또는 목표)은 그대로 유지한 채 목적 달성을 위한 수단과 방법적인 측면에 있어서는 피아간의 역량관계 변화에 따라 보다 신축적이고 유연하게 바뀌었다는 것이다.

탈냉전시대 북한의 대남전략은 '조국통일과 남조선혁명 완수'라는 전략목표는 그대로 유지한 채 내부의 경제난과 남한의 국력 강화, 국제적 역학관계 변화라는 불리한 환경을 극복하기 위해 어쩔 수 없이 취한 궁여지책으로서, '2보 전진을 위한 1보 후퇴'의 성격이 강한 선택이었다. 이것을 한마디로 간단히 표현하면 '본질적인 변화가 아닌 형식적인 변화' 또는 '전략적인 변화가 아닌 전술적인 변화'라고 할 수 있을 것이다. 근본적인 측면에서의 변화가 없다는 의미에서 '변화 없는 변화'라고 표현할 수 있다.

제2절
대남혁명의 성격과 임무 변화

1. 노동당의 투쟁목적과 대남혁명의 성격 변화

앞에서도 언급한 것처럼 탈냉전시대를 맞아 변화된 대내외적인 요인들은 북한의 대남혁명전략에 영향을 미쳤으며, 결과적으로 북한의 대남혁명전략은 부분적이기는 하나 변화한 것이 사실이다. 북한은 대남혁명전략 목표를 수정하는 등 대남혁명전략을 근본적으로 변화시키지는 않았으나 변화된 대내외 정세를 반영해 대남혁명의 성격에 대한 문구를 수정하고 대남혁명을 위한 역량 편성, 대남혁명의 방법 선택 등에서 상대적으로 유연한 입장으로 전환하는 등 세부적인 부분에 있어서는 일부 내용을 수정했다.

북한은 1970년 10월 노동당 제5차 대회 보고를 통해 대남혁명전략의 많은 내용을 공개적으로 발표하고 대남혁명을 노골적으로 선동했다. 이어 1975년에는 『주체사상에 기초한 남조선혁명과 조국통일 리론』을 통해 상당히 구체화된 대남혁명전략을 제시하기도 했다. 그러나 1980년 개최된 노동당 제6차 대회에서는 당 규약을 통해 노동당의 당면목적이 "전국적 범위에서 민족해방인민민주주의혁명을 완수하는 것"이라며 대남혁명의 성격에 대해서만 간략하게 언급하는 데 그쳤다. 그리고 2010년 이전까지 30년 동안 단 한 번도 대남혁명전략에 대해 공식적으로 언급하거나 관련 문헌 및 자료를 발표한 바 없다. 북한의 이와 같은 행위는 1970년대를 지나면서 역전된 남한과 북한의 경제력 격차가 1980년대를 지나면서 더욱 심해지고, 이러한 현실에 대해 북한도 내부적으로 인정했기 때문으로 보인다. 말하자면 남한에 비해 현격하게 국력이 약해진 북한이 상대적으로 강한 남한체제를 붕괴시키겠다고 공개적으로 밝히는 것이 얼마나 어리석은 것인가를 스스로도 인지하고 있었기 때문이라는 것이다. 그것은 앞에서 언급한 것처럼 1980년 이후 북한이 대남혁명전략의 구체적인 내용을 공개적으로 발표하지 못하고 김정일의 5·24 문헌 같은 것도 보안유지하에 대남공작부서 내부 인원들에게만 전달하고 대외적으로는 일절 공개하지 않은 것을 보아도 잘 알 수 있다.

북한은 지난 2010년 9월 28일 개최된 노동당 제3차 대표자회에서 노동당 규약을 개정하고 대남혁명의 성격과 관련한 노동당의 당면과제 부분을 일부 수정해 발표함으로써 북한의 공식적인 대남혁명전략을 확인할 수 있었다. 공식적으로는 1980년 10월 노동당 제6차 대회 이후 30년 만의 일이다. 그러나 엄격하게 말하면 앞서 언급한 바와 같이 김정일이 1991년 5·24 문헌을 통해서 이미 밝혔던 대남혁명전략의 내용을 20년이 지난 후 "전국적 범위에서 민족해방민주주의혁명 완수"라는 한마디의 문장으로 간략화해 공식 발표한 것에 지나지 않는다고 할 수 있다.

사실 북한이 대남혁명의 목표를 노동당의 당면과제와 일체화시켜 노동당 규약에 반영하고 있는 것은 대남혁명에 대한 북한의 인식에서 그 원인을 찾을 수 있다. 북한은 앞에서 언급한 것처럼 대남혁명이 전全조선혁명의 한 부분이며, 전 조선혁명을 영도하는 참모부는 바로 노동당이라는 인식을 갖고 있다. 이러한 북한지도부의 인식 때문에 대남혁명 수행이 곧 노동당의 투쟁과제와 동일시되는 것이라고 할 수 있다.

북한은 2010년 9월 28일 노동당 제3차 대표자회에서 개정한 노동당 규약을 통해 "조선로동당의 당면목적은 공화국북반부에서 사회주의 강성대국을 건설하며 전국적 범위에서 민족해방민주주의혁명의 과업을 수행하는 데 있으며 최종목적은 온 사회를 주체사상화하여 인민대중의 자주성을 완전히 실현하는 데 있다"고 주장했다. 이 문장을 구체적으로 보면 북한 노동당의 당면목적은 크게 두 가지로 구분해볼 수 있을 것이다. 하나는 북한지역에서 사회주의 강성대국을 건설하는 것이고, 다른 하나는 전국적 범위에서 민족해방민주주의혁명의 과업을 수행하는 것이다.

이 가운데 "전국적 범위에서 민족해방민주주의혁명의 과업을 수행"한다는 부분은 대남혁명의 목표를 염두에 둔 개념이라고 할 수 있다. 그것은 "공화국북반부에서 사회주의 강성대국을 건설"하는 것을 북한지역에서 수행해야 할 당면목표로 제시하는 등 북한을 별도로 적시했다는 점에서 "전국적 범위"라는 개념은 분명히 북한은 물론 남한까지 포함하는 개념이라고 볼 수 있기 때문이다. 또한 북한에서는 이미 해방 이후 '반제반봉건민주주의혁명'이 완수되었다는 측면에서 볼 때 "전국적 범위에서 민족해방민주주의혁명의 과업을 수행"한다는 개념은 북한을 염두에 둔 표현이라고 볼 수 없기 때문이다. 결과적으로 '전국적 범위'라는 개념은 남한지역까지 포괄하는 개념이기 때문에 정확하게 표현하기 위해서는

"남조선지역에서 민족해방민주주의혁명 과업을 수행하는 것"이라는 용어로 바꾸는 것이 적절할 것이다.

다음으로 북한은 노동당의 최종목적으로 "온 사회를 주체사상화하여 인민대중의 자주성을 완전히 실현"하는 것이라고 명백히 규정했다. 온 사회를 주체사상화한다는 것은 간단히 말해 혁명과 건설에서 주체사상을 확고한 지도적 지침으로 삼고 주체사상을 철저히 구현한다는 것이다.[32] 다시 말하면 남북한의 모든 주민들을 주체형의 인간으로 만드는 동시에 경제와 문화를 비롯한 사회생활의 모든 분야를 주체사상의 요구대로 개조함으로써 전全 한반도를 주체사상으로 일색화一色化한다는 것을 의미한다. 이렇게 주체사상으로 일색화하면 인민대중의 자주성이 완전히 실현된다는 것이다.

이와 같은 노동당의 최종목적이라는 것은 당면목적을 달성한 이후에 수행해야 할 차후 목적 또는 목표이다. 따라서 최종목적은 당면목적의 달성을 전제로 하고 있다고 할 수 있다. 구체적으로 말하면 북한이 "온 사회를 주체사상화하여 인민대중의 자주성을 완전히 실현"하는 것을 노동당의 최종목적으로 제시했다는 것은 이미 북한을 사회주의 강성대국으로 만들고 남한에서 민족해방민주주의혁명을 완수한 이후 노동당이 전 한반도 주민들을 상대로 수행해야 할 차후의 과제라는 것이다. 요컨대 북한이 노동당 규약을 통해 밝힌 당의 최종목적은 북한 주도하에 남북통일을 실현한 이후 또는 '전국적 범위에서 민족해방민주주의혁명 완수'라는 노동당의 당면목표 실현 이후를 염두에 둔 개념이라고밖에 볼 수 없다.

북한이 노동당의 당면목적에 대남혁명을 포함시키고 통일 이

---

32 『조선대백과사전』 제24권, p. 561.

후를 염두에 두고 노동당의 최종목적을 설정한 것은 북한 노동당만이 남북한을 대표하는 유일한 전위조직이라는 인식에 기초하고 있다. 이와 함께 남한에서의 혁명 즉 대남혁명이 북한지역에서의 혁명과 함께 전全조선혁명의 한 부분이라는 인식 때문이라고 할 수 있다. 이와 같은 북한의 인식은 "남조선에서 미제의 침략무력을 몰아내고 온갖 외세의 지배와 간섭을 끝장"내며, "사회의 민주화와 생존의 권리를 위한 남조선인민들의 투쟁을 적극 지지 성원"하고, "조국을 통일하고 나라의 통일적 발전을 이룩하기 위하여 투쟁"하는 것을 노동당의 임무로 명백히 규정한 것을 보아도 잘 알 수 있다.[33]

결국 남북한을 대표하는 유일한 전위조직은 '조선노동당'이라는 북한지도부의 인식과 대남혁명(남조선혁명)이 전국혁명의 한 부분이라는 인식이 대남혁명 완수를 북한 노동당의 당면목적으로 규정하게 했고 이것을 노동당 규약에 명문화하도록 했다는 것이다.

이와 같은 인식은 아직도 북한이 전全조선혁명을 위한 혁명기지로서의 기능과 역할을 수행해야 한다는 소위 '혁명적 민주기지론'이 유효하다는 것을 입증해주고 있다.

2. 왜 '민족해방민주주의혁명'인가?

북한은 지난 2010년 9월 개최된 제3차 노동당 대표자회에서 당규약을 개정하면서 노동당의 당면목적에 명시되어 있는 대남혁명 전략 관련 부분 즉 대남혁명의 성격과 관련한 표현을 약간 수정했다. 물론 북한이 대남혁명의 성격 관련 표현을 수정한 것이 노동

---

33   『조선로동당 규약』 서문(2010년 9월 28일 노동당 제3차 대표자회 개정).

당 제3차 대표자회에 앞서 1991년 5월 김정일이 비공개로 발표한 5·24 문헌을 통해서라는 점은 앞에서 이야기한 바 있다.

공식적인 발표 내용만을 놓고 보면 북한이 과거 1980년 노동당 제6차 대회에서 개정 발표한 노동당 규약에는 노동당의 당면목적이 "전국적 범위에서 민족해방인민민주주의혁명의 과업을 수행"한다고 규정되어 있었다. 그러나 2010년 9월 노동당 제3차 대표자회에서 개정 발표한 노동당 규약에는 "전국적 범위에서 민족해방민주주의혁명의 과업을 수행"한다는 내용으로 수정 발표했다. 간단히 정리하면 대남혁명의 성격을 표현한 문구를 '민족해방인민민주주의혁명'→'민족해방민주주의혁명'으로 수정한 것이며, 여기에서 주목되는 것은 '인민'이라는 단어를 삭제했다는 점이다. 이는 분명 북한의 변화된 시각을 반영한 것이라는 점에서 주목하지 않을 수 없다.

과거 대남혁명의 성격을 '민족해방인민민주주의혁명'이라고 규정했던 북한이 탈냉전 이후에는 '인민'이라는 단어를 빼고 '민족해방민주주의혁명'이라고만 규정한 것은 몇 가지로 그 이유를 설명할 수 있을 것이다.

첫째로, 북한이 '인민'이라는 단어를 뺀 이유는 탈냉전을 맞으며 겪은 급격한 정세 변화 때문이라고 할 수 있다. 무엇보다도 앞서 언급한 것처럼 대내외적인 요인으로 인해 최악의 식량난을 포함한 심각한 경제난으로 소위 '대남혁명의 주체적 역량'이라고 하는 북한 자체의 전체적인 국력이 현저하게 약화되었다. 구소련 등 사회주의권의 붕괴와 중국의 개혁·개방 정책 등으로 인해 북한을 둘러싼 국제적 혁명역량 역시 급격히 쇠락했다. 그와는 반대로 대남혁명을 통해 타도해야 할 대상인 남한은 획기적인 경제발전과 민주화 실현으로 선진국 대열에 들어서는 등 국력이 강해졌고, 남한의 우방인 미국 역시 세계유일의 초강대국으로 등장했다. 이러한 피아간의 역량관계 변화는 과거에 갖고 있던 북한의 자신감을 위축시키고 떨어뜨렸다. 탈냉전시대에 들어와 생겨난 이와 같은 복합적인 요인 때문에 북한으로서는 과거처럼 '인민'이라는 용어를 당당하게 슬로건으로 제시하고 대남혁명을 공세적으로 전개해 이를 성공시킬 만한 자신감이 떨어졌고, 이것이 결과적으로 '인민'이라는 용어를 삭제하게 만들었던 것이다. 그러나 정세가 아무리 불리하다고 해도 북한이 대남혁명을 통해 달성하려던 본래의 목적과 의도를 포기할 수는 없었다. 이 때문에 노동당의 당면목적 가운데 대남혁명과 관련된 부분을 아예 삭제한 것이 아니라 일부 표현을 수정한 것이다. 이에 따라 '민족해방인민민주주의혁명'이라는 문구에서 '인민'이라는 용어를 의도적으로 뺀 것이다.

북한이 대남혁명의 성격을 수정하면서 '인민'이라는 용어를 뺀 것은 둘째로, 더 많은 남한사람들을 대남혁명역량으로 끌어들이기 위한 용어혼란전술과도 관련된다. 북한은 과거 대남혁명전략을 정립하던 초기에도 '반제반봉건민주주의혁명' 또는 '민족해방민주주의혁명'이라는 표현을 사용할 때도 내용적으로는 '인민민주주의혁명'을 염두에 두고 대남혁명을 추진한 바 있다. 이번에 '인민민주주의혁명'이라는 용어에서 '인민'을 빼고 '민주주의혁명'이라는 표현으로 바꾼 것도 마찬가지이다. 북한이 대남혁명의 성격을 '민족해방민주주의혁명'이라고 표현했다고 해서 과거 '민족해방인민민주주의혁명'을 통해 달성하려던 목표를 포기한 것이 아니라 전술적으로 '인민'이라는 표현만 삭제했다는 것이다. 결국 본래의 목적을 포기한 것처럼 포장한 것뿐이지 진정으로 포기한 것은 아니라는 의미에서 용어혼란전술의 일환이라고 말하는 것이다.

셋째로, 북한이 대남혁명의 성격과 관련한 표현을 수정한 것은 역량관계 변화를 반영한 전략적인 판단 때문이기도 하다. 북한은 냉전시기 자국의 국력이 상대적으로 강하고 북한을 지원하는 국제적인 혁명역량 역시 강할 때에는 남한에 소수의 핵심역량만 있어도 그들과 연대해 충분히 대남혁명을 성공적으로 수행할 수 있을 것이라고 생각했다. 이에 따라 '계급해방혁명'이나 '인민민주주의혁명'과 같은 혁명적이며 좌경적인 투쟁목표를 공개적으로 제시하고 그 실현을 위해 투쟁했던 것이다. 그러나 탈냉전과 함께 북한의 대내외적인 역량이 급격하게 약화된 상황에서 대남혁명을 성공시키기 위해서는 소수 핵심역량만이 아니라 남한에 더 많은 대남혁명의 동조세력과 친북세력이 필요하게 되었다. 이러한 여건에서 더 많은 대남혁명의 동조세력을 규합하기 위해서는 혁명적이며 친북적인 이미지를 가급적 숨겨야 할 필요성이 제기된 것이다. '민주화운동' 또는 '민주주의변혁'이라는 용어를 사용하는 것이 '계급해방혁명'이나 '인민민주주의혁명'이라는 용어를 사용하는 것보다 더 많은 사람들을 규합할 수 있다는 것은 누구나 인정할 것이다. 이에 따라 북한은 '인민'이라는 단어가 갖고 있는 혁명적이고 친북적인 이미지를 불식시킴으로써 더 많은 남한사람들을 알게 모르게 대남혁명역량으로 편입시키고 그들을 친북세력으로 만들기 위해 의도적으로 '인민'이라는 단어를 뺀 것이다. 이러한 북한의 의도는 대남선전 및 심리전을 할 때 '혁명'이라는 용어를 '변혁' 또는 '변혁운동'이라는 용어로 대체해 사용하고 있는 것을 보면 잘 알 수 있다.

이는 결과적으로 북한이 노동당 규약에서 '인민'이라는 단어를 삭제했다고 해도 과거에 '인민민주주의혁명'이 포괄하고 있던 근본적인 내용까지는 포기하지 않았다는 것을 의미한다. 다시 말하면 과거 '인민민주주의혁명'이라는 표현에서 '인민'을 빼고 '민주주의혁명'으로 문구를 수정한 것은 분명하나 '인민민주주의혁명'이 포괄하고 있던 내용, '인민민주주의혁명'을 통해 달성하려던 본래의 의도와 목적을 결코 포기한 것이 아니며 단지 숨겼을 뿐이라는 것이다. 한마디로 대남혁명의 성격은 본질적으로 변하지 않았다는 것이다.

그렇기 때문에 일부에서 주장하고 있는 것처럼 북한의 '남조선혁명론'은 결코 좌절된 것이 아니며, 단지 대남혁명 의도를 과거처럼 노골적으로 드러내놓지 않고 숨긴 상태에서 그 방법 또한 시대에 맞게 다양화한 것뿐이라는 것을 알 수 있다.[34]

대남혁명의 성격이 본질적으로 변하지 않았다는 것은 북한이 민족해방민주주의혁명의 과제로 내세우고 있는 내용을 보면 잘 알 것이다. 북한은 민족해방민주주의혁명의 과제로 두 가지를 내세우고 있다. 하나는 민족해방혁명을 통해 남한사회의 자주화를 실현하는 것이며, 다른 하나는 민주주의혁명을 통해 남한사회에서 민주주의 발전을 보장하는 것이다.

구체적으로 보면 북한이 주장하는 남한사회의 자주화는 첫째로, 주한미군의 축출과 미군기지 철폐 및 한미연합사를 해체하는 것이며 둘째로, 주한미대사관 등 미국의 현지 지배기구의 폐쇄와 한미 간의 예속적인 조약 및 협정을 폐지하고 미국의 내정간섭을 종식시키는 것이며 셋째로, 현존하는 남한 정치체제를 뒤엎고 민족자주적인 민주정권을 수립하고 정치·경제·문화의 모든 분야

---

34 이종석, 『새로 쓴 현대 북한의 이해』, p. 379.

에서 자주권을 확립하는 것을 내용으로 하고 있다.

또한 민주주의혁명을 통해 해결해야 할 과제로는 첫째로, 파쇼통치의 제거와 사회정치생활의 민주화를 실현하는 것이며 둘째로, 미국과 결탁한 국내 반동세력인 매판자본가계급과 지주계급의 제거와 반동관료배를 척결하고 '인민적인' 민주주의 정치체제를 수립하는 것이다. 셋째로, 매판자본의 국유화와 봉건적 토지소유관계를 청산하는 토지개혁을 실시하고 부의 공정분배를 실현하는 경제생활의 민주화를 실현하는 것이며 넷째로, 노동법령·남녀평등권법령 등 사회생활의 모든 분야에서 민주주의적 사회개혁을 실현하는 것 등을 주요 내용으로 하고 있다.[35] 민주주의혁명의 과제 측면에서 달라진 것이 있다면 과거에는 지주계급을 주요 대상으로 하는 봉건적 착취관계의 청산을 기본으로 했다면 현재에는 매판자본가계급을 주요 타격대상으로 하고 자본주의적 착취관계의 청산에 주안점을 둔다는 것이다. 다시 말하면 과거 남한사회가 식민지반봉건사회였던 냉전시기에는 반제반봉건민주주의혁명 과제 가운데 민주주의적 임무에서는 봉건적 착취관계의 청산을 기본으로 했다. 그러나 남한사회가 식민지반자본주의로 전환된 현재에 와서는 민주주의적 임무를 수행함에 있어서 반反매판 내용을 기본으로 하면서 반독재 민주화와 봉건적 착취관계를 청산하는 민주주의혁명의 내용이 결합되게 된다는 것이다. 전자의 경우에는 매판자본가계급보다 지주계급에 더 큰 무게가 실렸다면 후자인 경우에는 매판자본의 비중이 훨씬 커지면서 전면에 부각되는 것이다.

한편, 대남혁명은 분단된 나라의 절반 땅 즉 남한에서만 진행되

---

35 『주체의 한국사회변혁운동론』, p. 50.

는 지역혁명이기 때문에 민족의 지상과제인 조국통일이 달성되고 전국적 범위에서 민족의 자주권이 실현될 때 완성되며, 이에 따라 대남혁명은 남한사회의 자주화와 민주주의혁명이라는 고유한 임무와 더불어 조국통일이라는 민족사적 과제를 함께 포괄하고 있다는 것이다.

이와 같이 대남혁명은 민족해방과 민주주의혁명 완수, 조국통일이라는 총체적 과제 수행을 위해 자주·민주·통일 운동으로 전개되고 있다.[36]

3. 대남혁명의 전취목표와 민주개혁

탈냉전시대 북한의 대남혁명전략에서 변화된 것은 대남혁명의 목표를 전취목표와 타격목표, 주되는 목표와 보조적 목표, 당면목표와 차후목표 등으로 보다 세분화하고 그 내용에 있어서도 구체화해서 문제를 제기한 것이다. 이 가운데 대남혁명의 전취(戰取)목표는 말 그대로 북한이 대남혁명을 통해 달성하고자 하는 목표를 의미하는 것으로, 이러한 전취목표는 무엇보다 중요도에 따라 주되는 목표와 보조적 목표로 구분된다.

현 시기 북한이 대남혁명을 통해 취하고자 하는 주된 전취목표는 자주적 민주정권을 수립해 남한사회의 자주화를 실현하는 것이다. 북한은 정권의 본질이 정치적 지배권인 동시에 전(全)사회적인 지배권이며 사람에 대한 지배권이기 때문에 정권문제는 혁명투쟁에서 근본문제라는 인식을 바탕으로 자주적 민주정권의 수립이 대남혁명의 가장 중요한 목표이며 대남혁명은 바로 자주적 민

---

36 『주체의 한국사회변혁운동론』, pp. 49-50.

주정권을 수립하기 위한 투쟁이라고 강조하고 있다. 북한이 주장하는 자주적 민주정권은 친미예속정권이나 대외의존적인 정권과는 본질적으로 구별되는 자주정권이다.[37] 또한 광범위한 각계각층 민중에게 민주주의를 실시하는 민주정권이며 민족적이며 계급적인 예속을 청산하고 노동자계급을 위시한 민중 전체의 자주성을 보장하는 민중의 정권이다. 한마디로 말하면 자주적인 정권, 민주적인 정권, 민중적인 정권이 바로 자주적 민주정권이라는 것이다.

민중 주도의 민주연립정권의 쟁취와 사회정치생활의 민주화를 실현하는 것은 북한이 제시한 대남혁명의 보조적 전취목표이다. 보조적 전취목표는 주되는 전취목표에 귀속되는 목표로서, 주되는 전취목표가 전략적인 목표라면 보조적 전취목표는 전술적인 목표라고 할 수 있다. 또한 주되는 목표 달성 이전 단계에서 취해야 할 선차적인 목표이기도 하다.

북한은 '반파쇼민주화' 투쟁을 통해 각 당, 각 파, 각계각층 민주세력의 연합에 기초한 민주연립정권을 세워야 한다고 주장하고 있다. 이러한 민중 주도의 민주연립정권 수립과 사회정치생활의 민주화는 사회제도를 근본적으로 교체하는 것이 아니라 현재의 남한 정치체제를 민주주의적인 정치체제로 교체하는 데 국한된 것이라는 특징과 한계를 내포하고 있다. 결과적으로 민중 주도의 민주연립정권 수립과 사회정치생활의 민주화는 주되는 목표인 자주적 민주정권 수립과 남한사회의 자주화를 실현하기 이전 단계에서 거치는 과도기적 단계에 불과하다는 것을 알 수 있다. 그럼에도 불구하고 북한은 민주연립정권이 남한의 정치체제를 개혁하고

---

37 북한은 현재의 남한정권이 미국에 철저히 예속된 식민지적이고 예속적인 정권이라는 인식을 갖고 있다. 허종호, 앞의 책, p. 36.

사회정치생활의 민주화를 실시해 각계각층 민중의 정치적 자유와 민주주의적 권리를 보장해야 한다고 강조하고 있다. 그리고 이를 위해서는 국정원과 기무사 등 모든 권력기구들을 해체하고 사법제도를 민주주의적으로 개혁하며 국가보안법과 노동법 등 악법들을 폐기해야 한다는 것이다. 또한 언론·출판·집회·결사·신앙·사상 신봉의 자유를 보장하며 파쇼적인 정당 및 단체들을 해체하고 진보적인 이념 및 정당·단체의 조직과 활동의 자유를 보장하는 것도 민주연립정권의 과제라고 주장하고 있다. 이를 통해 사회주의혁명을 수행하기 위한 충분한 여건을 마련하는 것이 민주연립정권의 과제라는 것을 알 수 있다.

북한은 또한 자주적 민주정권의 성격과 기능을 더욱 강화 발전시켜 사회의 모든 분야에서 민주주의적 변혁을 철저히 수행하는 것은 차후에 제기해야 할 주되는 전취목표라고 주장하고 있다. 다시 말하면 자주적 민주정권을 수립한 다음 그 정권의 성격과 기능을 더욱 강화 발전시켜 북한이 해방 초기에 실시했던 토지개혁과 중요산업 국유화 등과 같은 민주주의적 개혁을 실시하는 것이 차후의 주되는 전취목표라는 것이다.

그러나 현시점에서 민주주의적 개혁과 같은 문제를 전면에 내세울 경우 대남혁명의 목표설정과 역량편성 등에서 오류를 범할 수 있기 때문에 보다 구체적이고 실천적인 논의는 뒤로 미루어야 한다는 것이다. 말하자면 북한이 해방 초기에 공산당의 주도로 실시했던 토지개혁과 중요산업 국유화 등과 같은 민주주의적 개혁을 대남혁명의 당면목표로 내세울 경우 '사회주의혁명'이라는 인식을 주어 대남혁명에 동참해야 할 세력이 떨어져 나갈 수 있기 때문에 잠정적으로 보류했다가 때가 되면 제기해야 한다는 것이다.

4. 대남혁명의 타격목표와 우선순위

북한은 대남혁명의 타격목표가 전취목표의 실현을 방해하는 요소들로 이뤄지며, 이 가운데 주되는 전취목표 실현을 방해하는 요소는 주되는 타격목표 즉 주 타격목표가 되고 보조적인 전취목표 실현을 방해하는 요소는 보조적인 타격목표가 된다고 주장하고 있다.

무엇보다 대남혁명의 주되는 전취목표인 자주적 민주정권의 수립과 남한사회의 자주화 실현을 방해하는 요소는 미국의 침략세력과 그 제도적 장치인 식민지통치체제이기 때문에 이 두 가지 요소는 모두 주되는 타격목표에 포함된다고 할 수 있다. 탈냉전시대가 도래했음에도 불구하고 주한미군을 위시로 하는 미美제국주의는 여전히 주되는 타격대상이다. 그것은 북한의 시각에서 보면 남한이 여전히 '미국의 식민통치하에 놓여 있는 식민지 사회'이기 때문이다. 다시 말하면 미국은 식민지 군사파쇼통치와 식민지 약탈정책으로 남한민중의 자주성을 유린하고 있는 최대의 억압자, 착취자인 동시에 남한의 자주적 발전과 조국통일을 위한 투쟁을 가로막는 최대의 적敵이기 때문이다. 따라서 미국을 반대해 투쟁하지 않고서는 남한민중이 민족적 억압과 계급적 착취에서 벗어날 수 없으며 남한의 자주적 발전과 조국통일을 실현할 수 없다. 이로부터 미국은 대남혁명의 첫째가는 투쟁대상이 되고 있다. 북한이 말하는 식민지통치체제는 구체적으로 미국의 군사적 강점에 기반하고 있는 주한미국대사관을 비롯한 현지 지배기구들이며 그것을 법적으로 고착시켜놓은 한미상호방위조약 등 예속적인 조약과 협정들이라고 할 수 있다.

보조적 타격목표는 군부 및 관료들을 위시로 한 집권세력과 이들이 점유하고 있는 권력체계와 폭압기구 및 악법들로 이뤄진 남한정권이다. 집권세력과 정권이 보조적 타격목표로 되는 것은 주 타격목표인 미국과 주종主從관계로 결탁된 기본요소이기 때문이다. 다시 말하면 미국과 남한정권과의 관계는 지주와 마름 간의 관계이기 때문이라는 것이다.[38]

마지막으로 북한은 대남혁명의 중요한 구성부분인 계급해방의 측면에서 본 대남혁명의 타격목표에 대해서도 명백히 했다. 북한은 미국과 남한 집권세력이 계급적으로 지주와 매판자본가들에게 철저히 의존하고 있고 지주·매판자본가들은 대남혁명의 주 타격목표인 미국의 충실한 앞잡이인 동시에 보조 타격목표인 집권세력의 적극적인 후원자가 되기 때문에 대남혁명 전개과정에서 반反지주, 반反매판 투쟁을 간과하지 말아야 한다고 주장하고 있다. 그러나 남한이 본질상 미국의 식민지이고 지주·매판자본가들은 실제적인 권력을 장악하고 남한을 좌우하는 사회정치세력이 못 되기 때문에 현 단계에서는 반지주, 반매판 투쟁 문제를 대남혁명의 주되는 목표로 내세우지 말아야 한다는 입장이다. 반지주, 반매판 문제는 민족해방의 과제가 수행된 다음에 제기해야 할 전략적 타격목표로 된다. 앞에서 언급한 것처럼 토지개혁과 중요산업 국유화 등 민주주의적 개혁 문제를 대남혁명의 당면목표로 내세울 경우 '사회주의혁명'이라는 인식을 주어 대남혁명에 동참해야 할 세력이 떨어져 나갈 수 있기 때문에 잠정적으로 보류했다가 때가 되면 제기해야 한다는 논리와 같은 것이다.

---

38 북한은 마름에 대해 "착취사회에서 지주를 대신하여 지주의 땅을 관리하며 소작인을 중간 착취하는 지주의 앞잡이"라고 정의하고 있다. 『현대조선말사전(제2판)』(평양: 과학, 백과사전출판사, 1981), p. 874.

대남혁명의 대상 즉 대남혁명을 통해 타도해야 할 목표에 대한 북한의 인식에 있어서도 변화가 일어났다. 대남혁명을 통해 타도해야 할 대상들의 중요도와 타격의 우선순위에 대한 인식이 변한 가운데 타도대상의 개념과 범위에 대해서도 보다 명확한 구분을 하고 있는 것이다.

과거에는 미국을 대남혁명의 첫째가는 타격대상, 주되는 타격목표로 정하고 그다음에는 지주·매판자본가·반동관료배 순으로 타도대상의 우선순위를 정하고 전략을 수립했다. 그러나 간접적인 대리통치 형태로 실시되는 미국의 신식민주의 통치하에서 남한 관료들의 반민족적이며 반민중적 역할이 부각된다는 점을 내세워 현재는 이들 '반동관료배'를 미국 다음으로 타도하거나 청산해야 할 중요한 대상으로 간주하고 있다. 말하자면 타격대상의 우선순위에 있어 네 번째에서 두 번째로 끌어올려진 것이다.

이와 함께 '반동관료배'의 개념에 대해서도 구체적으로 명시하고 있다. 기존에는 '반동관료배' 개념에 공무원이나 군 장교 및 경찰 일반을 포함시켰을 뿐 구체적으로 어떤 대상들을 포함시켜야 할지에 대해 명백한 구분이 없었다. 그러나 북한은 5·24 문헌을 통해 '반동관료배'의 개념에 공무원 일반이나 중하층 관료, 중하층 장교들을 모두 포함시키지 않고 입법·사법·행정 및 군부와 집권당의 요직을 차지하고 권력을 행사하는 상층 관료들만 포함된다는 것을 분명히 하고 있다.[39]

---

39   북한은 남한에서 각종 고시를 합격한 5급 이상 관료를 상층 관료로, 6급 이하의 관료를 중하층 관료로 간주하고 있으며, 중령 이하의 장교 및 준사관을 중하층 장교로 인식하고 있다. 북한이 중령 이하의 장교를 중하층 장교로 인식하고 있는 것은 순전히 북한 내부의 기준 때문이다. 즉 북한에서는 연대장 직책을 수행하는 상좌부터 고급군관으로 취급하고 있기 때문에, 남한에서도 북한 기준을 적용해 연대장 직책을 수행하는 대령 이상 장교부터 고급장교로 간주하고 있다. 전직 대남공작요원 K 씨의 증언(2011년 9월 23일).

매판자본가 역시 과거에는 지주계급보다 타격대상의 중요도가 뒤처져 있었으나 남한사회가 식민지반봉건사회로부터 식민지반자본주의사회로 발전한 현재에 와서는 지주계급보다 더 중요한 대남혁명의 대상이면서 동시에 먼저 타격해야 할 대상으로 규정하고 있다. 그것은 매판자본가 세력이 미국에 의해 육성된 식민지통치의 주되는 사회계급적 지반인 동시에 가장 큰 반혁명세력의 하나라는 인식 때문이다. 말하자면 반#봉건사회였던 과거에 비해 반#자본주의사회인 현재에는 지주계급보다 더 큰 세력이기 때문이라는 것이다.

북한은 또한 남한의 자본가(기업가)들을 매판자본가와 민족자본가로 명백히 구별하는 것이 중요하다는 점에 대해서도 강조하고 있다. 대기업이라고 해서 일률적으로 매판자본으로 규정하거나 외래독점자본의 하청 속성을 다소 가지고 있다 하여 덮어놓고 매판자본으로 매도할 수 없다는 것이다. 매판자본과 민족자본을 가르는 기준은 재무구조와 재생산구조 및 이윤분배 구조에서 표현되는 외래독점자본과의 종속적인 밀착관계 즉 매판성을 기본문제로 삼아야 한다는 것이다. 이러한 시각에서 볼 때 처음에는 외국의 독점자본가들로부터 자본을 끌어들여 경제적 토대를 닦았지만 현재 민족적 이익을 중시하고 민족경제의 자립을 지향하고 있거나, 자본의 결핍으로 외래독점자본의 열악한 하청 조건을 받아들이고 있다고 해도 반제자주적 지향을 가지고 있는 기업인들은 매판자본가가 아니라 민족자본가로 보아야 한다는 것이다.[40] 결론적으로 매판기업은 기업의 출범이나 성장과정 및 현재의 재무구조 등 기업 자체가 갖고 있는 매판성에 의해 규정되는 것이 아니라 기업인

---

40 『주체의 한국사회변혁운동론』, pp. 55-57.

(자본가)들의 사상성향 즉 미국을 반대하는 반제자주적 지향을 갖고 있느냐 여부에 의해서 결정된다는 것이다. 북한이 매판자본가에 대해 유연한 입장을 갖게 된 것은 앞서 본 바와 같이 1989년 1월 정주영 전 현대그룹 명예회장의 방북을 앞두고 대남공작부서에서 전개되었던 논쟁의 결과이기도 하다.

북한은 또한 지주가 남한의 전前근대적인 사회관계와 연결된 반동적인 계급일 뿐만 아니라 미국의 식민통치의 사회계급적 지반의 하나이기 때문에 대남혁명의 대상으로 된다고 보고 있다. 그리고 오늘 남한의 농촌에는 재촌在村지주가 거의 존재하지 않고 부재不在지주가 대부분이나, 이들은 소작농들을 착취하고 있으므로 대남혁명의 대상에서 제외될 수 없다는 인식을 갖고 있다.

제3절
대남혁명의 전략전술 재정립

1. 대남혁명의 전략전술 구성체계 정립

　북한의 대남혁명전략 변화에서 주목할 만한 것은 과거에는 불분명했던 대남혁명의 전략전술 관련 내용을 더욱 구체화하는 동시에 일부 내용에 대해서는 이론적으로 정립한 것이라고 할 수 있다.

　우선적으로 눈에 띄는 것은 대남혁명의 전략전술 구성체계를 정립하고 이를 바탕으로 대남혁명전략을 전개한 것이다. 북한은 대남혁명의 전략전술이 목적과 수단, 방법 등 3대 구성체계를 갖고 있다고 전제하고 여기에서 목적은 대남혁명을 통해 달성하려고 하는 목표에 관한 문제이며, 수단은 대남혁명역량 편성을 어떻게 할 것이냐의 문제이고, 방법은 대남혁명의 목적 실현을 위해 어떤 투쟁방법을 선택할 것이냐의 문제라고 주장하고 있다.

　구체적으로 보면 혁명의 목표는 민중의 자주적 요구를 혁명발전의 단계와 시기에 맞게 올바로 세운 것이라는 판단에 따라 타격목표와 전취목표로 구분해 제시하고 있다. 이와 함께 목표의 중요도와 우선순위에 따라 주되는 목표와 보조적 목표, 당면목표와 차후목표로 정확히 구분하고 있다.[41] 과거에는 '전취목표'라는 구체적인 개념을 설정하지 않고 남한에서 '민족해방민주주의혁명을 통해 수립해야 할 정권이 민족자주정권'이라는 식으로만 언급했으며, '타격목표'라는 개념 역시 '대남혁명의 대상'이라는 의미로만 인식했다.

또한 대남혁명역량 편성문제는 대남혁명의 전선을 어떻게 구분하고 각계각층 민중을 어느 전선, 어떤 위치에 배치하며 대남혁명에서 발휘하게 될 그들의 역할을 어떤 방법으로 어떻게 높여나가느냐의 문제라며 이를 위한 구체적 방도에 대해서도 제시하고 있다. 과거에 북한은 대남혁명역량 편성문제에 대해 혁명의 주력군과 보조역량으로 구분해 편성해야 한다고만 언급했을 뿐 그러한 역량을 어디에 배치해야 하는지에 대해서는 밝히지 못했던 것이 사실이다. 그러나 탈냉전시대에 들어와 대남혁명의 전략전술을 정립하면서 대남혁명이 전개되는 전선을 주공전선과 보조적 전선으로 구분하고 대남혁명의 동력을 구성하는 각계각층의 힘의 크기와 실천능력에 따라 주력부대와 보조적 역량으로 구분해 편성해야 한다는 인식으로 구체화했다. 아울러 주력부대 편성에 선차적이고 주되는 힘을 돌리면서 보조적 부대 편성을 배합해나가며 각 부대들의 특성에 맞게 의식화·조직화를 강화해 역량을 키워나가야 한다며 대남혁명역량 강화 방도에 대해서도 구체적으로 지적하고 있다.

다음으로 대남혁명의 방법문제는 투쟁의 형태를 선택하고 적용하는 문제라며 대남혁명의 내용과 발전단계, 시기에 맞는 투쟁형태가 적용되어야 한다고 강조하고 있다. 즉 북한은 대남혁명의 방

---

41 북한이 노동당 규약에 당면목표와 최종목표를 별도로 구분해 명시하는 것도 바로 이 때문이다.

법문제가 여러 가지 투쟁형태 가운데 대남혁명의 발전 단계와 시기에 가장 적절한 투쟁형태를 선택하는 동시에 대남혁명역량을 가장 효과적으로 동원할 수 있고 대남혁명 목표를 성공적으로 달성할 수 있는 투쟁형태를 정확하게 선택하고 능숙하게 적용하는 문제로 된다고 주장하고 있다. 이를 위해 현재 처한 상황이 대남혁명의 준비기인지 결정적 시기인지를 정확히 구분하는 동시에 조성된 정세를 예리하게 간파하고 그에 맞는 투쟁 방법과 형태를 선택·적용하며 여러 투쟁형태를 잘 배합해야 한다는 것이다.[42] 대남혁명전략 차원에서 보면 대남혁명의 결정적 승리를 위해 군사쿠데타나 무장폭동 또는 민중봉기 등과 같은 폭력적인 방법에 의존할 것이냐, 아니면 합법적인 선거에 의해 정권을 교체하는 비폭력적인 방법을 선택할 것이냐 하는 것으로 귀착된다는 것이다.

이와 같이 북한이 대남혁명전략의 일부 내용들을 보다 구체화하고 새롭게 정립한 것은 직접적으로 당시 남한 운동권 내부에서 격렬하게 전개되고 있던 이념논쟁에 대응하기 위한 차원에서 출발한 것이라고 할 수 있다. 앞에서 언급한 바와 같이 북한은 1980년대 후반부터 남한의 운동권 내부에서 활발하게 전개되고 있던 NL-PD계 간 이념논쟁에서 주체사상을 지도이념으로 하고 있는 NL계가 PD계[43]를 타파하고 주도권을 잡도록 하기 위해 직간접적으로 적극 개입했다. 이 과정에 남한사회의 경제적 발전과 변화된 현실, 운동권 내부에서 제기되는 문제들을 적극 반영해 대남혁명전략을 이론적으로 재정립하고 구체화하는 작업을 추진했던 것이다.

---

42 『주체의 한국사회변혁운동론』, pp. 67-69.
43 PD는 People's Democratic 즉 '민중민주주의'의 약칭으로, PD계는 1980년대 후반 남한에서 민족해방보다 계급해방을 우선적으로 강조하던 진보주의 운동의 한 계파이다. 운동권 내부에서는 평등파라고도 한다.

2. 대남혁명역량의 외연 확대

북한은 심각한 경제난을 겪으면서 전체적인 국력이 약해진 반면 남한의 민주화 실현과 급속한 경제발전 및 국제적 역학관계 변화 등 대내외적 여건이 모두 달라진 탈냉전시대에 들어와서도 과거의 이론과 전략만 고집할 수 없게 되었다. 특히 북한 자체의 역량이 약화됨에 따라 대남혁명역량의 외연을 최대한 확대하는 방향에서 전략을 수정했다.

북한은 대남혁명역량 편성문제가 곧 대남혁명의 수단을 마련하는 문제이며 이는 대남혁명역량을 구축하는 문제라는 점을 분명히 했다. 다시 말하면 대남혁명의 역량 편성문제는 대남혁명의 전선을 어떻게 구분하고 각계각층의 변혁역량을 어느 전선의 어느 위치에 배치하며, 대남혁명에서 해야 할 그들의 역할을 어떤 방식으로 제고할 것이냐의 문제라는 것이다. 이에 따라 대남혁명의 전선을 주공전선과 보조전선으로 구분하고 대남혁명역량을 주력군과 보조역량으로 나눠 구축하며 이들의 힘을 극대화하기 위해서는 주력군과 보조역량 편성을 잘해야 한다.[44] 대남혁명 수행에서 주력군이 대남혁명을 주동적으로 조직하고 전개하며 책임지고 떠밀어나가는 기본부대라면, 보조적 역량은 주력군의 힘을 보완해주고 엄호해주며 피아간의 역량관계에 있어서 대남혁명의 편에 유리하게 만드는 지원역량이다.

탈냉전시대에 들어와 대남혁명의 역량편성과 관련한 북한의 인식에서 달라진 것은 첫째로, 앞에서 언급한 것처럼 주력군의 포괄범위를 최대한 확대한 것이라고 할 수 있다. 무엇보다 북한은 육체

---

44 혁명의 주력군에 대해 김일성은 "혁명의 주력군이란 혁명에 동원될 수 있는 기본계급과 그 속에 깊이 뿌리박은 맑스-레닌주의 당을 의미합니다"라고 강조했다. 『김일성저작선집』 제4권, p. 89.

노동에 종사하는 노동자들만 노동자계급의 범주에 포함시켰던 과거의 인식에서 탈피해 정신노동에 종사하는 근로자들까지 노동자계급에 포함시켜 대남혁명의 주도세력인 주력군의 외연을 확대했다. 과거 북한은 산업화시대였던 점을 감안해 주로 제품생산 현장이나 탄광·광산 등에서 육체노동에 종사하는 노동자 즉 블루칼라blue collar만을 대남혁명의 기본 동력으로 간주했다.[45] 그러나 오늘날 남한경제뿐만 아니라 세계경제가 획기적인 발전을 이룩해 산업화시대로부터 지식정보화시대로 변화되었으며, 이에 따라 육체노동에 종사하는 노동자계급뿐만 아니라 정신노동에 종사하는 근로자 즉 화이트칼라white collar가 급격히 증가했다. 북한은 화이트칼라 계통의 근로자들 역시 블루칼라 근로자들과 마찬가지로 생산수단을 소유하지 못하고 자본가들에게 고용되어 잉여가치를 수탈당하고 있기 때문에 노동자계급에 속한다며 이들을 대남혁명의 기본 동력으로 간주하고 있다.[46]

농민에 대해서도 농민 일반을 기본 동력으로 규정했던 과거의 인식에서 탈피해 농민의 범위를 보다 구체화하는 등 보다 많은 농업종사자들을 농민의 범주에 포함시켰다. 북한은 자기 소유의 생산수단이 없이 노동력을 팔면서 생활하는 농촌의 프롤레타리아트인 고농과 함께 자작지가 전혀 없는 순수 소작농과 1,500~3,000평 정도의 자작지를 가지고 소작을 겸하며 생계를 유지하는 소-자작농 등 농촌의 반半프롤레타리아트인 빈농도 대남혁명의 기본 동력으로 인식하고 있다.[47] 또한 무산자 대중만을 기본 동력으로 보

---

45 『김정일선집』 제9권(평양: 조선로동당출판사, 1997), pp. 33-34.
46 『주체의 한국사회변혁운동론』, pp. 58-59.
47 북한은 고농(고용농민의 준말)에 대해 "낡은 사회에서 토지를 비롯한 농업생산수단을 전혀 가지지 못하고 지주나 부농에게 고용되어 모진 착취와 압박을 당하는 농촌무산계급"이라고 정의하고

던 시각에서 탈피해 4,500~6,000평 정도의 토지를 가지고 자영으로 살아가는 중농도 농민 범주에 포함시켜 대남혁명의 기본 동력으로 간주하고 있다.

북한이 대남혁명의 주력군에 기존의 노동자·농민 계급 외에 청년학생 및 진보적 지식인들을 추가로 포함시킨 것도 주목할 부분이다. 청년학생과 진보적 지식인을 대남혁명의 주력군에 포함시킨 것은 대남혁명의 주력군에 대한 북한의 인식에 있어서 분명히 달라진 점이라고 할 수 있다. 북한은 과거 대남혁명 완수를 위한 투쟁과정에서 청년학생들과 진보적 지식인들이 해온 역할을 인정하면서도 대남혁명의 주력군에는 포함시키지 않고 보조역량으로 간주했다. 그러나 탈냉전시대에 들어와 그들이 남한사회의 민주화 실현에서 해온 역할과 업적, 능력 등을 높이 평가해 주력군에 새롭게 포함시켰던 것이다. 북한이 청년학생과 함께 진보적 지식인들을 주력군에 포함시킨 것은 남한의 청년학생들이 과거 1960년 4·19 민주화투쟁과 1980년 5·18 광주민주화운동, 1987년 6월 민중항쟁 등을 통해 단순한 교량자(橋梁者)로서가 아니라 대남혁명을 직접적으로 떠밀고 나가는 주도세력의 모습을 실제로 보여주었다는 점 때문이다. 이와 함께 선진사상에 민감하고 불의에 대한 증오와 높은 변혁적 각오 등을 갖고 있다는 점도 높이 평가했기 때문이다. 그러나 이들을 대남혁명의 주력군에 포함시킨 더 큰 이유는 대남혁명역량을 최대한 확대해야 한다는 현실적인 인식이 작용했기 때문이라고 할 수 있다.

둘째로, 탈냉전시대에 들어와 대남혁명의 참모부이며 주력군의 핵심적 향도역량인 전위조직이 반제민족민주전선(약칭 반제민

있다. 『현대조선말사전(제2판)』, p. 160.

전)이라는 것을 분명히 한 것도 변화된 전략의 하나라고 할 수 있다.[48] 북한은 반제민전의 전신인 통일혁명당이 창당된 후 "남조선에서 강력한 혁명적 당을 결성할 데 대한 김일성의 전략적 방침의 빛나는 결실"이라며 간접적으로 '대남혁명의 지도적 역량'이라는 점은 인정했으나 반제민전이 공식적으로 대남혁명의 전위조직이라는 것에 대해서는 인정한 적이 없다.[49] 그러나 탈냉전시대에 들어와 반제민전을 대남혁명의 전위조직으로 인정하는 변화를 보인 것이다.

셋째로, 탈냉전시대에 들어와 대남혁명의 역량편성과 관련한 북한의 인식에서 달라진 것은 합법적인 진보정당을 전위조직의 한 형태로 수용한 것이다. 북한은 남한사회의 민주화가 실현되기 이전까지 진보정당이 합법적인 활동을 할 수 없다는 제한성 때문에 비합법적인 지하조직만이 대남혁명의 전위조직이 될 수 있다는 인식을 갖고 있었다. 즉 비합법적인 형태의 지하당조직만이 대남혁명을 이끌어가는 전위조직으로서의 역할을 할 수 있다는 인식을 갖고 있었다. 그러나 북한은 탈냉전시대의 도래와 함께 남한사회의 민주화가 실현된 이후에는 합법적인 혁신정당도 전위조직이 될 수 있다는 인식을 하게 되었다. 말하자면 남한사회의 법 테두리 내에서 활동하는 합법적인 진보정당이 과거에는 활동 자체가 불가능했기 때문에 당연히 대남혁명 수행에서 전위조직이 될 수 없었으나, 남한사회의 민주화가 실현된 1990년대 이후에는 합법적인 진보정당의 활동이 가능하다는 점 때문에 대남혁명의 전

48 　반제민족민주전선(약칭 반제민전)은 1964년 창당된 통일혁명당(약칭 통혁당)의 후신이다. 통혁당은 1985년 7월 27일 '한국민족민주전선'으로 개칭했다가 2005년 3월 23일 현재의 반제민족민주전선으로 개칭했다. 『조선중앙통신』, 2005년 3월 25일 참조.
49 　허종호, 앞의 책, p. 97.

위조직이 될 수 있다고 생각하게 되었다는 것이다.

합법적인 정당도 대남혁명의 전위조직이 될 수 있다는 북한의 인식변화는 앞서 언급한 것처럼 남한사회에서 기존에는 보수적인 정당 외에 진보적인 성격의 정당은 존재할 수 없었으나 민주화가 실현된 이후에는 진보적이고 혁신적인 정당의 존재가 가능하다는 판단 때문이었다.[50] 보다 중요한 것은 과거 군사정권 시절에는 합법적인 선거를 통한 정권교체가 불가능했으나 민주화가 실현된 1990년대 이후에는 '선거'라는 합법적인 공간을 통해 정권교체가 가능해졌다는 나름대로의 판단에 따른 것이라고 할 수 있다.

넷째로, 탈냉전시대에 들어와 대남혁명역량 편성에 대한 북한의 인식에서 변화된 것은 대남혁명의 보조역량을 중간층의 개념으로 정립하고 중간층에 보다 많은 계층을 포함시킨 것이라고 할 수 있다. 북한은 남한사회에 존재하고 있는 도시소자산계층과 동요하는 인텔리계층, 양심적인 민족자본가와 반제애국적인 종교인 등을 '중간층'이라고 하는 개념으로 정립하고 이러한 중간층을 대남혁명의 보조적 역량으로 간주하고 있다.[51] 북한이 중간층 쟁취에 대한 중요성을 인식한 것은 1987년 6월 민중항쟁을 비롯한 민주화투쟁에서 종교인·인텔리 등 중간층이 한 역할을 인정했기 때문이라고 할 수 있다. 물론 북한은 중간층 세력이 사회계급적 한계성으로 인해 이중성과 동요성을 갖고 있기 때문에 대남혁명의 주력군이 되지 못하고 보조적 역량으로 된다고 인식하고 있다. 그

---

50 이와 같은 판단하에 북한이 처음으로 실행에 옮겼던 것이 민중당 창당에 개입한 것이라고 할 수 있다.
51 이는 흔히 재산을 기준으로 구분하고 있는 '중산층(中産層)'이라는 개념과는 다른 의미이다. 최근 진보진영에서 사용하고 있는 '중간층'의 개념이 바로 북한의 대남혁명전략에서 비롯된 것이라고 할 수 있다.

러나 그들의 한계성보다는 변혁적 지향성을 보고 대남혁명의 편에 끌어들여야 하며 이들의 이중성과 동요성 등을 고려하여 의식화·조직화를 더욱 강화해 확고한 대남혁명역량으로 만들어야 한다는 것이 북한의 주장이다.

북한은 중간층 쟁취를 위해 반미자주화, 반파쇼민주화 투쟁에서 쟁취할 수 있는 모든 역량, 단결할 수 있는 모든 세력, 포섭할 수 있는 모든 대상, 제휴할 수 있는 모든 정파들을 대남혁명세력의 편으로 견인함으로써 적敵을 고립시키고 대남혁명역량은 최대한으로 늘려야 한다고 강조하고 있다. 또한 보수적인 야당을 비롯한 각 정당, 각 파벌, 각계각층 인사들과도 대국적 안목에서 자그마한 가능성과 공통점을 찾아내 연대하고 제휴 및 포섭하는 원칙에서 공동행동과 공동전선을 펴나가야 한다는 것이다.

3. 대남혁명의 두 가지 방법

탈냉전시기에 들어와 북한이 추구하는 대남혁명의 방법적인 측면에서 가장 중요하게 변화한 것은 폭력일변도에서 폭력과 비폭력을 동시에 구사하는 강온양면 전술로 선회한 것이라고 할 수 있다. 과거에 북한은 대남혁명의 성공 즉 남한체제 전복이 민중봉기나 무장폭동, 군사쿠데타 등 불법적이며 강압적인 방법 즉 폭력적인 방법에 의해서만 가능하다는 인식을 갖고 있었다.

"남조선혁명가들과 애국적 인민들은 남조선의 반동통치배들이 자기의 지배권을 공순히 양보하려 하지 않으며 진보적 력량을 압살하기 위하여 반혁명적 폭력에 필사적으로 매여달리고 있는 조건에서 오직 혁명적인 투쟁방법으로써만 정권을 쟁취할 수 있다는 것을 더욱더 깊이 깨닫게 되었습니다."[52]

그러나 탈냉전시기에 들어와서는 위와 같은 폭력일변도의 인식에서 탈피해 선거와 같은 비폭력적이고 합법적이며 평화적인 방법을 통해서도 대남혁명의 목표인 정권전취가 가능하다는 인식을 하게 되었다. 그리고 이와 같은 인식을 바탕으로 대남혁명의 목표달성을 위해 폭력적이고 강압적인 방법뿐만 아니라 보다 유연하고 탄력적인 전술을 구사하게 되었다는 것이다. 다시 말하면 대한민국 정부 전복을 목표로 하는 대남혁명의 방법적인 측면에 있어서 두 가지 전술two-track을 구사하고 있다는 것이다.

북한이 대남혁명의 방법에 대해 탄력적인 입장을 취하게 된 첫 번째 이유는 남한에서 민주화가 실현되고 대남혁명 역량으로 간주하고 있는 민주화운동세력이 급격히 성장한 것과 직접적으로 관련된다고 할 수 있다. 기존의 대남혁명전략은 진보세력의 합법적인 정치활동이 불가능했던 남한의 사회적 환경을 반영해 수립했던 폭력혁명 위주의 전략이었다. 과거 북한은 남한이 군사독재체제이기 때문에 진보정당의 활동이 불가능하고 선거와 같은 합법적이고 평화적인 방법에 의해서는 대남혁명의 핵심요체인 정권교체 역시 절대로 불가능하다고 인식하고 있었다. 그렇기 때문에 당국의 탄압을 피할 수 있는 비합법적인 형태의 지하당을 구축하고 이를 바탕으로 강력한 대남혁명역량을 마련한 다음 군사쿠데타나 민중봉기, 폭동을 비롯한 폭력적인 방법으로 남한의 독재정권을 전복할 때 비로소 대남혁명의 목표달성이 가능하다는 인식을 갖고 있었다. 그러나 1980년대를 거치면서 남한사회가 민주화되고 그러한 민주

---

52 『김일성저작선집』 제5권, p. 484.

화바람을 타고 한겨례민주당·민중의당과 같은 진보정당이 공식적으로 창당되어 1988년 4월에 진행된 제13대 총선에 후보를 공식 출마시킨 것은 북한에 많은 시사점을 가져다주었다. 이에 앞서 남한에서 처음으로 실시한 대통령 직접선거를 통해 전두환 정권이 노태우 정권으로 교체된 것 역시 북한을 고무했다.

　남한에서 일어나는 이와 같은 역사적 현상들을 통해 북한은 남한사회의 민주화로 진보세력의 합법적인 정치활동과 선거를 통한 정권교체가 가능해진 여건에서 쿠데타와 같은 폭력을 통한 정권 전취 또는 정권교체만을 고집할 필요가 없다는 판단을 하게 되었고, 이는 결과적으로 대남혁명전략에서의 변화를 가져오게 되었던 것이다. 결국 냉전시대에는 폭력적인 방법을 통해서만 대남혁명 수행이 가능하다는 인식을 갖고 있던 북한이 선거와 같은 합법적이며 평화적인 방법을 통해서도 대남혁명의 목적인 정권 탈취가 가능하다는 인식으로 전환하게 된 것이다.

　북한이 대남혁명의 방법에 대해 탄력적인 입장을 취하게 된 두 번째 이유는 탈냉전시대에 들어서면서 직면하게 된 심각한 경제난으로 북한의 국력이 현저히 약화됨으로써 전쟁이나 폭동 등 폭력적인 방법만을 고집할 수 없게 된 것과도 관련된다. 북한은 지난 1960~1970년대와 같이 전쟁의 방법으로 남한을 흡수 통일할 능력은 고사하고 그 반대의 상황을 걱정해야 할 형편에 놓여 있다. 다시 말하면 당장 굶주리는 주민들의 먹는 문제 해결과 체제안정을 걱정해야 할 상황이며 남한을 포함한 서방세계와의 관계정상화를 통해 체제생존을 모색해야 할 정도로 국력이 쇠약해진 상태이다. 이러한 여건에서 국력이 상대적으로 강했던 시대에 취한 공격적이고 도발적인 조치나 전술을 그대로 고집할 수 없는 것은 너무도 당연하며, 따라서 시대 변화 상황에 맞게 전술을 유연하고 신축성 있게 변화시킨 것이다.

탈냉전시대에 들어서면서 북한을 둘러싼 국제적 역학관계가 변한 것도 북한의 대남혁명 방법을 재고하도록 하는 데 영향을 미쳤다고 할 수 있다. 이것이 세 번째 이유이다. 북한이 과거 냉전시대에 공세적인 대남전략을 추구할 수 있었던 것은 북한 자체의 국력이 강했기 때문이기도 하지만 그와 함께 당시 소련·중국 등 사회주의 국가들이 냉전의 한 축을 이루고 있으면서 북한에 군사적인 원조와 경제적인 지원을 해주는 등 전체적으로 국제적 역학관계가 북한에 유리하게 작용했기 때문이기도 하다. 그러나 1980년대 말 이후 사회주의권이 붕괴되고 세계적으로 탈脫이데올로기 현상이 확산됨에 따라 과거 북한이 추구했던 3대 혁명역량 강화를 통한 대남혁명의 완성은 사실상 불가능하게 되었다.[53]

북한은 이와 같은 대내외적 환경 변화에 맞게 대남혁명의 방법을 강압 및 폭력일변도 전략에서 강온양면 전략으로 전환하고 이를 구사하기 위한 실천적 방안으로 혁신정당 건설을 추진하고 있는 것이다. 지난 1990년 남한의 민주화운동 세력이 만들었던 민중당 창당에 북한 대남공작부서가 개입한 것은 좋은 사례라고 할 수 있다.[54]

그러나 북한이 아직도 비합법적인 형대의 지하당조직을 구축·확대하고 이를 통해 종북세력을 양산한 다음 군사쿠데타나 민중봉기, 무장폭동과 같은 폭력적인 방법으로 남한정권을 전복해야 한다는 기존의 인식을 그대로 갖고 있다는 점을 절대로 간과해서

---

53 세종연구소 북한연구센터 엮음, 『북한의 국가전략』, pp. 124-125.
54 구체적인 내용에 대해서는 제6장에서 살펴볼 것이다.

는 안 될 것이다. 오히려 과거에는 북한이 남한민중의 의식화·조직화만 주장했으나 탈냉전시대에 들어와서는 '무장화'를 새로운 투쟁과제로 제시하는 등 폭력적인 방법으로 남한정권을 전복하기 위한 준비를 더욱 철저히 해야 한다고 강조하고 있는 실정이다.[55] 실례로 북한은 2011년 국정원과 검찰에 의해 전모가 밝혀진 '왕재산' 간첩단에 유사시 인천지역의 군부대와 경찰 및 무기고를 장악하기 위한 대책을 세우라는 지령을 하달한 바 있다. 이것은 북한이 최근 선거에 의한 평화적인 정권교체를 통해 남한정권을 전복하는 방법을 추구하고 있으나 여전히 전쟁이나 무장폭동, 민중봉기와 같은 비평화적이고 폭력적인 방법을 통한 남한정권 전복도 중시하고 있음을 다시 한 번 입증해주고 있다.

---

55   '무장화'는 김정일의 5·24 문헌에서 처음 제시한 것으로서 말 그대로 대남혁명 세력이 무장을 갖추는 것이다. 김정일은 문헌에서 "정권은 총대에서 나온다"며 "대남혁명세력이 북한의 지원 또는 한국군의 무기를 빼앗아 무장을 갖추어야 남한정권을 전복할 수 있다"고 강조했다. 김정일이 공식적으로는 1990년대 중반부터 선군노선, 선군정치를 주장했으나 대남혁명과 관련해서는 이미 1991년에 발표한 5·24 문헌에서 '무장화' 노선을 제시하는 등 군사력의 중요성을 강조한 셈이다(전직 대남공작요원 C 씨의 증언, 2011년 5월 25일).

제5장

대남공작조직과
지도체계 변화

제1절
대남공작기구와 변천

1. 대남공작기구 개관

북한은 해방 직후부터 조국통일과 대남혁명 완수를 위해 당내에 대남공작부서를 설치하고 각종 대남공작을 끈질기게 전개해왔다. 이러한 상황에서 북한 대남공작조직의 실체를 정확히 파악하는 것은 북한의 대남혁명전략은 물론 대남공작 지도체계 연구에서도 중요한 문제라고 할 수 있다.

현재 북한에서 대남공작을 전개하고 있는 조직은 크게 노동당 통일전선사업부와 내각 소속의 225국, 군부 공작기구인 북한군 정찰총국과 국가안전보위부 등으로 구분할 수 있다.

노동당 소속의 대남공작기구로는 대남선전공작과 통일전선조직공작 등을 담당하는 통일전선사업부(약칭 통일전선부 또는 통전부)가 있다. 통전부는 창설 초기부터 현재까지 부서개편 등 다소 변동은 있었으나 대남선전 및 통일전선 공작을 끊임없이 지속적으로 전개해오고 있다. 이와 함께 각종 형태의 남북대화와 교류 등을 직접 관장하며 대남정책 수립과 남북관계 전반을 컨트롤하는 역할을 수행하고 있는 부서라고 할 수 있다.

내각 소속의 225국은 남한 내 지하당 구축 등 대남조직공작을 기본으로 하는 부서로서 노동당 대외연락부의 후신이다. 225국은 지하당 구축이 주 임무이나 필요한 경우에는 테러와 암살 등 특수공작 임무도 수행하고 있다. 2009년 이전까지는 노동당 소속으로 있다가 내각 소속으로 이관되면서 225국으로 명칭을 바꾸었다.

2009년 초에 신설된 인민군 정찰총국에는 여러 개의 대남공작 부서들이 들어가 있다. 원래 정찰총국 산하의 정찰국은 특수공작의 한 부분인 대남군사정보 수집 임무를 담당하는 부서로서 기존부터 존재하고 있었다. 정찰국은 1960년대까지 군사정보수집은 물론 국군내부 와해, 동조자 포섭 등 대남공작을 적극적으로 전개했으나 최근 들어서는 군사정보수집과 대남도발을 자행하는 등 과거에 비해 직접적이며 적극적인 대남도발과 공작활동을 벌이고 있다. 그러나 정찰총국이 신설되면서 편입된 작전부와 35호실은 원래 노동당 소속의 대남공작부서였다. 작전부는 기존에 공작원들의 대남침투 호송임무와 납치 등 특수임무를 담당했고, 35호실은 북한의 정책수립에 필요한 각종 정보수집과 요인 테러 및 납치 등 특수공작도 전담하는 부서였다.

또한 북한은 국가안전보위부에 반탐국과 대외정보국·남조선국 등을 설치하고 이 부서들을 통해 관련 정보를 수집하고 있다. 특히 최근에는 방첩업무를 주 임무로 하고 있는 국가안전보위부와 북한군 보위사령부가 탈북자를 이용한 정보수집에 적극 나서고 있는 것으로 관측되고 있다. 이미 언급한 것처럼 인민무력부와 국가안전보위부에서 전개하는 대남공작은 전쟁수행이나 북한의 안보에 목적을 두고 있기 때문에 대남혁명전략 수행과는 직접적으로 연관이 없다고 해도 과언이 아니다. 또한 노동당 소속 대남공작부서에서 전개하는 대남공작과 비교해볼 때 일부분에 불과하며 공작방법에 있어서도 비교적 단순한 편이라고 할 수 있다.

　이에 따라 가장 역사가 오래된 225국(구 대외연락부)을 먼저 살펴보고 현재 노동당 내에 남아 있는 통일전선사업부와 정찰총국으로 이관된 구舊작전부와 35호실 순으로 살펴보겠다.[1] 노동당 소속의 대남공작부서로 존재해왔던 부서들에 대해 먼저 살펴보는 것은 최근까지 이들 부서가 대남혁명전략 실현을 위한 북한의 대남공작을 전개하는 데 있어서 가장 핵심적인 역할을 해왔고 지금도 그러한 역할을 할 것이라는 점 때문이기도 하다. 그러나 이들 대남공작조직들은 해당 조직에 소속된 인원조차 제대로 알 수 없도록 철저히 베일에 가려져 있어 그 실체를 정확히 파악하기가 거의 불가능하기 때문에 이 책에 수록하는 내용 역시 빈약할 수밖에 없다는 점을 미리 밝혀두고 싶다.

2. 225국과 연락부

　225국은 내각 소속의 대남공작부서로서 노동당 연락부의 후신이다. 원래 연락부는 북한 내에 존재하는 대남공작부서 가운데 가장 역사가 오래된 부서이며 대남공작의 원조라고 할 수 있는 대표적인 조직이다. 225국은 대남공작 가운데 대남조직공작 즉 지하당조직 구축을 주 임무로 하고 있는 부서이다. 물론 대남심리전과 정보수집, 요인 테러와 시설물 폭파 등 특수공작을 수행할 능력도 갖추고 있으며 필요에 따라서는 그러한 특수공작을 실제로 펼치

---

[1] 신설된 정찰총국에 대해서는 제2절 대남공작 지도체계 변화 부분에서 다룰 것이다.

고 있다.

225국의 모태는 앞에서 간단히 언급한 것처럼 8·15 광복 이후 조선공산당 북조선 분국 조직부 내에 설치되었던 '연락부'이다. 당시 연락부는 허가이가 책임자로 있던 조직부 내에 존재하면서 남한에서 활동하고 있던 박헌영의 조선공산당의 활동과 종파투쟁을 감시하면서 별도로 대남공작 토대를 구축하는 임무를 동시에 수행했다.[2] 그 후 모스크바 3상회의 결정[3]을 실행하는 과정에서 평양에 있는 북조선공산당 중앙조직위원회와 박헌영이 책임자로 있던 남조선공산당과의 협조와 연락 업무가 필요해짐에 따라 1946년 2월 대남연락을 전담하는 별도의 조직으로서 '5호실'이 설치되었다.[4] 일명 '연락실'로도 불렸던 5호실은 김일성의 직접 지시를 받는 조직으로서 당 조직부장 겸 부위원장이었던 허가이가 책임자로 있던 조직부 내 연락부서와는 별개의 조직이었으며 당시 실장은 임해였다.[5] 북한이 최초의 공작부서를 군부나 정부조직 내에 설치하지 않고 공산당 조직 내에 설치한 것은 무엇보다도 남한에서 활동하고 있던 공산당 조직과의 연락 때문이었다고 할 수 있다. 말하자면 남북 공산당 조직 간의 연락 때문에 공산당 내에 설치했다는 것이다.

1946년 8월 공산당과 신민당을 합당해 북조선노동당을 조직한 북한은 1947년 2월 북조선노동당 중앙위원회 조직부 산하 대남공

---

2   중앙정보부, 『北韓 對南工作史 제1권』(중앙정보부, 1972), p. 100.
3   미국·소련·영국이 참가한 모스크바 3상회의는 1945년 12월 16일에 개최되어 12월 27일 한반도 문제에 관한 '모스크바 의정서'를 발표했다. 이 회의에서 우리나라와 관련되어 합의된 내용은 제1항 '남한에 미·소공동위원회를 설치하고 일정 기간의 신탁통치에 관하여 협의한다'는 것이었다.
4   조선공산당 북조선 분국은 1945년 10월 10일 '북조선공산당 중앙조직위원회'로 명칭을 바꾸었다.
5   유영구, 『남북을 오고 간 사람들』(서울: 도서출판 글, 1993), p. 18.

작기구인 '연락부'를 정식 창설했다. 그러니까 광복 이후 1년 만에 대남공작을 전담하는 부서를 만든 셈이다. 그 후 1949년 6월 남북 노동당이 합당해 조선노동당으로 된 이후에는 과거 조직부 산하 였던 연락부를 별개의 독립 부서로 승격시키고 일본에서 입북한 전 일본공산당원 김천해를 연락부장으로 임명했다.[6]

광복 이후 6·25 전쟁 전까지 북한 노동당의 대남공작은 남한 내 정보를 수집하고 남한에서 활동하고 있는 박헌영의 조선공산 당 조직과 여러 지역에서 활동하고 있던 빨치산과의 연계연락을 수행하는 것이 주 임무였다. 한편 성시백이 책임자로 활동하고 있 던 '북조선로동당 남반부정치위원회' 등 남한 내 공작조직들에 대 한 지도와 연락 임무도 수행했다. 이와는 별도로 내무성(현 인민보안 부)과 민족보위성(현 인민무력부) 산하 정찰국에서도 공작원들을 남 파시켜 대남정보 수집과 남한사회 내부 와해, 동조자 포섭 등 대남 공작을 산발적으로 전개했다.

6·25 전쟁 발발과 함께 중앙당 5호실과 남한유격대 지원 및 유격대원 양성을 위해 조직되었던 강동정치학원이 해체되고 5호 실 실장이었던 임해는 소련 주재 대사로 임명되었다. 6·25 전쟁 시기의 대남공작은 빨치산에 대한 지원과 함께 전국적 범위에서 반제반봉건민주주의혁명을 수행하기 위해 38선 이남에 파견된 노 동당 정치공작원들의 활동을 지도하는 역할을 수행하는 것이었다.

북한은 1951년 5월 노동당 정치국 결정으로 그동안 해체상태나 다름이 없었던 대남공작 전담기구인 연락부를 확대 재건했다. 이 때 이승엽을 대남공작담당비서로 임명해 전권을 위임했으며, 이승 엽은 심복인 배철을 연락부장에 임명하고 윤순달·박승원·이송

---

6 중앙정보부, 앞의 책, pp. 100-101.

운 등을 부부장으로 임명했다. 그리고 남한 내 지하당조직과 빨치산부대들에 대한 지도를 진행하도록 하는 한편, 북한군 최고사령부 직속의 유격지도처(526군부대)를 연락부 산하 조직으로 배속시켰다. 당시 유격지도처장은 연락부장이었던 배철이 겸임하도록 했다. 그러나 1952년 12월 중순 노동당 중앙위원회 제5차 전원회의가 개최된 이후 문헌토의를 통한 반종파 투쟁과정에서 박헌영·이승엽 등 구舊남로당지도부가 숙청되면서 연락부에도 영향을 미치게 되었다. 당시 연락부장이었던 배철과 부부장이었던 윤순달·박승원 등 연락부 주요 간부들이 박헌영·이승엽 사건에 연루되어 체포·숙청됨으로써 필연적으로 연락부 간부들을 새로운 인물들로 교체할 수밖에 없었던 것이다.[7]

1953년 5월 배철의 후임으로 연락부장에 임명된 인물은 갑산공작위원회 사건 관계자인 박금철이다. 그러나 박금철은 1955년 초에 조직부장으로 자리를 옮기고 그 후임으로 박일영이 연락부장에 임명되었다. 박일영은 일제 때 소련공작원으로 조선에 파견되어 활동했던 인물로, 내무성 정보국 부국장·국장 등을 역임하고 연락부 부부장을 거쳐 부장까지 승진한 정보공작의 베테랑이었다. 박일영 역시 1년 만인 1956년 4월 불가리아 대사(그 후 동독대사 역임)로 임명되면서 과거 5호실 실장을 역임했던 임해가 연락부장에 재임명되어 1958년 7월까지 연락부장 업무를 수행했다.[8]

임해 후임으로 노동당 연락부장에 임명된 인물은 박금철의 추천을 받은 어윤갑이었다. 어윤갑은 원래 청진제강소[9] 노동자 출신

7	신평길 편저, 앞의 책, pp. 75-77.
8	신평길 편저, 앞의 책, p. 173.
9	함경북도 청진시에 있는 현재의 김책제철연합기업소이다.

이다. 그는 8·15 광복 이후 함경북도에 파견되어 활동하던 김일성의 빨치산 동료 최춘국과 갑산공작위원회 사건 관련자로서 당시 청진시 당위원회 책임비서로 활동하고 있던 박금철의 도움으로 출셋길이 열린 사람이다. 어윤갑을 연락부 부부장에 스카우트한 인물도 박금철이었다. 그 후 어윤갑은 4·19와 5·16 등 남한의 급변하는 정세에 제대로 대처하지 못하고 대남공작 역시 활발하게 전개하지 못함으로써 실패를 자초했다는 이유로 물러나고 김일성의 항일빨치산 동료 서철이 연락부장에 임명되었다. 그러나 서철은 1962년 8월 건강상의 이유로 연락부장 자리를 류장식에게 넘겨주었다.[10] 1962년 연락부장에 임명된 류장식은 10년간 연락부장으로 활동하다가 1972년 8월 또 다른 대남공작부서인 조사부 책임자(조사부장)에 임명되었다.[11] 류장식 후임에 이경석이 임명되었으나 얼마 지나지 않은 1972년 말 사망함에 따라 이완기가 연락부장에 임명되었다.[12]

1974년 5월에는 연락부와 문화부를 통합해 문화연락부로 변경하고 대남사업담당비서였던 김중린이 부장을 겸임토록 했다. 그러나 당시 후계자로 내정된 김정일이 대남공작부서를 장악하는 과정에 업무가 김중린 한 사람에게 너무 집중되었다는 이유를 내세워 두 부서가 통합된 지 6개월 만인 1974년 10월 다시 문화부와

---

10   류장식은 구소련 고급당학교 출신의 전문외교관으로, 외무성 부상을 역임하고 있던 인물이다. 1970년대 초에 남북조절위원회 부위원장으로 참가하기도 한 그는 통이 크고 야심가여서 욕심도 크고 내부의 적도 많았다. 류장식이 연락부장에서 해임된 이유는 김정일 후계체제 구축의 기본인 간부사업(인사)에 반기를 들었기 때문이다(신경완, 「발굴비록-곁에서 본 김정일(상)」, 『월간중앙』[1991년 6월호], p. 405). 그러나 류장식이 해임된 것은 대남공작 차원에서 조총련 성원들을 접촉하는 과정에 그들을 통해 일본 정보기관에 매수되었기 때문이라는 설도 있다.
11   조사부에 대해서는 다음 부분에서 구체적으로 살펴보겠다.
12   이완기는 1970년대 말까지 노동당 조사부장을 역임하면서 최은희·신상옥에 대한 납치작전을 진두지휘한 주요 인물 가운데 한 사람이다.

연락부로 분리시켰다.[13]

이완기 후임으로 연락부장에 임명된 사람은 연락부 소속의 여성공작원 출신인 정경희이다.[14] 정경희는 김정일의 각별한 신임을 받아 1976년 공작원으로부터 연락부장에 전격적으로 임명되었다. 이어 1980년 10월 개최된 노동당 제6차 대회에서 노동당 중앙위 정치국 후보위원에 선임되었으며 1983년에는 중국을 비공식 방문하는 김정일을 수행하는 등 김정일로부터 각별한 신임을 받았다. 그러나 정경희는 1987년 중반 김정일 생모인 김정숙의 항일 빨치산 시절 지하공작 경험을 대남공작에 받아들이지 않았다는 이유로 해임되었다. 연락부장 직책에 임명될 때와 마찬가지로 전격적인 해임이었다. 그와 함께 몇몇 부부장들도 해임되거나 과장으로 강등되었다. 동시에 정경희가 관장하던 연락부는 통전부와 통합되면서 간판을 내리게 되는 비운을 겪게 되었다. 말이 통합이지 당시 통전부장 겸 대남사업담당비서로서 막강한 권력을 행사하고 있던 허담의 통전부에 사실상 흡수된 것이나 다름없었다고 할 수 있다. 당시 통전부와 연락부가 통폐합되면서 달았던 통합부서의 명칭이 '대외연락부'였다. 그러니까 1996년부터 사용했던 명칭과 동일하다.[15]

통전부에 흡수 통합되었던 연락부가 '사회문화부'의 명칭으로 다시 분리 독립한 시점은 1989년이다. 이때 통전부 · 연락부의 통

---

13   신평길 편저, 앞의 책, p. 208.
14   정경희는 원래 대구 출신으로서 6 · 25 전쟁 이후부터 1960년대까지 대남공작 일선에서 활동했던 공작원이었다. 1990년대 초반까지 통일전선사업부 부부장을 역임한 유정숙과 1980~1990년 10년 동안 남한에서 대남공작활동을 벌이다 복귀해 2000년 사망할 때까지 노동당 정치국 후보위원으로 활동한 이선실 등과 함께 대남공작 분야의 여성 삼총사 가운데 한 사람이다.
15   대외연락부는 기존의 연락부→대외연락부(통전부와 연락부 통합 부서)→사회문화부를 거쳐 1996년 대외연락부로 개칭했다가 2009년 225국으로 명칭이 바뀐 것이다.

합부서였던 대외연락부가 다시 통전부와 사회문화부(구 연락부)로 분리된 것이다. 두 개의 부서로 다시 분리된 것은 부서 통폐합으로 인한 내부마찰 심화와 업무효율 저조 때문이었다. 대외연락부로 통폐합되기 전에 통전부는 대남심리전은 물론 남북대화 지도 및 통일전선 업무와 함께 비공개적으로 조총련과 해외교포들에 대한 포섭 및 지하조직 운영 등 다양한 합법·비합법 업무가 혼재되어 있었다. 한편, 연락부는 대남 직접침투 및 우회침투를 통한 지하당 조직 구축 및 운영 등 비합법 공작을 진행하고 있었다. 이에 따라 연락부와 통전부가 통폐합된 이후 비합법적이고 비공개적인 활동을 원칙으로 하는 연락부의 지하공작과 주로 합법적이며 공개적인 활동을 기본으로 하는 통전부의 통일전선 업무가 혼재되어 있어 내부마찰이 심하고 업무효율이 떨어졌던 것이다. 이러한 부작용을 없애기 위해 두 개 부서를 통폐합한 지 2년 만에 다시 통전부와 사회문화부(구 연락부)로 분리해 원위치로 돌아오게 된 것이다. 분리 이후 통전부는 허담이 대남사업담당비서 겸 통전부장으로서 기존에 수행했던 남북대화 지도와 통일전선 공작, 대남심리전 등의 업무를 그대로 담당하게 되었다. 한편 사회문화부는 기존에 연락부에서 수행했던 업무와 통전부에서 재일조총련 등을 상대로 추진했던 지하공작 업무 등 비공개·비합법 공작 일체를 넘겨받게 되었다.

 신설된 노동당 사회문화부장에는 정무원 문화예술부장으로서 김정일의 두터운 신임을 받고 있던 이창선이 승진 임명되었다.[16]

---

16 북한에서는 보통 내각 행정부서 책임자(상 또는 위원장)보다 노동당 중앙위원회(중앙당) 부서책임자(부장)가 반급(半級) 정도 높다. 따라서 내각 부서책임자가 중앙당 부서책임자에 임명되면 승진한 것과 같다.

문화예술부장이 사회문화부장에 임명되었으니 부서의 명칭과 부서책임자만 보면 표면적으로는 아주 그럴듯한 인사였다. 그러나 이는 대남공작부서인 사회문화부의 임무와 역할을 대외적으로 은폐하기 위한 조치였다. 노동당 사회문화부는 명칭 그대로 사회문화 관련 업무를 담당하는 부서가 아니라 대남공작을 담당한 부서였기 때문이다. 이창선은 김정일 후계체제 구축이 한창이던 1970년대 초반 문화예술계에서 활동하면서 후계체제 구축에 공로를 세운 인물로서 그 누구보다도 김정일의 절대적인 신임을 받고 있었다. 김정일은 대남공작과 관련해서는 문외한門外漢이었던 이창선을 신임 하나만으로 대남공작부서 수장의 자리에 앉혀 부서관리를 맡긴 다음 실제 대남공작과 관련한 실무적인 문제들에 대해서는 부부장들을 통해 챙겼다.

사회문화부는 통전부와 분리 독립한 지 7년 만인 1996년 또다시 '대외연락부'로 부서 명칭을 변경했다가 지난 2009년에는 225국으로 변경되어 내각 소속으로 이관된 후 현재에 이르고 있다. 그리고 대외연락부 시절부터 지금까지 김일성의 외가 친척이자 과거 통일전선부에서 제1부부장을 역임하고 있던 강관주가 책임자를 역임하고 있는 것으로 알려지고 있다.

225국 산하 조직으로는 공작원 양성을 전담하는 봉화정치학원[17]과 함께 남한 자료 연구와 위조신분증 제작 등 공작 장비 연구·조달 등을 담당하는 314연락소가 있다. 또한 평양시 교외에 남파 공작원이나 침투요원들에게 남한 실상을 알려주기 위해 터널을 뚫고 그 내부에 남한의 거리와 시설물 등을 실물처럼 만들어놓은

17 　'봉화정치학원' 명칭은 과거 대남공작 교육기관의 원조였던 '강동정치학원'의 맥을 이어 조국통일의 '봉화'를 지핀다는 의미에서 붙인 이름이다. 전직 대남공작요원 C 씨의 증언, 2011년 5월 25일.

'남조선환경관' 역시 225국에서 관장한다. 이와 함께 225국에서는 공작원 및 무역전문 요원들을 내세워 공작자금 조달 및 외화벌이 목적의 무역상사도 운영하고 있다.

3. 통일전선사업부

통일전선사업부(약칭 통전부 또는 통일전선부)는 남북대화를 주도하고 대남혁명과 통일을 위한 통일전선형성을 주요 임무로 하고 있는 노동당의 대표적인 대남공작부서이다. 이와 함께 북한 내에서의 통일전선 임무도 동시에 수행하는 부서이기도 하다.[18]

통일전선사업부의 모태는 1956년 대남 선전·선동 업무를 전담하는 조직으로 창설된 문화부이다. 앞서 얘기한 연락부가 남한 내에 지하당조직을 구축·지도하는 조직전담 부서라면 문화부는 대남 선전·선동을 주요 임무로 하고 있는 부서였다. 물론 그 후신인 통전부도 마찬가지이다. 창설 당시 문화부는 대남심리전을 위한 방송·전단 등의 제작과 살포, 1955년 5월 발족한 재일조선인 총연합회(약칭 조총련)에 대한 지도 임무와 남한정세 분석 및 대책수립 등에 대해 종합 연구하는 임무도 수행했다. 이에 따라 문화부를 꾸릴 때 부서 명칭을 문화부로 할 것인지 아니면 대남선전부로 할 것인지 논란이 많았으나, 김일성이 문화부로 결정했다.[19] 출범 초

---

18   이를테면 북한 노동당의 우당(友黨)인 사회민주당과 천도교청우당, 각종 종교단체의 경우 남북통일을 위한 통일전선 정당으로서의 활동도 하지만 북한 내부의 통일전선 실현을 위한 조직으로서의 기능도 동시에 수행하고 있다. 이와 같은 사회민주당과 천도교청우당 및 각종 종교단체를 실무적으로 지도하고 통제하는 부서가 바로 대남 통일전선형성 업무를 맡고 있는 노동당 통일전선사업부이다. 현재 북한 사회민주당 중앙위원장을 역임하고 있는 김영대는 통일전선사업부 산하 연구소에서 대남선전용 논문을 쓰던 학자 출신이다.

19   유영구, 앞의 책, p. 188.

기 문화부 내에는 남조선연구소와 대남방송총국, 재북평화통일촉진협의회와 방송대학 등 대남 연구기관들과 선전기구들이 포함되어 있었으며 북한은 이러한 조직과 인력을 동원해 대남선전을 강화했다.[20]

초대 문화부장에는 국제부 부부장 출신의 김중린이 임명되었다. 김중린은 평북 출신으로 두뇌가 우수하기로 소문이 난 사람이었으나 실제로는 부단한 학습을 통해 많은 지식을 소유하고 있었다. 그래서 김일성은 생존 시 김중린이 항상 당의 의도를 정확하게 파악하고 있다며 중앙당 간부들에게 김중린의 학습방법을 따라 배우라고 여러 차례에 걸쳐 지시를 내린 바 있다. 김중린에 대한 김일성의 신임은 그만큼 두터웠다고 할 수 있다. 김중린은 김일성의 각별한 신임을 바탕으로 중앙당 지도원·과장을 차례로 거쳐 조직부 부부장과 국제부 부부장을 역임하다가 초대 문화부장에 임명되었다.

1974년 5월에는 문화부와 연락부를 통합해 문화연락부로 변경하고 대남사업담당비서였던 김중린이 부장을 겸임토록 했으나 김중린에게 권한이 집중됨으로써 독선적인 업무수행으로 물의를 빚게 되자 같은 해 10월 다시 문화부와 연락부를 분리하고 김중린은 문화부만 관할하도록 했다.

이후 문화부는 김정일이 후계체제 구축 작업을 본격적으로 진행하는 과정에 폐지되는 비운을 겪게 된다. 김일성의 후계자로 내정된 김정일은 후계체제 구축의 일환으로 대남공작부문을 장악하기 위해 1975년 6월부터 약 6개월간에 걸쳐 대남공작부서에 대한

---

20 재북평화통일촉진협의회는 북한이 1956년 7월 2일 납북 인사들을 중심으로 조직한 대남선전기구로서 통전부에서 관리한다.

집중적이고 강도 높은 검열(감사)을 실시했다. 이를 바탕으로 그해 11월 노동당 대남공작 조직과 지도체계를 개편하고 대남부서 책임자들을 자기 사람으로 바꾸는 조치를 단행하면서 문화부를 폐지해 연구소로 전환시켰다. 김정일은 문화부의 대남 연구사업 분야를 따로 떼어내 '남조선연구소'의 명칭을 달아 업무를 전환시키고 기존의 '남조선연구소'는 '강남문화사'로 이름을 변경했다. 문화부에서 관장하던 조총련 및 해외동포들과의 사업 부분은 국제부로 넘기고 남북대화 등의 업무는 외교부로 이관했으며 우회공작 등 대남공작과 관련된 일부 업무는 연락부에 넘겨주었다. 남조선연구소장에는 대남사업담당비서였던 김중린을 강등시켜 임명했다.

해체되었던 문화부가 '통일전선사업부'의 명칭으로 부활한 시점은 1977년 10월이다. 김정일은 이 시기 남북회담 및 통일전선공작 임무를 담당하는 통일전선사업부를 신설하고 문화부를 해체할 때 노동당 국제부와 연락부에 이관했던 업무를 다시 가져오도록 했다. 한편 남조선연구소의 직능을 통전부에서 흡수하도록 하고 기존에 남조선연구소였다가 '강남문화사'로 개칭했던 것을 다시 '남조선연구소'라는 명칭으로 환원시켰다. 그리고 강직되었던 김중린을 통전부장 겸 비서로 재임용했으나, 그에게는 통전부를 제외한 공작부서에 대해 관여할 수 없도록 만들어놓았다. 그것은 후계체제를 정비한 김정일이 연락부와 조사부를 직접 장악 지도했기 때문이다.[21] 그 후 김중린은 1983년 10월 발생한 미얀마 아웅산 테러 사건 등에 대한 책임을 지고 해임되어 대남방송을 전담하던 통전부 산하 26연락소(일명 개관연락소 또는 칠보산연락소) 소장으

---

21 신평길 편저, 앞의 책, pp. 159, 208-209.

로 강직될 때까지 통전부장을 역임했다.[22]

김중린 후임에 통전부장 겸 비서로 임명된 사람은 정무원 외교부장을 역임하고 있던 김일성의 사촌 매제 허담이었다.[23] 허담은 당시 김정일의 각별한 신임을 바탕으로 통전부는 물론 다른 공작부서들인 연락부 · 작전부 · 대외정보조사부(35호실)를 실질적으로 총괄하는 등 막강한 권력을 휘두르던 명실상부한 대남사업담당비서였다. 통전부장 겸 대남사업담당비서로 임명된 허담은 1987년 노동당 소속의 다른 공작부서였던 연락부를 흡수 통합하면서 부서 명칭을 '대외연락부'로 바꾸었다. 그러나 막강한 허담도 업무 성격이 전혀 다른 두 개의 부서를 통합한 이후 발생한 내부갈등과 업무효율성 저조의 벽은 넘지 못했다. 이에 따라 앞서 언급한 것처럼 통전부와 연락부가 통폐합된 지 2년 만에 기존의 연락부 업무가 분리되어 '사회문화부'라는 명칭으로 독립되어 나가면서 원래의 시스템으로 환원되었다. 이에 따라 통전부는 기존에 수행했던 남북대화 지도와 통일전선 공작, 대남심리전 등의 업무를 그대로 수행하게 되었다.

1991년 허담 사망 이후 윤기복과 김용순이 차례로 통전부장 겸

---

22 아웅산 테러 사건은 북한이 1983년 10월 9일 미얀마(당시 버마)를 방문 중이던 전두환 대통령 및 수행원들을 대상으로 자행한 테러 사건이다. 당시 전두환 대통령의 서남아 · 대양주 6개국 공식 순방 첫 방문국인 미얀마의 아웅산 묘소에서 일어난 강력한 폭발로 대통령의 공식 · 비공식 수행원 17명이 사망하고 14명이 중경상을 입었다. 당시 버마 당국은 이 사건이 북한 김정일의 친필지령을 받은 북한군 정찰국 특공대 소속 진 모(某) 소좌와 강민철 대위 · 신기철 대위 등에 의해 저질러졌다는 수사결과를 발표했다. 테러 직후 북한 특공요원들은 배를 타고 화물선으로 도망가다 신기철 대위는 사살되고 진 모 소좌는 버마 당국에 붙잡혀 법정에서 사형선고를 받고 이듬해인 1984년에 사형이 집행되었다. 그러나 강민철은 종신형을 선고받고 복역하다가 2008년 5월 18일 미얀마 감옥에서 사망했다.
23 일부에서는 허담의 부인 김정숙(현 『민주조선』 책임주필)과 최고인민회의 상임위원회 부위원장 양형섭의 전 부인 김신숙(1986년 사망)이 모두 김일성의 친사촌이라고 하나 그렇지 않다. 그들은 모두 김일성의 고모 김형실의 딸들이다. 그러니까 김정숙은 김일성의 내종사촌이며 그의 남편이었던 허담은 김일성에게 내종사촌 매제가 되고 김정일에게는 오촌 고모부 즉 내종숙부(內從叔父)가 된다.

대남사업담당비서를 역임했다. 그러나 윤기복과 김용순은 허담과 달리 노동당 연락부·작전부·35호실 등 다른 대남공작부서를 실질적으로 관할하는 권한이 없는 명색상의 대남사업담당비서였다. 엄격히 말하면 대남사업담당비서가 아니라 통전부담당비서였다고 하는 것이 정확한 표현일 것이다. 2003년 10월 교통사고 후유증으로 김용순이 사망한 이후 제1부부장이었던 임동옥이 통전부장에 승진 임명되었으나 대남사업담당비서 직책에는 오르지 못했다.

임동옥이 2006년 8월 암으로 사망한 후 노동당 국제부장이었던 김양건이 신임 통전부장으로 임명되었으나 당시에는 김양건 역시 임동옥처럼 통전부장의 임무만 수행할 뿐 대남사업담당비서의 직책에는 임명되지 못했다. 그러다가 2010년 9월 노동당 대표자회에서 대남사업담당비서에 임명되면서 통전부장 겸 비서로 활동하고 있다. 그러나 통전부만 노동당 내에 남아 있고 이미 노동당 소속의 다른 공작부서들은 군이나 내각으로 이관된 뒤에서 통전부 외에 다른 공작부서들에 대한 통제권은 없다고 봐야 할 것이다.

현재 통전부는 각종 남북대화를 직접 주도하거나 조종하는 동시에 재일조총련은 물론 남한과 해외에 있는 통일전선 대상 및 조직에 대한 지도와 함께 대남선전선동 즉 대남심리전 임무도 수행하고 있다. 특히 범민련과 범청학련을 비롯한 남한 내 민간 통일운동단체들과 해외교포 조직을 지도하는 것은 통전부의 중요한 임무 가운데 하나이다. 이를 위해 통전부는 산하에 조국평화통일위원회(조평통), 조선아시아태평양평화위원회(아태평화위), 민족화해협력위원회(민화협), 해외동포원호위원회, 재북평화통일촉진협의회와 같은 외곽단체들과 명칭만 존재하는 유령조직을 통해 남한과 해외에 있는 관련 민간단체와 개별적인 인사들을 조종하고 있다. 또한 북한에 있는 조선사회민주당과 천도교청우당을 비롯한 정당들과 조선그리스도연맹 등 각종 종교단체들도 통전부의 지도와 통제를 받고 있다. 그리고 통일혁명당의 후신인 반제민전은 통전부가 직접 장악 지도하고 있다. 통전부는 또한 산하에 있는 대남선전용 출판물 제작 전담 101연락소[24]와 대남심리전 방송 등을 담당하는 개관연락소(일명 칠보산연락소) 등 각종 대남선전조직들을 통해 대남선전 및 심리전 공작을 전개하고 있다.

4. 정찰총국으로 이관된 작전부와 35호실

노동당 소속 부서였다가 지난 2009년 정찰총국으로 이관된 작전부와 35호실을 동시에 살펴보는 것은 이들 두 부서가 주로 대남공작 가운데 특수공작 분야를 전담하고 있으며 두 부서의 임무와 역사 역시 궤를 같이하는 부분이 많은 것과 관련된다.[25]

북한은 1964년 2월 노동당 제4기 8차 전원회의 이후 연락국을 '대남사업총국'으로 확대 개편하는 동시에 대남정보수집 업무를 전담하는 조사부를 창설해 대남사업총국 산하에 배속시켰다. 이때 창설된 조사부가 업무내용으로 보면 35호실의 전신이라고 할 수 있다. 그러나 공작원 침투 및 복귀 시 안내 임무 등 현재의 작전부 업무 수행을 위해 1967년 신설되었던 '작전국'이 1975년 조사부로 통폐합되어 1980년대 초반까지 존재했으므로 조사부를 작전부

---

24 101연락소는 무소속 주간지로 발행되는 『통일신보』나 월간 화보 『등대』 등도 발간하며, 이에 따라 대외적으로 '통일신보사(統一新報社)' 또는 '등대사(燈臺社)' 등의 명칭을 사용하기도 한다. 따라서 '통일신보'는 무소속 대변지가 아니라 노동당 통전부 대변지이다. 또한 이곳에서는 과거에는 대남선전용 전단을 제작했고 현재는 남한이나 해외에 보급하는 각종 선전용 및 의식화용 출판물들을 제작하고 있다(전직 대남공작요원 K 씨의 증언, 2011년 10월 21일).

25 정찰총국에 대해서는 제3절에서 구체적으로 다룰 것이다.

의 전신이라고도 할 수 있다.

4·19와 5·16 당시의 정보부재 현실 타개를 위해 1964년 2월에 설치된 조사부는 내무성 정보국이나 노동당 내 다른 공작부서에서 하고 있던 대남정보 공작 일체를 넘겨받아 임무를 수행하도록 했다.[26] 신설된 조사부의 초대 부장에는 내무성에서 정보국장을 역임하고 있던 방학세가 임명되었다.[27] 1967년 4월 김일성이 대남공작기구의 불합리성을 지적하는 한편 이효순·임춘추 등을 숙청하면서 조사부가 폐지되었다는 주장도 있으나 '7부'라는 명칭으로 계속 존재해온 것이 사실이다.[28]

방학세는 1972년 8월까지 조사부장으로 활동하다 당시 연락부장이었던 류장식으로 교체되었다. 그러다가 1975년 봄 류장식이 노동당 비서로 승진된 후 또다시 연락부장을 역임하고 있던 이완기가 조사부장에 임명되었다. 1977년 3월에는 이완기가 조사부장에서 해임되어 연락부 부부장으로 좌천되고 조사부 부부장으로 있던 임호군이 부장에 승진 임명되었다.[29] 임호군은 1980년대 초 조사부가 작전부와 대외정보조사부(현재 35호실)로 분리된 후 작전부장을 역임하다가 1990년대 초 오극렬에게 작전부장 직책을 물려주고 부부장으로 밀려났다.

북한이 현재 작전부에서 수행하고 있는 고유한 임무인 공작원

---

26   유영구, 앞의 책, pp. 189-248.
27   방학세는 해방 전 소련군에서 복무하다 북한에 들어온 소련파로서, 6·25 전쟁 시기에는 주로 내무성에서 정보공작과 보안관계 업무를 담당했다. 전쟁이 끝난 다음에는 내무성(현재의 인민보안성) 정보국에서 부국장·국장 등을 역임했다. 방학세는 소련파로서는 거의 유일하게 마지막까지 살아남아 사망(1992년 7월) 전까지 중앙재판소장을 역임하는 등 김일성과 김정일의 신임을 받았던 인물이다.
28   중앙정보부, 앞의 책 제2권, p. 141.
29   임호군은 조사부 예하 연락소에서 대남공작원들의 침투 및 복귀 시 호송임무를 수행하던 공작모선(工作母船)의 선장 출신이다(전직 대남침투요원 L 씨의 증언, 2012년 4월 27일).

침투 및 복귀 시 호송안내 임무를 목적으로 하는 전문 조직을 창설한 것은 1967년이다. 북한은 1967년 4월 대남사업총국 직속으로 위와 같은 임무를 수행할 조직인 '작전국'을 신설했다. 그리고 이전까지 연락부의 작전부문에서 해왔던 공작원들의 침투 및 복귀 시 안내와 군부계통의 공작원 침투를 통일적으로 지원하는 임무를 수행하도록 했다. 임무만으로 보면 당시의 작전국이 현재 작전부의 전신이라고 할 수 있다. 한편 작전부의 뿌리는 연락부의 작전부문이라는 것도 확인할 수 있다. 이러한 작전국은 1975년 11월 이완기가 부장으로 있던 조사부로 통폐합되었다.[30]

이러한 임무를 수행하던 조사부가 작전부와 대외정보조사부(35호실의 전신) 등 두 개의 부서로 분리된 것은 1980년대 초반의 일이다. 이 시기에 조사부는 대남 및 해외 공작원들의 침투와 복귀 시 안내 및 특수임무 수행을 주 임무로 하는 작전부와 대외 정보 수집 및 납치·테러, 당 자금 확보 등을 주 임무로 하는 대외정보조사부로 분리되었다.

작전부의 임무는 평시와 전시로 구분된다. 작전부의 평시 임무는 남한 또는 해외에 파견되는 공작원들을 안내해 안전하게 침투 및 복귀시키는 것이 주 임무이다. 그러나 필요에 따라서는 무전기와 무기 등 공작용 장비 운반이나 요인 테러 및 납치 등 특수임무도 수행한다.[31] 전쟁발발 등 유사시에는 남한의 군사기지에 대한 공격·파괴 및 남진하는 북한 정규군 병력을 공격지점까지 정확히 안내하는 역할을 수행하도록 내부적으로 규정되어 있다.[32]

---

30   신평길 편저, 앞의 책, p. 208.
31   1970년대 말 최은희·신상옥 씨를 납치하는 데 주도적 역할을 한 공작부서는 작전부의 전신인 조사부였다.
32   김일성은 1970년대에 노동당 조사부(후에 작전부) 요원들이 남한의 지형에 밝기 때문에 전

작전부 산하에는 서해에 남포연락소와 해주연락소, 동해에 청진연락소와 원산연락소가 있으며 내륙에 서부전선 지역에로의 침투를 담당한 개성연락소와 중부 및 동부전선 지역에로의 침투를 담당한 사리원연락소(구 평강연락소) 등 여섯 개의 대남 및 해외 침투 전담 연락소가 있다. 이 가운데 개성·사리원연락소 등 두 개의 육상침투 연락소는 1980년대 말에 인민무력부 정찰국으로 이관된 바 있으나 1990년대 초반 오극렬이 작전부장으로 임명되면서 다시 작전부 예하로 넘어왔던 적이 있다.

작전부에는 대남침투 및 공작요원들을 전문적으로 양성하는 김정일정치군사대학이 있다.[33] 또한 김 씨 일가 전용 호화선박과 대남침투용 반잠수정 등을 건조·수리하는 927연락소가 있다. 그리고 대남 및 해외 침투 공작원들과의 통신연락 임무를 수행하는 동시에 최근에는 해킹을 통해 각종 정보를 수집하는 등 맹활약하고 있는 414연락소도 작전부 산하 기관이다.

정찰총국으로 이관되기 전까지 노동당 작전부장은 조사부 시절부터 부장을 역임했던 임호군이 맡고 있다가 1990년대 초반 북한군 총참모장과 노동당 민방위부장을 역임한 빨치산 2세 오극렬로 바뀌었다. 그러나 오극렬이 지난 2009년 2월 국방위 부위원장에 임명되고 작전부가 정찰총국으로 이관된 후 부서 책임자 직책을

쟁이 일어나면 인민군 부대를 공격지점까지 안내하라고 지시한 바 있다(전직 대남공작요원 C 씨의 증언, 2011년 5월 25일).
33 1957년 1월 30일 김일성고급당학교의 분교 형식으로 창설된 김정일정치군사대학은 처음에 '조선로동당 중앙위원회 정치학교'라는 명칭으로 출발해 금성정치군사대학→조선로동당 중앙위원회 직속 정치학교→김정일정치군사대학 등으로 개칭되어 현재에 이르고 있다. 이 대학은 철저한 비공개 대학으로서 대외적으로는 '조선인민군 제695군부대'로 지칭되며 내부적으로는 대학창설 기념일을 붙여 '130연락소'라고도 부른다. 동 대학 창설 10주년이 되던 1967년 1월 30일에는 당시 학장이었던 빨치산 출신 전창철(항일투사위원회 위원장)의 요청으로 김일성이 대학을 직접 방문하기도 했다(전직 대남공작요원 C 씨의 증언, 2011년 5월 25일).

누가 맡고 있는지 여부는 확인되지 않고 있다.

35호실(기존의 대외정보조사부)은 해외에서 북한의 대외·대남 전략 수립에 필요한 각종 정보를 수집하는 동시에 마약밀매·위폐교환 등 불법적인 방법으로 김정일의 통치자금을 조성하고 요인납치 및 테러 등의 특수임무도 수행하고 있다.[34] 이러한 업무 특성때문에 35호실은 적어도 2009년 정찰총국으로 이관되기 전까지는 통전부·작전부·대외연락부 등 세 개의 노동당 대남공작부서가 모여 있던 3호 청사 내에 있지 않고 김정일이 있던 노동당 본청사에 사무실을 두고 있었다. 과거 노동당 작전부가 '조사부'의 명칭을 갖고 있던 1980년대 초 조사부 소속의 일개 부서에 해당되는 '대외정보조사실'이라는 명칭을 갖고 있을 때부터 노동당 본청사에 상주했다. 그러다가 1970년대 말 해외에서 최은희·신상옥을 납치하는 등의 성과를 거양한 후 조직과 기능을 확대해 '대외정보조사부'라는 독립부서로 승격되었다. 이후 1990년대 초 대남공작기구를 일부 개편하는 과정에 부서 명칭을 35호실로 개칭하고 인원도 대폭 축소하는 조치를 취했다.[35]

---

34   88올림픽을 앞두고 1987년 11월 발생한 KAL폭파사건의 주역인 김현희와 아랍인으로 위장해 활동하다 검거된 무함마드 깐수(본명 정수일) 전 단국대 교수 등이 35호실 출신이다. 한편 지난 2006년 7월 검거된 정경학도 35호실 소속이었다. 정경학은 그동안 본인의 신분을 둔갑아 국적으로 세탁해 네 차례나 남한을 드나들며 울진 원자력발전소와 천안 성거산 공군레이더 기지, 용산 미8군사령부 등을 촬영하는 등 주요 국가시설에 관한 정보를 수집하다 불잡힌 것으로 알려졌다.

35   '35호실'이라는 부서 명칭은 특별한 의미가 있는 것이 아니라 해당 부서 책임자의 사무실이 노동당 중앙위원회 본청사의 3층 5호실이라는 의미일 가능성이 높다. 노동당 내부 부서의 명칭은 '부'와 '위원회', '연구소', '실' 등으로 구분된다. 예를 들면 조직지도부와 선전선동부, 간부부, 통일전선부 또는 검열위원회와 조선노동당역사연구소, 문서정리실이나 신소실 등이 각각 부와 위원회, 연구소, 실 등의 명칭을 갖고 있는 대표적인 부서의 명칭이며 이 가운데 '실'의 규모가 다른 부서보다 가장 작은 것이 특징이다. '실'의 명칭을 사용할 경우 신소실과 같이 업무의 성격을 공개해도 무방한 부서는 해당 업무와 연관시켜 실 명칭을 부여하나 업무성격을 공개하기 곤란한 경우에는 '실' 앞에 해당 부서 창설 관련 김정일의 재가를 받은 날짜나 창설 기념일 또는 해당 부서 책임자의 사무실 위치를 넣어 부서 명칭을 부여하는 것이 일반적이다. 따라서 노동당 외화벌이 부서들인 38호실과 39호실의 경우에도 이들 부서의 책임자인 실장이 각각 3층 8호실과 3층 9호실을 쓰는 부서라는 의미일 가능성이 높다는 것이다.

정찰총국으로 이관되기 전까지 과거 러시아 주재 북한 대사를 지냈던 권호경이 대외정보조사부의 초대 부장을 지냈고 그 후 조사부 부부장이었던 허명욱이 35호실의 부서 책임자로 임명된 바 있다. 그 후 김종민 제1부부장이 실장 대리 업무를 수행했으나 정찰총국으로 이관된 후 부서 책임자를 누가 맡고 있는지에 대해서는 알 수 없다.

제2절
대남공작 지도체계 변천과정

1. 중간 지도기구를 통한 대남부서 통제

8·15 광복 이후 현재까지 북한은 한반도에 사회주의체제를 수립한다는 대남혁명전략 목표하에 대남공작을 지속적으로 전개해 오고 있다. 북한의 대남공작은 광복 직후에는 북조선공산당의 주도하에 진행되었고 그 후에는 공산당의 후신인 노동당의 철저한 지도와 통제하에 전개되고 있다.

북한은 광복 이후 노동당과 군 등에 대남공작전담 조직을 창설하고 대남공작을 전개했으나 1960년대 초반까지는 대남공작 업무를 총괄하는 별도의 중간 지도기구를 두지 않고 김일성이 각 공작부서들을 직접 지휘하는 지도체제를 유지해왔다. 그렇기 때문에 1951년 5월 정치국 결정으로 해체상태나 다름이 없었던 연락부를 확대 재건할 때 이승엽을 대남공작담당비서로 임명해 전권을 위임했으나 별도의 지도전담 기구는 설치하지 않았다. 그러다가 1952년 12월 중순 노동당 중앙위원회 제5차 전원회의 이후 문헌토의를 통한 반反종파 투쟁과정에 박헌영·이승엽 등 구舊남로당 출신 인물들이 숙청되면서 노동당 내에서 대남공작을 전담하는 대남사업담당비서 직제도 폐지되었다.

그럼에도 불구하고 대남공작에 대한 지도가 가능했던 것은 대남공작부서가 많았던 것이 아니라 노동당 내에 연락부 한 개 부서만 존재했기 때문인 것으로 보인다. 1956년에 들어와 문화부가 신설되기는 했으나 중간 지도기구를 별도로 설치할 정도로 업무량이 많지 않고 복잡하지도 않았다고 할 수 있다. 이와 함께 노동당 외에 다른 기관에서 전개했던 대남공작은 노동당 소속의 대남공작부서보다 훨씬 비중과 규모가 작았기 때문에 대남공작 전체를 총괄하는 중간 지도기구가 필요하지 않았다는 것이다.

북한이 대남공작부서를 총괄하는 별도의 중간 지도기구를 설치한 것은 1961년이다. 북한은 1960년 4·19를 겪으면서 급변하는 정세에 맞게 대남공작을 통일적으로 전개해야 할 필요성이 제기됨에 따라 1961년 1월경 대남공작부서를 총괄할 중간 지도기구인 '연락국'을 창설했다. 연락국은 노동당 연락부, 민족보위성 정찰국(이후 인민무력부 정찰국), 내무성 반탐정처 등 대남공작기관을 통합해 창설되었으며 초대 국장에는 갑산파 출신으로서 노동당 중앙위 부위원장을 역임하고 있던 이효순이 임명되었다. 연락국 창설 이후 연락부에 있던 조직부와 교양부를 폐지하고 대신 와해모략부와 자료조사부를 설치하는 작업도 진행했다.[36] 그러나 연락국은 1년을 넘기지 못하고 5·16 이후인 1961년 11월 노동당 정치위원

36　중앙정보부, 앞의 책 제2권, pp. 125-141. 한편, 북한이 1961년 당시 대남공작부서를 총괄하는 중간 지도기구로 '남조선국'을 설치했다는 주장도 있다. 남조선국은 4·19 다음 날인 4월 20일 개최된 정치위원회 결정에 따라 설치되었으나 1961년 11월 개최된 노동당 정치위원회에서 5·16 이후의 대남공작 전체에 대한 종합적인 평가를 통해 '황태성사건' 등 문제점이 지적됨으로써 설치된 지 1년 반 만에 해체되었다는 것이다. 유영구, 앞의 책, pp. 192-193.

회 결정에 따라 해체되었다.[37]

연락국이 부활된 것은 1964년 2월이다. 당시 북한은 노동당 제4기 제8차 전원회의를 개최해 평화통일전략을 무력통일전략으로 전환하면서 기존에 해체되었던 연락국을 부활시켜 '대남사업총국'으로 확대 개편하고 연락국장을 하다가 직맹위원장으로 자리를 옮겼던 이효순을 총국장에 임명했다.[38] 그리고 당시 신설된 조사부도 대남사업총국 산하 부서로 편입시켰다.[39]

이후 1966년 10월 노동당 제4기 제14차 전원회의에서 노동당 내에 비서국을 설치하는 등의 조직체계를 개편하면서 대남공작부서 전체를 총괄하는 대남사업담당비서 직제를 신설하고 이효순을 대남사업총국장 겸 대남비서에 임명했다. 반면 부국장 제도는 폐지했다. 그러나 이효순은 그로부터 1년도 지나지 않은 1967년 5월에 개최된 노동당 제4기 제15차 전원회의를 계기로 박금철·김도만 등 갑산파가 김일성의 유일지도체계 확립에 도전했다는 명목으로 숙청되면서 그들과 운명을 같이했다.[40] 당시 이효순에게는 대남공작 실패에 대한 책임까지 추가되었다.

이효순 후임에 대남사업총국장 겸 대남비서로 임명된 사람은 현역 대장으로서 북한군 총정치국장을 역임하고 있던 허봉학이었다. 허봉학은 당시 민족보위상이었던 김창봉과 함께 김일성이 환갑을 맞는 1972년까지 통일을 달성하겠다는 '공로주의'에 사로잡혀 좌경 모험주의적 군사행동과 대남도발도 서슴없이 감행

---

37 유영구, 앞의 책, p. 247.
38 중앙정보부, 앞의 책 제2권, pp. 125-141. 유영구는 1963년 4월 진행된 정치위원회 결정에 따라 '대남총국'이 신설되었다고 주장하고 있다. 유영구, 앞의 책, p. 247.
39 유영구, 앞의 책, p. 248.
40 신평길 편저, 앞의 책, pp. 126-128.

했다.⁴¹ 그들은 소위 '조국통일과 남조선혁명 전략계획'을 수립하고 그 실천행동으로서 1968년 1·21 청와대 기습 사건과 10월 말~11월 초의 울진·삼척 무장공비침투사건, 1969년 KAL기 납치사건 등을 주도했다. 그러나 허봉학은 훗날 김정일이 배후에서 조종한 것으로 알려진 1969년 1월 인민군당 제4기 제4차 확대전원회의에서 민족보위상 김창봉과 함께 '반당 군벌주의자'로 몰려 숙청되었으며 그가 책임자로서 노동당과 군부의 대남공작기관을 총괄하던 대남사업총국도 해체되고 말았다.

2. 대남사업담당비서를 통한 지도

허봉학이 숙청되고 대남사업총국이 해체된 이후 허봉학이 겸직하고 있던 대남사업담당비서에 임명된 사람은 당시 문화부장이었던 김중린이었다.⁴² 이때부터 별도의 중간 지도기구 없이 대남사업담당비서가 연락부·문화부·조사부와 작전국 등을 직접 장악하고 지도하는 대남사업담당비서 단일 지도체제로 전환되었다.

그러나 대남사업담당비서 단일 지도체제는 1970년대에 들어서면서 김정일 후계체제 구축 작업이 본격적으로 진행되는 과정에 무너지게 되었다. 1973년 9월 노동당 조직 및 선전담당 비서에 임명된 김정일은 대남공작부문을 장악하기 위해 1975년 6월부터 11월까지 6개월간에 걸쳐 노동당 대남공작부서에 대한 강도 높은 검열(감사)을 실시한 데 이어 그 후속조치의 하나로 대남사업담당비

---

41   김일성은 1912년 4월 15일 평안남도 대동군 고평면 남리(현재의 평양시 만경대구역)에서 출생했다.
42   중앙정보부, 앞의 책 제2권, p. 149.

서 직제를 폐지했다. 대남사업담당비서 직제를 폐지한 가장 중요한 이유는 대남공작부문을 김정일 자신이 직접 관장하는 과정에 이들 부서들을 철저히 장악하려는 속셈 때문이었다.

김정일이 대남사업담당비서 직제를 다시 도입한 것은 대남공작부서에 대한 장악이 마무리된 1977년이다. 김정일은 1977년 10월 남북회담 및 통일전선 공작 임무를 담당하는 통전부를 신설하고 김중린을 통전부장에 기용하면서 동시에 대남사업담당비서로 임명했다. 그러나 김중린에게 과거처럼 통전부 외에 연락부와 조사부 등 다른 공작부서를 통제할 수 있는 전권은 주지 않았다.

노동당 대남사업담당비서에게 대남공작부서 전체를 총괄할 수 있는 권한을 부여한 것은 김중린 후임으로 허담이 대남사업담당비서에 임명된 시점부터라고 보면 될 것이다. 1983년 말 노동당 정치국위원 겸 정무원 외교부장이었던 허담을 김중린 후임으로 대남사업담당비서에 임명한 김정일은 그에게 노동당 대남공작부서 전체를 총괄할 수 있는 실질적인 권한을 위임했다. 허담은 김정일의 절대적인 신임을 바탕으로 전임자인 김중린과는 달리 대남공작부서 일체를 직접 장악 통제하는 등 막강한 권력을 행사했다.

그러나 1991년 허담 사망 이후 윤기복이 후임 대남사업담당비서에 임명되면서부터는 또다시 김정일이 직접 각 대남공작부서들을 개별적으로 관할하는 체제로 개편되었다. 다시 말하면 윤기복은 직책상으로는 전임자인 허담과 같이 통전부장 겸 대남사업담당비서였지만 실질적으로는 통전부만 관장할 수 있었고 사회문화부(이후 대외연락부)와 작전부, 대외정보조사부(이후 35호실) 등 나머지 공작부서들에 대한 지도권한은 없었다. 이러한 상황은 김용순이 1993년 4월 통전부장 겸 대남사업담당비서에 임명된 후 2003년

10월 사망할 때까지의 기간에도 마찬가지였다.

  그나마 김용순이 교통사고 후유증으로 사망한 이후 임동옥이 통전부장에 임명되면서부터는 명색뿐이었던 대남사업담당비서 타이틀마저 부여하지 않았다. 임동옥 후임에 노동당 국제부장을 역임한 김양건이 임명되었으나 그 역시 통전부장의 직책만 부여했을 뿐 2010년까지 대남사업담당비서 직책은 주지 않았다.

3. 김정일의 직접 통제

  앞에서 언급한 것처럼 2003년 김용순이 사망한 이후 2010년까지 7년 동안 노동당 대남사업담당비서 직책은 공석인 상태로 남아 있었다. 김양건에게 비서 직책을 준 것은 노동당 소속의 대남공작부서였던 대외연락부와 작전부 및 35호실을 내각과 군 정찰총국 등으로 이관한 이후이다. 그러니까 김양건은 말 그대로 통전부장 겸 통전부담당비서라는 것이다. 결국 김정일이 생존했을 당시에는 그가 노동당과 군, 내각 등에 산재해 있는 각 대남공작부서들을 직접 장악하고 통제하는 시스템이었다고 할 수 있다.

  김정일이 허담 이후 대남공작부서 전체를 관장하는 대남사업담당비서를 임명하지 않았던 것은 무엇보다도 대남공작에 관한 전권을 줄 만큼 신뢰할 만한 인물이 없었기 때문인 것으로 분석된다. 말하자면 김정일이 김중린·윤기복·김용순에 이어 김양건에게도 전체적인 대남공작부서에 대한 실질적인 지도권한을 주지 않은 것은 그들을 확실하게 믿지 못했기 때문이라는 것이다. 반면에 유독 허담에게만 전권을 주었던 것은 앞서 언급한 것처럼 그가 김정일의 친척인데다 그에 대한 김정일의 신뢰에 있어서도 거의 절대적이라고 할 정도로 확고했기 때문이었다고 할 수 있다. 김정일은 신뢰가 가지 않는 인물에게는 책임과 권한을 함부로 부여하지 않는다. 김정일이 생존해 있을 때 노동당 중앙위원회 핵심부서인 조직지도부의 부장 직책을 공석으로 남겨놓은 것도 대남공작부서를 총괄하는 대남사업담당비서를 임명하지 않았던 것과 같은 맥락이라고 할 수 있다. 그리고 과거 김중린에게 짧은 기간 노동당 대남공작부서에 대한 총괄권한을 준 적이 있으나 그 이후 금방 박탈한 것도 그에 대한 신뢰가 허물어졌기 때문이며, 윤기복이나 김용순의 경우에도 허담만큼 믿을 수 없기 때문에 대외적으로는 대남사업담당비서라는 타이틀을 갖고 있는 것처럼 보였으나 실제적으로는 통전부만 관장할 수 있는 통전부담당비서에 불과했다는 것이다. 김정일이 대남사업담당비서 직책 부여를 신뢰와 연결시키는 것은 막강한 전투력을 가진 대남침투 및 공작역량이 반김정일 세력화되는 것을 두려워했기 때문으로 분석된다.

김정일이 대남공작부서 전체를 관장하는 대남사업담당비서를 임명하지 않은 것은 또한 대남사업의 중요성이 과거에 비해 현저히 떨어진 것과도 관련되는 것으로 보인다. 과거에는 '남조선을 해방할 수 있다'는 자신감을 바탕으로 '남조선혁명 수행'이라는 명분하에 대남공작부서에 어느 정도 힘을 실어줄 필요가 있었다. 그러나 탈냉전시대가 도래한 1990년대에 들어서서는 '대남공작에 의한 남조선혁명 수행'이 현실적으로 불가능하다는 것을 김정일도 인식하고 있었기 때문에 자연스럽게 대남공작 비중이 약화되었다고밖에 할 수 없다. 말하자면 남한을 북한 방식대로 통일할 수 있다는 자신감이 떨어졌기 때문에 대남사업의 중요성이 그만큼 약화된 결과라는 것이다.

마지막으로 대남사업의 중심이 대남공작을 통해 남조선혁명승리와 조국통일 위업 실현이라는 거창한 민족적인 과제 달성보다는 북한경제 회생을 위해 남한의 대북지원을 이끌어내고 외화벌이나 하면 된다는 식의 경제논리로 이동했기 때문인 것으로 보인다. 현재 북한의 대남사업에 있어서 가장 초미의 문제는 대남공작을 통해 남한 내에 혁명역량을 구축하는 것이 아니라 북한체제를 유지하는 데 얼마나 기여할 것이냐 하는 것이다. 북한체제 생존을 위해 절대적으로 필요한 것은 식량과 자금이다. 대남공작부서에서도 북한 내부 현실을 외면할 수 없는 것이다.

제3절
정찰총국 신설과 대남공작 지도체계 변화

1. 정찰총국 신설 배경과 의미

북한은 지난 2009년 초 노동당 대남공작부서 일부와 군부의 대남공작 조직을 통합해 정찰총국을 새롭게 창설한 것으로 알려졌다. 구체적으로는 노동당 소속 대남공작부서였던 작전부와 35호실을 인민무력부 정찰국과 통합해 국방위원회 산하 '정찰총국'으로 확대 개편했다는 것이다. 그리고 노동당 대외연락부는 '대외교류국'으로 축소해 내각에 배속시키고 통일전선부만 노동당 소속으로 남게 되었다는 언론보도가 있었다.[43] 물론 그 후에 대외연락부의 후신인 '대외교류국'의 명칭은 다시 '225국'으로 수정되기도 했다. 한편, 노동당 대남공작부서 가운데 작전부만 정찰총국에 배속시키고 3호 청사에 있던 35호실과 대외연락부는 본청사로 이전해 새로 국방위원회 참사에 임명된 박명철이 관장토록 했으며 통전부만 3호 청사에 남게 되었다는 보도도 있었다.[44] 그러던 중 2010년 4월

---

43 『연합뉴스』, 2009년 5월 10일.
44 『중앙일보』, 2009년 4월 21일.

전前 북한 노동당 비서 황장엽 씨의 암살 지령을 받고 탈북자로 위장해 입국했다 검거된 북한 정찰총국 소속 공작원 두 명이 2009년 11월 김영철 정찰총국장으로부터 황장엽 씨를 살해하라는 지시를 받았다고 진술함으로써 정찰총국의 존재가 사실로 확인되었다.[45]

정찰총국 신설은 곧 북한의 대남공작 지도체계에 변화가 일어났다는 것을 의미한다는 점에서 매우 중요한 문제가 아닐 수 없다. 특히 정찰총국의 신설은 김정은을 김정일의 후계자로 내정한 이후 실시된 국방위원회 확대 개편과 맞물려 이뤄졌다는 점에서 더욱 주목된다. 북한은 지난 2009년 4월 개최된 최고인민회의 제12기 1차 회의에서 헌법 개정을 통해 국방위원회를 확대 개편하고 권능을 강화하기 위한 일련의 조치를 취한 바 있다. 이와 같은 사실에도 불구하고 구체적으로 어떤 조직들이 정찰총국에 소속되었는지, 특히 노동당 소속이었던 작전부와 35호실이 실제로 정찰총국에 이관되었는지 여부를 확인할 만한 객관적이고 확실한 근거나 자료가 없어 언론보도 내용을 무작정 무시하거나 아니면 그대로 신뢰하기도 어려운 것이 현실이다. 그러나 지금까지의 관련 내용을 종합해보면 북한이 국방위원회 산하에 정찰총국을 신설하는 등 대남공작 지도체계를 개편한 것은 사실로 보인다.

북한은 지난 1961년에도 노동당 연락부와 민족보위성 정찰국, 내무성 반탐정처 등 대남공작기관을 통합해 현재의 정찰총국과 유사한 '연락국'이라는 대남공작 중간 지도기구를 창설하고 1964년 2월에는 신설된 노동당 조사부를 포함시켜 '대남사업총국'으로 확대 개편했던 적이 있다.[46] 그러나 1967년 11월 허봉학 숙청

---

45 『조선일보』, 2010년 4월 21일.
46 중앙정보부, 앞의 책 제2권, pp. 125-141.

과 함께 대남사업총국 해체 이후 대남사업을 총괄하는 별도의 중간 지도기구를 없애고 노동당 대남사업담당비서에 임명된 김중린이 노동당 연락부·문화부·조사부와 작전국 등 대남부서들을 직접 장악 지도하도록 하는 등 대남사업담당비서 단일 지도체제로 전환했다. 이와 같은 지도체제는 대남사업담당비서 한 사람에게 권력이 집중되는 단점이 있었고 북한군과 인민보안성 등 다른 기관 내에 존재하는 대남공작 조직을 직접적으로, 효율적으로 통제할 수 없는 약점도 있었다. 이 때문에 대남사업담당비서에 의한 실질적인 통제체제는 김중린과 허담 등이 해당 직책에 임명되었을 때에만 한시적으로 유지되었을 뿐 지속되지는 못했다.

2009년 당시 북한에서 전개되고 있던 김정은 후계체제 구축을 빠른 시간 내에 끝내기 위해서는 기구개편을 통해 김정은이 대남공작 조직을 보다 쉽고 빨리 장악할 수 있는 효율적인 대남공작 지도체계를 마련하는 것이 중요한 과제였을 것으로 보인다. 북한은 빠른 시간 내에 견고한 후계체제를 구축해야 한다는 절박성과 중요성을 인식하고 과거의 경험과 교훈을 바탕으로 효율적인 대남공작 지도체계 개편에 나섰던 것으로 보이며 국방위원회 산하에 정찰총국을 신설한 것이 바로 그 결과물이라고 할 수 있다.

신설된 정찰총국은 과거 대남사업총국이 노동당 산하에 설치되었던 것처럼 노동당 산하 기구가 아니라 국방위 산하 기구라는 점이 특징이다. 그렇기 때문에 과거 대남사업총국보다 정찰총국의 위상이 낮다고 볼 수도 있으나 반드시 그렇게 볼 필요는 없을 것이다. 그것은 정찰총국의 상부기관인 국방위원회나 과거 대남사업총국이 속해 있던 노동당이나 모두 북한의 최고 권력기관이라는 점에서는 의심의 여지가 없기 때문이다. 그리고 북한에서는 부서의 명칭이나 소속보다 통치자의 신임도가 그 부서의 위상을 결정하는 데 결정적 역할을 하기 때문에 정찰총국 역시 노동당이 아닌 국방위에 소속되어 있느냐는 그다지 중요하지 않다. 이러한 관점에서 보면 과거 김일성이 이효순을 신임했던 것보다 정찰총국이 신설되면서 총국장에 임명된 김영철에 대해 당시 생존해 있던 김정일의 신임도가 떨어진다고 볼 수는 없다. 그것은 김영철을 정찰총국장에 임명한 후 상장에서 대장으로 승진시킨 것을 보아도 확인할 수 있을 것이다.[47] 따라서 지금의 정찰총국이 과거의 대남사업총국과 마찬가지로 대남공작 중간 지도기구라는 점에서 그 위상 또한 대동소이大同小異하다고 보는 것이 적절한 평가라고 할 수 있다.

그러나 정찰총국이 국방위 산하에 신설되었다는 것은 북한이 해방 이후부터 대남공작을 전개하면서 줄곧 유지해오던 대남공작의 주도권이 노동당에서 군부(국방위원회)로 넘어갔음을 의미한다는 점에서 주목하지 않을 수 없다. 이는 결과적으로 40여 년간 지속돼오던 대남공작 지도체계와 향후 대남공작의 방향전환을 예고한다는 점에서 분명 획기적이고 중대한 변화라고 할 수 있다.

2. 대남공작 지도체계 변화 요인

앞에서 살펴본 바와 같이 북한은 국방위원회 산하에 정찰총국을 신설하고 무력부 정찰국장이었던 김영철을 정찰총국장에 기용했다. 그렇다면 왜 2009년 시점에서 갑자기 노동당이 아닌 국방

---

47   최근 김영철이 대장→상장으로 강등되었다는 보도(『연합뉴스』, 2012년 11월 19일)가 있으나, 이는 과거 김정일이 정찰총국을 신설하면서 김영철을 대장에 승진시켜 정찰총국장에 기용했을 때의 신임과는 무관한 것이라고 할 수 있다.

위원회 산하에 정찰총국을 만들어 대남공작 조직들을 통제하도록 하는 등 대남공작 지도체계 개편을 단행했느냐 하는 것이다. 필자는 앞에서도 잠깐 언급했지만 이것이 당시 북한에서 본격적으로 전개되던 후계체제 구축과 밀접히 연관되어 있는 것으로 보인다. 말하자면 김정은 체제 구축 시작과 연관되어 있다는 것이다.

그것은 무엇보다도 대남공작 중간 지도기구인 정찰총국을 과거와 같이 노동당 내에 만들지 않고 최고 권력기관인 국방위원회 산하에 설치한 것으로 방증할 수 있다. 북한은 지난 2009년 4월 헌법 개정을 통해 국방위원회를 국가의 최고 지도기관으로 격상시키는 동시에 국방위원회의 규모를 확대하고 권능을 강화하는 조치를 취했다. 이는 김정일이 자신의 과거 후계체제 구축 경험을 바탕으로 통치경험이 절대적으로 부족한 후계자 김정은이 짧은 기간 내에 북한의 당·정·군 등 모든 분야를 장악하고 효율적으로 통제할 수 있도록 하기 위해 취한 조치라고 할 수 있다. 사실 2009년 초 후계자로 내정된 김정은에게는 부친인 김정일의 위업을 그대로 계승하면 되는 여건이었기 때문에 정책에 대한 파악보다는 조직의 장악이 우선순위였을 것이다. 조직 장악의 성공여부는 얼마나 효율적인 통치체계를 구축하느냐에 달려 있다고 해도 과언이 아니다. 김정일은 바로 당·정·군 핵심간부들을 국방위원회에 포진시켜 국방위원회를 사실상의 최고 통치기관으로 만들고 국방위를 중심으로 한 통치체계를 만든 다음 김정은에게 후계체제 구축의 도구로 넘겨준 것이다. 대남공작 중간 지도기구로서의 정찰총국이 후계체제 구축의 중요한 수단이자 최고 통치기관인 국방위원회 산하에 설치된 것은 바로 후계자 김정은이 대남공작기관들에 대한 통제를 보다 쉽게 할 수 있도록 해준다는 점에서 후계체제 구축과 밀접히 관련된다고 할 수 있다.

다음으로 김정은에 대한 후계자 내정과 정찰총국 신설이 거의 같은 시기에 이뤄졌다는 점에서도 후계체제 구축과 연관시켜 설명할 수 있을 것이다. 김정은은 2009년 1월부터 김정일의 후계자로 내정되어 후계수업을 받고 있었기 때문에 지도력과 장악력이 절대적으로 부족한 상태였다고 할 수 있다. 이런 상황에서 각 분야에 산재되어 있는 대남공작기관들을 각각 개별적으로 장악하고 통제하기란 역부족이다. 따라서 지도력이 부족한 김정은이 대남공작기관들에 대한 장악과 통제를 보다 효율적으로 할 수 있도록 해주기 위해 그를 후계자로 내정하면서 대남공작 중간 지도기구인 정찰총국을 신설함으로써 통치에 보다 유리한 여건을 만들어주었다는 것이다.

마지막으로 현재의 대남공작 지도체계 개편이 1970년대 중반 김정일 후계체제 구축 작업이 본격적으로 진행되던 상황과 유사하다는 점에서도 후계체제 구축과 연관시켜 볼 수 있다. 앞에서 언급한 것처럼 1973년 9월 노동당 조직 및 선전담당 비서에 임명된 김정일은 1975년 6월부터 11월까지 6개월간에 걸쳐 노동당 산하 각 대남공작부서에 대한 강도 높은 검열(감사)을 실시하고 대남공작을 총괄하던 대남사업담당비서 직제를 폐지했다.[48] 그리고 김정일이 각 공작부서들을 개별적으로 직접 지도하는 체계로 개편했다. 물론 지금과는 반대로 개편한 것이지만 이러한 대남공작 지도체계 개편은 후계자로 내정된 김정일이 대남공작부서 및 업무를 장악하기 위한 조치의 일환이었던 점은 분명하다. 이와 같은 사실은 정찰총국 신설 등 최근의 대남공작 지도체계 개편 작업이 후계

---

48 신평길 편저, 앞의 책, pp. 159, 208-209.

체제 구축과 연관되어 있다는 것을 보여주고 있다.

중요한 것은 정찰총국이 효율적인 김정은 체제 구축을 위한 목적하에 신설된 조직이기 때문에 김정은 체제가 완벽하게 구축되고 김정은이 확실하게 조직 장악을 끝내는 시점에 가서는 해체될 가능성도 있다는 점을 간과해서는 안 된다는 것이다. 지난 2011년 12월 17일 김정일의 갑작스러운 사망으로 실질적인 통치자로 등장한 김정은은 일단 정찰총국을 중심으로 노동당과 군, 국가안전보위부 등 여러 부문에 널려 있는 대남공작 조직을 장악하고 대남공작을 전개해나갈 것으로 예상된다. 그러나 김정은 체제 구축이 어느 정도 마무리되고 대남공작 조직에 대한 장악이 끝나는 시점에 가서는 김정은 생각대로 대남공작부서를 개편할 가능성이 충분히 있다.

아울러 과거에도 업무성격이 서로 다른 부서를 통합했을 경우 반드시 내부갈등이 발생하고 그로 인해 본업인 대남공작에 차질이 빚어짐으로써 본래의 체계로 되돌리는 사례가 적지 않게 있어 왔던 점을 감안할 때 조만간 대남공작부서 및 지도체계를 전면 개편할 가능성이 적지 않다는 것이다. 북한은 지난 1987년 노동당 통전부와 연락부를 통폐합했다가 공개 합법적인 활동 위주의 통전부와 비공개 비합법 활동 위주의 연락부가 서로 다른 업무성격 때문에 심한 내부갈등이 생기고 결국에는 업무에도 막대한 차질이 발생함으로써 2년 만에 다시 통전부와 사회문화부(구 연락부 업무 수행)로 분리한 바 있다. 사실 아무리 선군정치라지만 노동당 대남공작부서가 무력부 대남공작기관으로 이관된다는 것은 상식적으로 납득하기 힘든 조치임에는 분명하다. 물론 그 반대라면 충분히 이해가 된다. 왜냐하면 노동당 대남공작부서의 위상이나 소속 공작요원들의 공작능력 및 수준, 자긍심 등이 무력부 대남공작부서의 그것과는 비교할 수 없을 정도로 높기 때문이다. 그래서 과거 1980년대 말 노동당 작전부 예하 개성·사리원연락소가 무력부 정찰국 소속으로 이관될 때도 많은 대남침투요원들이 자존심이 상한다면서 스스로 그만두고 나간 적이 있다. 아마도 노동당 작전부 및 35호실을 정찰총국으로 이관할 때에도 그런 현상이 발생했을 가능성이 크다. 그럴 정도로 노동당과 무력부의 위상은 차이가 있고 그 때문에 정찰총국으로 이관되는 노동당 대남공작부서 소속 인원들이 느끼는 상실감은 상당히 크다는 것이다. 이와 같은 사례와 현실을 감안해볼 때 정찰총국에 배속된 구 노동당 작전부 및 35호실이 다시 분리되거나 전체적으로 현재의 대남공작기구 및 지도체계가 개편될 가능성이 크다고 하는 것이다.

    과거 북한에서는 대남공작조직 개편이 이루어질 때마다 조직의 위상을 과시하기 위해 대남공작과 도발을 강화하는 경향을 보여왔다. 2009년 정찰총국장에 임명된 김영철도 곧바로 천안함 폭침을 감행했다. 그 이듬해인 2010년에는 황장엽 씨 암살을 위해 두 개의 공작조를 남파했으나 실패했다. 이와 함께 노동당 대외연락부가 내각 소속의 225국으로 바뀐 후에는 실적보다는 오히려 기존에 구축해놓았던 지하당조직들이 파괴되는 등 고전하고 있는 모습이다.[49] 따라서 황장엽 씨 암살 공작에 실패한 정찰총국으로서는 구겨진 자존심 회복 차원에서, 위상이 상대적으로 낮아진 225국 등 다른 대남공작부서들에서는 부서 위상 제고 및 충성 경쟁 차원에서, 앞으로 어떤 형태로든 대남공작을 강화할 것으로 전망된다.

---

49   지난 2011년 발생한 '왕재산' 간첩단 사건은 225국의 전신인 노동당 사회문화부(그 후 대외연락부로 개칭했다가 225국으로 변경) 시절에 구축해놓았던 지하당조직이 수사당국에 적발된 사건이다.

제6장

대남혁명전략의 실제 – 대남공작

제1절
대남혁명과 대남공작

　북한은 해방 이후부터 현재까지 분단된 국토와 민족을 통일하는 것과 함께 남한지역에서 인민민주주의혁명을 완수하며 나아가 한반도에 주체사상을 지도이념으로 하는 사회주의체제를 수립한다는 대남전략 목표를 수립하고 그 실현을 위해 각종 형태의 대남활동을 끊임없이 전개해오고 있다. 이와 같이 북한이 조국통일 실현과 대남혁명의 승리를 위해 남한을 상대로 전개하고 있는 모든 활동을 일반적으로 '대남사업'이라고 지칭할 수 있다.

　북한의 대남사업은 대남혁명의 추진주체인 북한의 국력과 함께 남한 내에 존재하는 대남혁명역량을 최대한 확대·강화하고 그 반대편에 있는 대남혁명의 대상 즉 미국과 남한 집권세력의 역량은 최대한 고립·약화시키는 데 중심을 두고 전개되는 것이 특징이다. 이것이 대남활동의 가장 중요한 원칙인 동시에 전체적인 방향이라고 할 수 있다.

　이를 위해 북한은 조국통일 실현과 대남혁명 승리를 위한 대남사업의 일환으로 각종 남북대화와 협상 및 교류 등 공개 합법적이고 평화적인 활동을 전개하고 있다. 공개 합법적이고 평화적인 대남사업은 남북 간의 대화와 협상, 접촉과 교류 등 주로 남북관계 개선과 조국통일의 기반을 조성하기 위한 분야를 중심으로 이루어지는 것이 특징이다. 이 때문에 북한의 대남전략을 잘 모르는 일부 사람들은 남북 간의 대화와 협상이 활발히 전개될 때는 북한이 대남적화 의지 즉 남한체제 전복 의지를 포기하고 남북통일만을 추구하고 있는 것처럼 생각하는 경우도 종종 있다. 그러나 북한은 남북 간의 접촉과 인적교류 등 합법적인 공간을 이용해서도 친북 인사를 포섭하거나 공작지령 수수 등 대남공작을 전개하고 있다는 점을 간과해서는 안 될 것이다.

북한이 전개하는 대남사업 가운데는 비공개적이고 비합법적인 방법으로 전개되는 대남사업과 폭력을 수반하는 대남사업도 있다. 북한은 공작원들을 남파시키거나 해외에 침투시켜 가족이나 친척 또는 친북·종북 인사들을 포섭한 후 그들을 통해 지하당 구축을 시도하고 있다. 한편 남한의 각종 정보를 수집하고 남한사회를 혼란 약화시키기 위한 테러·암살을 자행하는 등 비공개적이고 비합법적이며 폭력적인 형태의 공작을 서슴없이 감행하고 있다. 이 책에서는 이와 같이 비공개적이고 비합법적인 대남활동, 폭력이 수반되는 대남활동을 일반적인 대남사업과 구별하기 위해 '대남공작'이라는 개념으로 정의했다. 이와 같은 대남공작은 구체적으로 남북통일을 위한 목적이라기보다는 대남혁명전략 목표 달성 즉 남한체제를 전복하기 위한 목적하에 전개되는 활동이라는 특징을 갖고 있다. 말하자면 비합법적이고 폭력적인 특성을 갖고 있는 대남공작은 대남혁명과 밀접히 연관되어 있다는 것이다.

대남혁명전략 실현 즉 남한체제 전복을 위해 전개되는 북한의 대남공작은 크게 조직공작과 선전공작 및 특수공작 등으로 구분할 수 있다. 대남조직공작은 북한이 공작원을 남파시키거나 해외에 침투시켜 현지에 있는 남한사람 또는 해외교포를 포섭하도록 한 후 그를 통해 남한 내에 지하당조직을 구축·확대하도록 하고 이를 조종하는 등의 활동을 포괄하는 개념이다. 또한 이미 구축한 지하당조직을 통해 합법적인 진보정당이나 대중단체를 조직하도록 하고 그들을 통해 반미·반정부 투쟁을 전개하도록 하는 것도 조직공작의 한 측면이다. 물론 남북대화나 협상, 인적교류 등 합법적인 공간을 통해서도 인물포섭과 통신연락 등 조직공작이 암암리에 전개되고 있음은 앞에서도 언급한 바 있다. 이러한 대남조직공작은 지하당 구축의 경우 내각 225국(구 대외연락부), 통일전선단체의 조직 및 운영의 경우 통전부가 담당하고 있다.

대남선전공작은 북한이 남한주민들을 의식화하고 남한사회 내부를 혼란 약화시키기 위해 전개하는 전단 살포나 심리전 방송, 각종 성명 및 담화문 발표 등 여러 가지 형태의 선전선동 활동을 포괄하는 개념이다. 북한은 '심리전'이 전쟁과 직접 관련되어 있기 때문에 지금과 같은 평시에는 '심리전'이라는 표현 대신 '선전선동'이라는 용어를 주로 사용한다. 따라서 대남선전공작은 바꾸어 표현하면 대남심리전이라고 할 수 있다. 북한은 최근 선전선동 효과가 떨어지는 전단 살포나 확성기 방송을 통한 심리전은 자제하는 반면 남한에 발달한 인터넷공간을 적극적으로 활용해 사이버테러와 사이버심리전을 동시에 적극적으로 전개하고 있는 것이 특징이다. 대남선전 및 심리전 공작은 노동당 통전부와 북한군 총정치국 산하 적공국이 전담하고 있다.

대남 특수공작에는 남한의 정치·군사·경제 등 각종 정보 수집은 물론 북한체제 수호를 위한 반탐反探[1]정보 수집과 요인 납치 및 암살, 시설물 폭파 등 폭력적인 형태의 모든 공작활동이 포함된다고 할 수 있다. 이와 같은 특수공작은 북한군 정찰총국의 작전국과 정보국 및 정찰국 등이 담당하고 있으며 필요에 따라서는 내각 225국도 하고 있다.

---

1 북한에서는 방첩(防諜)이라는 용어 대신 반탐(反探)이라는 용어를 주로 사용한다.

제2절
냉전시기 북한의 대남공작

1. 해방 이후~1960년대 초반

통상적으로 북한의 대남공작은 공작원들을 양성해 남한에 침투시키거나 해외에 파견해 현지인들을 포섭한 후 그들을 중심으로 남한 내에 지하당조직을 구축·확대하고 이를 통해 대남혁명역량을 조성하도록 하는 것을 기본임무로 하고 있다. 물론 남한 내에 대남혁명역량을 조성하는 목적은 전쟁이나 폭동·민중봉기 등 대남혁명을 위한 결정적 시기가 도래할 경우 남한을 지원하도록 하기 위해서이다. 또한 공작원들과 이미 포섭된 대상 및 지하당조직을 통해 남한의 정치·경제·군사 등 각 분야의 정보를 수집해 북한의 대내외 정책과 대남정책, 군사전략 및 전쟁계획 수립에 활용토록 하는 것 역시 대남공작의 주요 사명이다. 그리고 경우에 따라서는 공작원들을 남파하거나 해외에 파견해 테러와 요인 암살 등 특수공작도 서슴없이 감행하고 있다.[2] 이러한 북한의 대남공작 목

---

2   1987년 11월 발생한 KAL기 폭파사건은 당시 노동당 대남공작부서의 하나였던 대외정보조사부(그 후 35호실) 소속 공작원들이 감행한 것이며, 1997년 2월 경기도 성남시 분당에서 발생한 김

적은 예나 지금이나 변함이 없다. 변한 것이 있다면 위와 같은 대남공작 목적을 달성하기 위한 구체적인 방법 즉 전술을 변화된 환경과 여건에 맞게 신축적으로 적용하고 있다는 것이다.

냉전시기 북한의 대남공작은 1960년대 초반을 기점으로 해서 그 이전과 이후로 크게 나눠 볼 수 있다. 그것은 북한의 대남정세 및 대남전략에 대한 인식이 1960년대를 지나면서 변화되었기 때문이다. 북한은 해방 이후부터 1960년대 초반까지 대남혁명과 남북통일을 별개로 구분해 보지 않고 동일시하는 경향을 보였다. 당시 북한은 민중봉기나 폭동 등을 통해 남한정권을 전복하는 등 대남혁명에 성공하면 곧바로 남북통일이 실현될 것이라고 인식하고 있었으며, 반대로 미군을 몰아내고 남북통일을 실현하면 대남혁명도 동시에 완수될 것이라는 인식을 갖고 있었다. 물론 1970년대까지도 일부에서는 '조국통일 문제는 남조선혁명이 수행되는 조건에서만 해결될 수 있다'는 인식을 갖고 있었던 것이 사실이다.[3]

> "…… 남조선에서의 혁명은 제국주의를 반대하는 민족해방혁명이며 봉건세력을 반대하는 민주주의혁명입니다. 이 혁명의 기본요구는 조선에서 미제국주의 침략세력을 내쫓고 그 식민지통치를 때려부시며 남조선사회의 민주주의적 발전과 나라의 통일을 이룩하는 것입니다."[4]

북한은 이와 같은 인식을 바탕으로 광복 이후 당시의 국가전략목표였던 남북통일을 실현하기 위한 대남공작에 주력했다. 여기

정일 처조카 이한영 피살사건은 당시의 대외연락부(현 225국) 소속 공작원들이 감행한 것이다.
3 강학순,「남조선혁명은 조국통일의 근본요구」,『로동신문』, 1970년 9월 16일.
4 『김일성저작선집』 제3권, p. 141.

서 말하는 남북통일은 당연히 북한 주도의 통일이었다. 사실 북한의 대남공작이 가장 치열하게 전개된 시기는 해방 이후~1960년대 말까지의 기간이라고 할 수 있다. 이 시기 가장 큰 사건으로는 성시백 사건과 진보당 사건을 들 수 있다.

북한은 해방 이후 수많은 공작원들을 남파시켜 남로당의 활동을 적극적으로 지원하도록 하는 한편 남로당과는 별개로 중국공산당의 비밀요원이었던 성시백을 대남공작에 투입해 '북조선공산당 남반부정치위원회'라는 조직을 만들고 각종 형태의 대남공작과 함께 남로당의 종파투쟁과 정치활동을 감시하는 임무를 수행토록 했다.[5] 당시 성시백 조직은 대남전략 수립에 필요한 정보수집과 함께 국회의원과 고위급 군부인사 등 요인포섭에 주력했으며 남한 내부를 와해瓦解시키는 특수공작도 전개했다.

중국에서 활동하던 성시백이 대남공작에 투입된 것은 김일성의 직접적인 요구에 의한 것이었다. 1905년 황해도 평산에서 출생한 성시백은 일제시기에 일본인 악질 순사를 죽이고 중국으로 망명해 상해의 어느 한 대학에서 고학으로 공부하던 중 주은래를 만나게 되었고 그의 영향을 받아 1935년 중국공산당에 입당했다. 그 후 1946년 10월까지 중국공산당 지하조직 성원으로 활동하면서 반일투쟁을 벌였고 그 과정에 9년간 수감생활도 한 바 있는 공산주의자이다. 당시 성시백은 신문기자로 위장해 중국공산당에 정보를 제공하는 비밀당원으로 활동했다. 말하자면 중국공산당의 공작원이었던 셈이다. 특히 상해임정 사람들이 프랑스 총영사의 지시

---

5   당시 성시백 조직은 '북조선공산당(후에 북조선로동당) 남반부정치위원회'의 명칭을 가지고 활동하는 등 박헌영의 남로당과는 별개의 조직이었다. 남시욱, 『한국 진보세력 연구』(서울: 청미디어, 2009), pp. 128-130. 참조.

에 따라 조계지 밖으로 나가야 할 상황에 처했을 때 성시백이 『상해일보』에 '프랑스 총영사가 조선 망명자들을 자기들의 불행처럼 여기면서 성심성의로 보호해주고 있다'는 내용의 기사를 써서 신문에 게재함으로써 총영사가 임정 인사들에게 조계지에서 나가라는 말을 못 하게 한 적도 있다. 이때 김구 선생은 성시백의 소행을 고맙게 여겼으며 출중한 인물로까지 보게 되었다. 임시정부가 중경에 자리 잡고 있을 때도 김구 선생을 비롯한 임시정부 주요 인물들과 가까이 지냈으며 그들의 의사를 대변하는 기사를 신문에 게재해 임시정부가 장개석 국민당 정부의 보호와 재정지원을 받도록 하는 데도 기여했다고 한다.

그러던 중 우리나라에서는 해방을 맞이하게 되었고 당시 소련에 있던 김일성은 배를 타고 원산을 통해 평양에 입성했다. 귀국 이후 김일성은 정보수집 등 대남공작을 벌일 계획을 세우고 적임자를 물색했는데, 중국공산당 당원으로서 장개석의 국민당을 상대로 비밀정보원으로 활동하고 있던 성시백이 조선사람이라는 정보를 얻게 된 것이다. 이에 따라 김일성은 당시 중국공산당 지도자의 한 사람이었고, 중국공산당 정권이 수립된 이후에는 초대 총리를 지낸 주은래에게 인편을 보내 성시백을 넘겨줄 것을 간곡히 요청했다. 당시 김일성은 주은래에게 '성시백은 조선사람이고, 조선혁명이 아직 끝나지 않았으니 그를 조선에 보내주어 조선혁명을 함께 할 수 있도록 도와달라'고 부탁했다. 이러한 김일성의 부탁을 주은래가 흔쾌히 승낙함으로써 성시백은 비로소 북한 공작조직에 인계되었고 그때부터 그는 북한 공작원으로 활동하게 되었다. 이에 따라 김일성은 가장 신뢰하는 대남공작부서 간부를 당 대표로 임명해 성시백이 있던 중국으로 직접 파견한 후 현지에서 그를 공작원으로 임명하고 임무를 부여하도록 했다. 성시백은 현지에서 북한 공작부서 대표를 만나 김일성의 교시를 전달받고 북한 공작원으로 활동할 것을 약속했으며 향후 남한지역에 들어가 할 공작활동에 대한 임무를 부여받았다.

성시백은 임무수행을 위해 먼저 뜻을 같이할 수 있는 동료 두 명을 포섭한 다음 상해에 귀국알선 소개소를 차려놓고 중국에 살던 동포들을 귀국시키는 일을 도와주면서 자기가 앞으로 활용할 사람들을 물색하는 작업을 했다. 그리고 물색한 사람들에 대해서는 특별히 편의를 봐주는 등 향후 자기가 입국했을 때 도움을 받을 수 있도록 인간관계를 돈독히 쌓아놓았다. 이와 같은 준비작업을 끝내고 1946년 11월 11일 중국에서 마지막으로 떠나오는 일본 국적의 귀국선을 타고 일본 시모노세키 항을 거쳐 부산항으로 귀국했다. 그는 귀국 이후 상경하면서 자기가 중국에서 귀국 편의를 봐준 사람들을 한 사람, 한 사람 찾아다니며 향후 공작활동에 필요한 아지트를 구축하면서 서울에 입성했다. 당시 서울에서 발행된 한 신문은 이날 호에 「20여 년간 독립광복을 위해 분골쇄신하던 정향명 선생 일행 서울착」이라는 제목으로 "열혈청년 시절에 나라를 광복코져 황해를 건너갔던 정향명 선생, 해방소식에 접하자 귀로에 오른 수많은 사람들과는 달리 타국에 의연히 남아 방랑하던 동포들을 모아 귀국을 종결짓고 떳떳이 환국했다"는 기사를 게재했다. '정향명'은 성시백이 해방 전 중국에서 활동하면서 사용했던 가명_{nickname}이다.

서울에 입성한 성시백은 공작거점으로 활용할 무역회사를 꾸리는 등 공작준비를 끝낸 상태에서 비로소 1946년 말에 처음으로 월북해 김일성을 만나 구체적인 공작임무를 받고 다시 남쪽으로 내려왔다. 그 후 성시백은 1947년 정초에 또다시 평양을 찾아가 김일성 저택에도 같이 가서 김일성의 부인이었던 김정숙이 차려주는 음식을 대접받기도 했다. 당시 성시백은 수염을 기르고 옷차림도 할아버지처럼 하는 등 변장을 했는데, 김일성이 성시백에게 변장을 감쪽같이 해서 처음에는 알아보지 못했다고 할 정도였다. 김일성은 성시백이 다시 남파될 때 금장 회중시계와 호박물부리를 선물로 주었다. 당시 김일성은 성시백이 상류층으로 신분을 위장했기 때문에 그에 어울리는 사치품이 필요할 것이라며 자신이 애용하던 회중시계와 호박물부리를 주었다고 한다. 또한 김일성으로부터 당시 북한에서 화폐교환을 하면서 회수한 구권을 공작금으로 받기도 했다. 당시까지만 해도 남한에서는 북한에서 화폐교환을 하기 전에 사용하던 구권을 사용하고 있었기 때문이다.

성시백은 평양에서 서울로 돌아온 후『조선중앙일보』를 창간한 데 이어『광명일보』를 비롯한 10여 종의 신문을 발행하면서 북한에 대한 선전공작에 이용했고 영어·중어·프랑스어로 된 화보『해방조선』과『조국통신』을 발행해 국제우편을 통해 세계에 배포했다. 또한 남한 내 중간 정당 및 단체들 가운데 가장 영향력이 강한 근로인민당을 비롯한 5개 정당을 포섭하기 위한 통일전선 공작을 벌여 처음에는 5개 정당을, 다음에는 10개 정당과 그 산하 14개 단체를 장악했으며 그 후에는 중간 및 우익 정당·단체들까지 통일전선에 끌어들여 13개 정당 협의회까지 결성하게 되었다.

1990년대 초에는 김정일 지시로 성시백의 공작활동을 형상화해〈붉은 단풍잎〉이라는 다부작 예술영화를 만들기까지 했다. 〈붉은 단풍잎〉의 시나리오는〈이름 없는 영웅들〉의 시나리오를 써서 유명해진 작가 이진우가 또다시 담당했다. 그런데 이진우가 대남부서에서 김정일 지시에 따라 시나리오 집필에 참고하라고 주었던 성시백 관련 자료와 대남공작 관련 정보를 외국의 정보원에게 돈을 받고 팔아넘기려다 보위부에 덜미가 잡혀 처형당하는 일이 발생했다. 그래서 다른 작가가 대신해 시나리오를 쓰게 되면서 그 영화가 싱겁게 끝나기도 했었다. 바로 영화〈붉은 단풍잎〉의 주인공 이름이 성시백의 가명인 '정향명'과 비슷한 '정학명'이다.

당시 김일성은 성시백에게 남로당과는 별개의 공작조직을 구축하고 정보수집과 정관계 및 군부 인물 포섭 및 북한체제에 대한 선전 등 여러 가지 임무를 수행하라는 지시를 주었다.

김일성의 지시에 따라 성시백과 그의 공작조직이 수행했던 임무 가운데 중요한 것은 남한에서 활동하는 김구·김규식 등 반공세력, 민족주의세력을 친북연공親北聯共 세력으로 만드는 것이었다. 이는 성시백이 중국에서 활동할 때 임시정부 인사들과 가져왔던 친분 덕분에 가능한 일이었다. 성시백은 인맥을 활용해 임시정부에 관여했던 인물들과 좌익세력은 물론 반공 및 민족주의 세력 등과 광범위하게 접촉하면서 그들을 연공친북 세력으로 만드는 한편, 여러 언론 및 선전 매체를 장악하고 남한 권력층 내부를 이간·약화시키고 사회에 혼란을 조성하는 등 활발한 공작활동을 전개했다.

또한 성시백은 정부와 국회·군부의 고위층들과 수시로 접촉하면서 북한에 필요한 고급정보를 수집하는 동시에 그들을 포섭하는 활동도 적극적으로 전개했다. 당시 해군제독을 지냈던 이용운과 일본군 연대장 출신으로서 전방 사단장을 역임했던 김석원을 포섭했던 것이 바로 좋은 사례라고 할 것이다. 이용운은 평양 출신으로 초대 육군 정보국장이었던 이용문의 형이다. 육군사관학교에서 진행하는 승마대회의 타이틀이 '이용문배 승마대회'인데, 여기서 얘기하는 이용문이 앞에서 거론한 이용운의 동생이다. 이용운은 예편 이후 미국에 이민 가서 살았는데 1970년대 북한을 방문하기도 했다. 이용운이 해군제독으로 있을 당시 성시백은 해군에서 갖고 있던 폐선박을 넘겨받기 위해 이용운에게 접근했다. 폐선박은 해상을 통한 남북교역에 이용하기 위해서였는데, 그 과정에 북한과 연락도 하고 공작금도 벌어들이는 등 여러 가지 목적으로 활용할 수 있었기 때문에 필요했다. 이에 따라 성시백은 금괴를 갖고 이용운을 찾아가 책상에 올려놓으며 "나는 김일성 장군의 특명을 받고 공작하는 사람이다. 해군이 가지고 있는 폐선박을 좀 넘겨달라. 그것을 가지고 해상을 통해 남북교역을 하려고 한다. 그리고 남북교역을 할 때 눈도 좀 감아달라"고 당당하게 부탁해 허락을 받아냈다고 한다. 그 후에는 이용운의 후광을 업고 동해상에서 남북 간의 자유로운 무역을 통해 북한과 연락도 하고 공작금도 충당하는 등 이용운의 도움을 많이 받았다는 것이다. 이러한 사실은 당사자인 이용운이 1970년대에 평양을 방문해 확인해주었다고 한다.

전방사단장이었던 김석원은 김일성이 항일빨치산 활동을 할 때 일본군 연대장을 역임했던 인물이다. 이러한 김석원에게 성시백이 대담하게 접근해 포섭했으며, 그 후 김석원은 연락원 세 명을 김일성에게 파견하기도 했다. 당시 연락원들은 김일성을 만나려고 평양에 도착해 대기하고 있다가 김석원이 신성모 국방장관과의 알력으로 후방으로 좌천되는 바람에 서울로 그냥 돌아왔다고 한다. 그리고 1949년 5월에 전방에서 강태무·표무원 등 두 명의 대대장이 각각 지휘하던 대대병력을 이끌고 월북한 사건이 발생했는

데, 강태무와 표무원은 이미 성시백 조직에 의해 포섭된 사람들이었다.

성시백은 서울 주재 대만대사관 총영사를 통해 1949년 8월 장개석과 이승만 대통령 간의 단독 극비 회동 내용을 입수해 북한에 보고하기도 했다. 당시 성시백이 보고한 정보 가운데는 1950년 2월 이승만 대통령과 맥아더 장군 사이의 도쿄 비밀회담 내용도 있었다. 성시백은 당시 안중근 의사의 조카이자 김구 선생의 비서였던 안우생도 하부 조직원으로 인입해 활동을 시켰는데, 그는 안우생을 통해 김구 선생이 남북연석회의에 참가하도록 하는 공작을 했다. 그러니까 안우생은 김구 선생의 비서인 동시에 북한 공작원이었다. 안우생은 그 후 홍콩에서 공작활동을 하다가 1980년대에는 노동당 대남공작부서인 연락부에서 해외공작원들에게 영어와 스페인어를 가르치는 외국어 강사로 활동했다. 그 후 1980년대 말에 사망해 지금은 평양시 형제산구역 신미리에 있는 '애국열사릉'에 안치되어 있다.

이와 같은 공작활동을 하던 성시백은 1950년 5월 15일 남한 수사기관에 체포되었다. 북한은 성시백이 검거된 이유를 박헌영·이승엽 등이 남로당 출신 스파이 홍민표와 안영달을 시켜 성시백 관련 정보를 남한 정보기관에 넘겨주었기 때문이라고 판단하고 있다. 수사기관에 체포된 성시백은 6·25가 발발한 지 이틀 만인 6월 27일 서울에서 사형이 집행되었다. 6·25 전쟁 발발 3일 만에 북한군이 서울을 점령하자 김일성은 서울지역 위수사령관에게 명령을 내려 성시백을 찾도록 했으나 끝내 찾지 못했다. 김일성은 성시백이 서대문형무소에 없다는 서울 위수사령관의 보고를 받고 서울뿐만 아니라 전국을 뒤져서라도 그를 찾으라고 지시하면서,

그가 죽었다면 시체라도 찾아 오라고 했는데 끝내 시체도 찾지 못했다.

김일성은 못내 아쉬워하면서 평양시 형제산구역 신미리 애국열사릉을 조성할 때 성시백의 가묘를 조성하고 묘비를 세워주었다. 그리고 그 후에는 성시백의 부인이 사망하자 애국열사릉에 합장하도록 했다. 한편 북한에서는 1961년 10월 성시백에게 공화국 영웅 칭호를 수여하고 1990년에는 '조국통일상'을 새로 제정하면서 그에게 수여했다. 이후에도 김일성은 아쉬운 심정을 감추지 못했으며 그로부터 세월이 지난 후 "성시백은 우리 당의 이름 없는 꽃"이라며 그를 치하하기도 했다.

성시백은 1947년 초 평양에 가서 김일성을 만나 그동안의 공작 활동 결과를 보고하고 또다시 임무를 부여받은 다음 다시 남한으로 내려오면서 부인을 데리고 서울로 왔다. 그 후부터는 부인과 함께 서울에서 생활했는데 그때 태어난 아들 이름이 성자립이다. 성시백은 늦둥이 아들을 얻고 무척 기뻐하면서 김일성에게 아들 이름을 지어달라고 부탁했다. 성시백의 부탁을 받은 김일성은 '스스로의 힘으로 인생을 개척하는 훌륭한 사람이 되라'는 의미에서 '성자립成自立'이라고 지어주었다고 한다. 그리고 은으로 된 그릇과 수저세트를 마련해 거기에도 '성자립'이라는 이름을 새겨 선물했다. 김일성이 이름을 지어준 성자립은 현재 북한 최고의 대학이라고 할 수 있는 김일성종합대학의 총장 겸 고등교육상(장관급)을 역임하고 있다. 그는 김일성종합대학 총장으로 임명되기 전 김일성고급당학교 강좌장(학과장)을 역임하기도 했다.[6]

---

6 성시백 관련 내용은 『로동신문』, 1997년 5월 26일; 고준석, 『비운의 혁명가, 박헌영』(서울: 도서출판 글, 1992); 김정기, 『국회프락치사건의 재발견Ⅱ』(서울: 도서출판 한울, 2008); 전직 대남공

북한은 1947년 8월 강동정치학원을 창설하고 월북자들에게 게릴라훈련과 공작교육을 시킨 후 지리산·태백산 등 남한의 여러 산악지역에 파견해 게릴라전을 전개하거나 그곳에서 전개되고 있던 빨치산투쟁을 지원하기도 했다. 전前 북한 고위급 공작원 이선실도 해방 이후 부산지역에서 공산당원으로 활동을 하다 월북해 강동정치학원에 입학, 게릴라전술 및 공작교육을 받은 후 항일빨치산 출신이 이끄는 유격대에 배속되어 강원도 태백산 지역에서 게릴라투쟁을 벌이다 복귀한 바 있다.[7]

　6·25 전쟁 시기에는 서울정치학원과 금강정치학원을 연이어 설립하고 대남공작원들을 양성하는 한편 남한의 수복지역에 정치공작대를 파견하고 그들의 활동을 지도하는 방법으로 대남공작을 전개했다.[8] 그런 의미에서 볼 때 6·25 전쟁은 해방 이후부터 북한이 '통일된 자주독립국가 건설'이라는 국가전략목표를 제시하고 남북통일을 실현하기 위해 음성적으로 전개해왔던 대남공작을 국가적 차원에서 공개적으로 감행한 폭력투쟁의 한 형태이며 대남혁명, 대남공작의 확대판이었다고 해도 과언이 아니다.

작요원 K 씨의 증언(2011년 10월 21일) 등을 종합해 구성한 것이다.

7　1916년 11월 제주도 가파도에서 태어난 이선실의 본명은 이화선이다. 6·25 전쟁이 끝난 이후부터 노동당 대외연락부 공작원으로 활동한 이선실은 1980년 10월 개최된 노동당 제6차 대회에서 당 정치국 후보위원에 선출된 후 사망할 때까지 노동당정치국 후보위원 겸 최고인민회의 대의원을 역임했다. 1960년대 후반부터 일본에 침투해 공작활동을 전개하던 중 북송 재일교포 '신순녀'의 신분으로 세탁한 다음 1980년 3월 영주귀국 형식으로 남한에 합법적으로 침투해 1990년 10월 북한으로 복귀할 때까지 10년 동안 서울에서 대남공작임무를 수행했으며, 북한에 복귀한 후 2000년 8월 사망했다. 사망 후에는 평양 신미리 애국열사릉에 안장되어 있다(전직 대남공작요원 K 씨의 증언, 2011년 10월 21일).

8　1993년 북한으로 돌아간 비전향장기수 이인모는 종군기자라고 주장했으나 실제로는 노동당 지방조직 선전부 간부 출신으로서 6·25 전쟁 발발 이후 정치공작대원으로 임명받고 남파되어 활동하던 대남공작원이다. 그렇기 때문에 그가 북송된 초기에는 대남공작을 전담하는 대외연락부(당시 사회문화부)에서 그의 신병을 관리하다가 통일전선 공작에 활용하려고 통전부에 신병을 넘겨주었다(전직 대남공작요원 C 씨의 증언, 2011년 6월 21일).

대남혁명과 남북통일을 동일시하는 북한의 인식은 휴전 이후에도 변함이 없었으나 그 방법에 있어서는 전쟁과 같은 폭력적인 형식과 함께 평화적인 방법도 모색하는 등 약간의 변화가 있었다. 그것이 바로 진보적이고 혁신적인 정당을 건설한 후 합법적인 방법으로 정권교체를 실현한 다음 북한정권과 연합하는 방법으로 남북통일을 달성하는 방법이었다. 북한이 이와 같은 인식을 하게 된 것에는 휴전 이후 남한의 혼란스러운 사회분위기가 크게 영향을 미쳤다. 이와 같은 복잡한 정세를 틈타 북한의 주도하에 남한에서 진보적이고 혁신적인 정당을 만든 다음 선거를 통해 정권교체를 실현하고 북한정권과 연방제 또는 남북연합의 방법으로 통일을 달성하면 대남혁명도 동시에 완수될 것이라고 인식하고 있었던 것이다.

북한은 이러한 인식을 바탕으로 남한에 진보적이고 혁신적인 정당을 구축하기 위한 대남공작에 역량을 주력했다. 이를 위해 한편으로는 공작원들을 남파하거나 해외에 파견해 남한의 정관계 고위인사들을 포섭하기 위한 공작을 전개하는 동시에 포섭한 대상들을 내세워 새로운 혁신정당을 구축하기 위한 공작을 추진했다. 당시 북한이 추진했던 대표적인 대남공작은 1950년대 중반에 있었던 진보당 창당 개입이라고 할 수 있다. 진보당은 제헌의회 의원이자 초대 농림부장관을 지낸 조봉암의 주도로 창당된 합법적인 정당이었으나 조봉암을 배후조종한 인물은 지금도 북한 대남공작부서에서 전설 같은 존재로, 대부로 불리는 거물급 남파공작원 박정호였다.

박정호는 원래 평양의 양반가문 출신으로서 해방 전에 일본에서 대학을 나온 엘리트였다. 그는 해방 이후 북조선 공산당 평안남도위원회에서 재정부장의 직책에 임명되어 활동했으며, 특히 김일성의 가족과는 울타리를 사이에 두고 살면서 김일성과 두터운 친분을 유지하고 있던 인물이다. 이러한 박정호에게 직접 남파공작임무를 주어 파견한 사람은 다름 아닌 옆집에 살고 있던 김일성이었다. 김일성은 6·25 전쟁이 발발하기 전인 1940년대 말 박정호를 단독으로 불러 남한에 침투해 활동하면서 공산주의자들을 포섭해 지하조직을 만들라는 공작임무를 부여했다. 김일성에게 절대적으로 충성했던 박정호는 김일성의 제의를 흔쾌히 받아들여 대남공작에 몸을 담게 되었다. 당시 김일성은 박정호와의 연계 시 철저한 보안을 유지하기 위해 향후 박정호가 김일성을 찾을 때에는 '김일성'이라고 하지 말고 '김영환'이라는 가명을 사용할 것을 약속했다. '김영환'이라는 이름은 김일성이 원산을 통해 평양에 처음 입성할 때 사용했던 가명이었다. 말하자면 김일성을 찾을 때 반드시 '김영환'을 찾으라는 것이었다.

김일성으로부터 직접 공작임무를 부여받은 박정호는 당 재정경리부장이라는 당시의 직책을 이용해 당 자금을 횡령한 것처럼 가장하기 위해 노동당 금고에서 실제로 거액의 돈을 가지고 가족들과 함께 야반도주해 잠적했다. 그 후 박정호는 6·25 전쟁의 혼란 상황을 틈타 남한의 대북공작선 HID과 연계를 맺고 그 선을 이용해 국내에 침투하는 데 성공했다. 남한에 침투한 박정호는 위장자수하고 전쟁이 끝날 때까지 잠복해 있다가 휴전 이후 무역상으로 활동하면서 합법적인 신분을 공고히 한 다음 과거 공산주의운동을 했던 대상들을 찾아 나섰다. 그 과정에 해방 직후 공산당 활동을 하다가 박헌영과의 개인적인 불화로 공산당을 탈퇴한 조봉암을 접촉하게 되었고 그를 포섭하는 데 성공했다.

조봉암 포섭에 성공한 박정호는 그 사실을 인편을 통해 김일성에게 보고했다. 당연히 '수신인' 란에는 '김일성'이라는 본명 대신 '김영환'이라는 가명이 적혀 있었다. 우여곡절 끝에 박정호의 공작보고 내용이 담긴 자필편지를 받은 김일성은 '김영환'이라는 가명으로 본인을 찾을 사람은 박정호밖에 없기 때문에 그가 살아 있음을 인지하게 되었고, 공작부서 간부들에게 박정호의 가족들을 찾을 것과 박정호와의 통신연락을 시급히 복구할 것을 지시했다. 이에 따라 북한 방첩기관인 내무성에서 간첩가족으로 몰아 오지로 추방했던 박정호의 가족이 평양으로 올라와 김일성을 만나게 되었다. 김일성은 그 자리에서 박정호가 좋아했다는 갈비탕을 대접하면서 그가 직접 써 보낸 자필편지도 가족들에게 보여주었다. 그 후 박정호는 김일성의 특별한 관심 속에 진보당의 창당 및 활동을 배후조종하는 등 공작임무를 수행하다가 진보당 사건에 연루되어 1957년 10월 검거된 후 처형되었다.

북한은 박정호가 검거되고 진보당사건이 발생한 결정적 원인에 대해 북한이 공작금으로 보내준 미화美貨를 잘못 사용했기 때문이라고 분석하고 있다. 박정호가 처형되자 김일성은 박정호의 자녀들을 불러 격려하고 그들을 모두 대학에 보내 공부시킨 후 노동당과 정부의 주요 직책에 임명했다. 박정호의 외아들 박명철은 평양체육대학을 졸업한 후 역도산(본명 김신락)의 딸 김영숙과 결혼해 오래전부터 북한 내각 체육지도위원장(장관급)을 역임했다.[9] 그리고 박정호의 딸들도 노동당 중앙위 부부장(차관급)과 평양시 대외봉사총국장 등을 역임했다. 이것은 북한이 진보당사건에 관여했고

---

9   박명철은 2012년 10월 내각 체육상직에서 물러난 것으로 확인되었다. 『조선일보』, 2012년 10월 18일.

직접적으로는 북한이 대남공작의 대부로 내세우는 거물급 공작원 박정호가 진보당을 배후조종했다는 것을 역설적으로 보여주는 증거가 된다.[10]

　박정호는 당시 조봉암과 함께 진보당 내에 일반 당원들과는 별도로 포치한 비밀당원들을 통해 진보당을 장악하고 지도했다. 이에 대해서는 김일성도 "남조선혁명가들은 혁명력량을 하나로 굳게 묶어세우며 투쟁을 통일적으로 지도할 당을 내올 필요성을 절실히 느꼈으며 그 실현을 위하여 적극 투쟁하였습니다. 남조선혁명가들의 줄기찬 투쟁의 결과로 그리고 남조선혁명운동발전의 필연적 요구를 반영하여 1955년 12월에 남조선혁명가들의 합법적 정당으로서 진보당이 나오게 되였습니다"라며 사실상 진보당 창당에 북한이 개입했음을 시인한 바 있다.[11] 북한은 통상 남파공작원이나 남한에서 북한 공작원에 의해 포섭된 대상들을 가리켜 '남조선혁명가'라는 표현을 사용하고 있기 때문에 김일성이 언급한 대로 진보당 창당과 활동에 북한의 대남공작원 박정호가 개입했다는 것은 이론의 여지가 없을 것이다.

　사실 1960년 5·16 군사쿠데타 이후 북한이 거물급 공작원 황태성을 남파시켜 박정희와의 접촉을 시도했던 것도 진보당을 창당하던 이승만 정권 시기와 같을 것이라는 인식에서 벗어나지 못했기 때문이라고 할 수 있다. 1906년 경북 상주에서 출생한 황태성은 일제 때부터 공산주의자였고 해방 후 조선공산당 경북도당 부위원장을 맡은 바 있으며 1946년 10월 1일의 '영남폭동사건'의

10　박정호의 활동과 관련한 내용은 전직 대남공작요원 K 씨가 북한 대남공작부서에서 생활할 때 김일성의 교시가 수록된 내부 자료 및 '남조선혁명사적관'(평양시 용성구역 소재)에서 본 것을 그대로 증언(2011년 10월 21일)한 것이다.
11　『김일성저작선집』 제5권, p. 482.

주동자의 한 사람으로 활동하다가 월북해 1948년 8월 25일 북한 제1기 최고인민회의 대의원에 선출되었던 인물이다. 김일성과 개인적으로도 안면이 있었던 그는 상업성 부상으로 활동하던 중인 1961년 연락국장 이효순으로부터 박정희를 포섭하라는 임무를 받고 1961년 9월 1일 남파되어 박정희 포섭을 위한 공작을 시도하다가 10월 20일 검거된 후 1963년 12월 처형되었다.[12] 당시 북한이 거물급 공작원 황태성을 급히 공작원으로 소환해 남파한 것은 그와 박정희의 개인적인 친분관계를 이용해 박정희를 포섭한 다음 종국적으로는 남북의 지도자들이 만나 합법적인 방법 즉 남북 연합이나 연방에 합의하는 방법으로 통일을 달성할 수 있다는 판단 때문이었다. 그러나 북한의 예상과 달리 황태성이 검거되어 처형됨으로써 북한의 위와 같은 인식이 오판이라는 것이 확인되었다.

2. 1960년대 중반~1980년대 후반

4·19 민주화운동 이후 남한 내에 조성되었던 민주화 분위기를 타고 군소 혁신정당들이 활발한 활동을 벌일 당시 사회당이 창당되었다.[13] 북한은 남한사회의 민주화와 남북통일에 대한 희망을 갖고 대남공작을 통해 사회당 창당에 직간접적으로 개입했다.[14]

---

12   유영구, 앞의 책, pp. 222-228.
13   사회당은 1960년 11월 27일 최근우·유병묵·유한종·문희중 등에 의해 창당되었다. 사회당은 창당선언문을 통해 "수탈과 억압이 종식되는 사회주의적 사회를 건설할 것을 궁극적 이념으로 한다"고 주장했다. 남시욱, 앞의 책, p. 190.
14   사회당 조직부위원장이었던 최백근은 간첩 혐의를 선고받고 처형(1961년 12월)된 후 북한으로부터 공화국영웅 칭호를 수여받았으며 '조국통일상'이 제정된 후에는 조국통일상을 수상했다. 공화국영웅 칭호는 북한이 대남공작에 특출한 공적을 세운 남파공작원 또는 남파공작원에게 포섭되어 북한을 위해 공작활동을 한 대상에게만 수여하는 점, 그의 자식들이 혁명가 유자녀들만 갈 수 있는 만경대혁명학원을 졸업한 점 등으로 보아 그는 그 전에 북한을 왕래하면서 이미 포섭되어 공작원으로

그러나 북한은 5 · 16 군사쿠데타 이후 변화된 남한의 현실을 인정하지 않을 수 없었다.[15]

"4월 인민봉기에 뒤이어 남조선 애국자들과 인민대중의 혁명적 진출은 날로 강화되고 진보적인 정치세력이 대두하였으며 이 과정에서 사회대중당이 나오게 되었습니다. 남조선혁명가들의 지도 밑에 사회대중당은 민족자주로선에 기초한 민주주의적 통일국가의 창건을 당면과업으로 내세우고 인민들의 대중적 진출을 조국의 자주적 통일을 위한 구국운동으로 이끄는 활발한 조직정치 활동을 벌렸습니다. ……
원쑤들의…… 야수적 폭압으로 말미암아 사회대중당은 파괴당하고 남조선의 혁명력량은 커다란 손실을 입었습니다."[16]

김일성이 연설을 통해 지적한 바와 같이 5 · 16 쿠데타 이후 조성된 남한의 사회정치적 환경은 북한의 대남공작에 상당한 영향을 미쳤다. 이미 언급한 것처럼 북한은 혁신정당을 만들어 혁명역량을 구축하고 이를 바탕으로 합법적인 선거를 통해 진보적인 지도자가 정권을 잡도록 한 다음 남북의 지도자가 만나 통일에 합의하면 곧바로 남북통일이 실현되고 대남혁명이 완수될 것으로 인

활동하고 있었거나 최소한 검거되기 이전에 남파공작원에 의해 포섭된 사람이었던 것으로 보인다. 최백근의 자녀 다섯 명은 현재 북한에서 주요 간부로 활동하고 있다. 남시욱, 앞의 책, p. 191; 『조선』, 2006년 7월호 참조.
15 이와 관련해 김일성은 "5 · 16 '군사정변'이 있은 후 미제와 그 앞잡이들은 남조선에서 로골적인 군사파쑈통치를 실시하는 길에 들어섰습니다. 그들은 남조선인민들의 초보적인 민주주의적 자유와 권리마저 짓밟고 모든 진보적 정당, 사회단체들을 강제로 해산시켰으며 언론, 출판 기관들을 폐쇄하고 수십만의 혁명가들과 애국적 인민들을 닥치는 대로 검거, 투옥, 학살하는 만행을 감행하였습니다"라고 함으로써 남한의 국내정세가 북한의 대남전략 실현에 부정적인 영향을 미치고 있음을 시인한 바 있다. 『김일성저작선집』제5권, p. 483.
16 『김일성저작선집』제5권, pp. 482-483.

식하고 있었다. 그러나 박정희 정권의 '군사파쇼통치'로 인해 사회대중당과 같은 혁신정당의 활동이 불가능해진 여건에서 북한은 진보세력이 합법적으로 세력을 확장하고 또 진보적인 지도자가 평화적인 방법, 선거의 방법으로 정권을 잡는 것이 거의 불가능하다고 인식했다.

북한은 이러한 인식을 바탕으로 대남공작을 두 가지 방향에서 추진했다. 그것은 첫 번째로, 비합법적인 방법으로 당 조직을 건설하는 방법 즉 지하당 구축 방법으로 대남혁명역량을 조성·확대해 민중봉기나 전쟁 등 결정적 시기에 대비하기 위한 준비를 하는 것이며 두 번째로, 남한에서 '군사파쇼통치'를 실시하고 있는 통치자 즉 대통령을 제거하는 것이었다.

무엇보다 북한은 민중봉기나 군인폭동, 전쟁 등을 통해 남한정권을 전복할 수 있는 결정적 시기가 도래하기 전까지를 '대남혁명의 준비기'로 설정하고 이 시기에는 지하당조직 구축을 기본으로 해서 대남혁명역량을 확대 강화함으로써 결정적 시기에 대비하는 것을 대남공작 방향으로 설정했다. 말하자면 남한당국의 '탄압'을 피해 대남혁명역량을 최대한 보존·축적하고 장성·강화시키는 전략을 추구했던 것이다. 이를 위해 북한은 대남공작을 비공개, 비합법 형태의 지하당 건설로 전환했다. 그런 의미에서 볼 때 1960년대 초 도예종에 의해 조직되었던 인민혁명당이나 1960년대 중반 김종태·최영도 등에 의해 만들어졌던 통일혁명당은 혁명역량 구축을 합법적인 방법으로 할 수 없었던 당시의 시대적 상황을 극복하기 위해 북한이 내부적으로 결정한 지하당 건설 방침에 따라 남파공작원을 파견해 비합법적인 방법으로 혁명역량을 구축하려고 만들었던 전위당 조직이었다.[17]

북한은 또한 비합법적으로 지하당조직을 구축하는 수세적이고 방어적인 대남공작뿐만 아니라 보다 공격적인 방법으로 대남혁명역량을 확충하려고 시도하기도 했다. 그런 의미에서 북한이 1968년 11월 울진·삼척 지역을 통해 120명이라는 대규모의 무장공비를 침투시켰던 것은 '단순하고 무모한 군사도발'이 아니라 그들을 통해 강원도의 험준한 산악지역에 '혁명근거지'를 구축한 다음 폭력적인 방법과 선전선동의 방법으로 대남혁명역량을 확충하기 위한 '대담한 조치'였다고 할 수 있다. 당시 북한지도부에 있던 김창봉·허봉학 등 빨치산 출신들은 강원도의 험준한 산악지역을 북-중 국경지대와 같을 것이라고 생각하고 깊은 산속에 대남혁명을 위한 비밀근거지를 구축하려고 했다. 그런 다음 야밤에는 경찰서를 비롯한 관공서와 군부대를 습격하고 선전선동이나 전단 살포 등의 방법으로 주민들을 계몽시키고 낮에는 비밀근거지에서 잠복하는 방법으로 게릴라활동을 전개할 경우 남한의 노동자·농민 등 대남혁명의 기본계급이 호응할 것이라고 판단하고 대규모 무장공비를 파견했던 것이다.[18] 실제로 당시 울진·삼척을 통해 침투했던 무장공비들은 야밤에 경찰서와 관공서를 습격한 다음 주민들을 모아놓고 선동연설을 하고 밤에는 산속에 들어가 은폐하는 등 무장선전 활동을 전개했다. 그렇기 때문에 북한은 이들을 '무장선전대'라고 불렀다.

물론 북한이 이와 같은 시도를 하게 된 것은 당시 미국이 베트남

---

17   북한 대남공작부서에서는 1990년대 초에 남파공작원들에게 통혁당 서울시위원장이었던 김종태의 부인과 인혁당 총책이었던 도예종의 아들 도 모 씨를 찾으라는 지시를 내렸던 것으로 알려졌다(전직 대남공작요원 C 씨의 증언, 2011년 5월 25일).

18   당시 무장공비들은 군복·신사복·등산복 등으로 위장해 침투한 후 야밤이나 새벽에 마을에 내려가 주민들을 모아놓고 남자들은 남로당, 여자들은 여성동맹에 가입하라고 총검으로 위협했다고 한다(울진·삼척 무장공비 침투사건 당시 생존자인 C 씨의 증언, 2012년 10월 23일).

전에 병력을 대거 투입한 상태였고 남한 역시 국군을 베트남에 파병했기 때문에 주한미군과 국군의 전력이 약화되었을 것이라는 판단도 한몫했다. 북한의 이와 같은 '무모하고 대담한 시도'는 결과적으로 게릴라활동에 불리한 자연 지리적 환경 때문에 실패하고 말았지만 당시 경제력과 군사력이 남한에 비해 상대적으로 우세했고 소련과 중국 등 공산권 국가들의 지원까지 받고 있던 북한으로서는 충분히 시도해볼 만한 '군사적 모험'이었다고 할 수 있다.[19]

북한의 '대담한 시도'는 1976년에도 감행되었다. 1976년 8월 18일 발생한 '판문점도끼만행사건'으로 인해 한반도 정세가 악화되자 미국이 전쟁을 일으킬지도 모른다는 생각을 하게 된 북한은 인민무력부 산하 특수전 병력을 남한에 은밀히 침투시켜 각지의 군사기지 주변에 은폐해 대기토록 했다. 이들의 임무는 전쟁이 발발할 경우 일차적으로 남한의 군사기지를 타격한 다음 계속해서 후방지역에 남아 게릴라활동을 전개하는 것이었다. 그러나 그 후 김일성이 유감의 뜻을 전달하는 사과문을 UN군에 전달하고 미국이 이를 수용함으로써 한반도에서 전쟁이 일어나지 않게 되었고, 이에 따라 북한은 남파했던 특수전 병력을 조용히 철수시킨 바 있다.[20] 한편, 1980년 5월 광주민주화운동 이후에는 그와 같은 상황이 다시 발생할 경우 울진·삼척을 통해 침투시켰던 '무장선전대'와 같은 게릴라부대를 투입해 무장봉기를 남한전역으로 확산시킬 목적으로 노동당 통전부 주도하에 100명의 정예요원들을 선발해

---

19   북한은 당시의 작전이 실패하게 된 원인에 대해 남한이 바다와 휴전선 철책으로 막혀 있어 섬이나 마찬가지라는 점을 미처 깨닫지 못했기 때문이라고 분석했다. 말하자면 남한의 자연 지리적 여건과 특성을 감안하지 않고 무모하게 작전을 전개했기 때문이라는 것이다(전직 대남침투요원 S 씨의 증언, 2011년 5월 25일).
20   당시 이들은 해상을 통해 침투했으며, 복귀 후에는 김일성의 이름이 새겨진 고급 손목시계 (일명 명함시계)를 선물로 전달받았다(전직 대남공작요원 K 씨의 증언, 2011년 10월 21일).

특수전 훈련을 시키기도 했다.[21]

다음으로 북한은 한국에서 소위 '군사독재'를 실시하고 있는 통치자 즉 대통령을 제거하는 공작도 동시에 추진했다. 북한이 남한의 대통령을 제거하려고 했던 가장 중요한 이유는 4·19 때와 같이 통치자 한 사람만 하야시키거나 제거하면 노동자·농민·청년학생 등 혁명세력이 들고 일어나 미군을 철수시키고 현존하는 자본주의체제를 전복할 것이라고 판단했기 때문이다. 이렇게 되면 노동자·농민 등 혁명세력이 남한정권을 장악하고 북한과 연합해 남북통일을 실현할 수 있으며, 나아가서 통일된 한반도에 사회주의체제를 세울 수 있다고 판단했기 때문이었다. 그리고 '군사파쇼독재'를 실시하는 대통령을 제거하면 적어도 최소한 박정희 대통령보다는 덜 폭압적인 지도자가 정권을 잡을 것이며, 그렇게 되면 어느 정도 진보세력의 활동도 자유로워지고 이를 바탕으로 빠른 시일 내에 대남혁명역량을 키워 합법적인 선거를 통해 정권을 잡도록 한 다음 바로 남북통일을 실현할 수 있을 것으로 생각했기 때문이다.

북한이 남한 대통령 제거에 관심을 갖게 된 것은 대남혁명의 결정적 시기까지 차곡차곡 준비하기보다는 대통령 제거 등 폭력적인 방법으로 단숨에 대남혁명을 성공시킬 수 있다는 판단과 함께 그런 생각을 가진 일부 강경세력들의 인식도 한몫한 것이 사실이다.[22] 북한의 이러한 인식은 1968년 1월 김신조 등 30여 명의 무

21 　이들은 1981~1984년까지 3년 동안 특수전 교육을 받았으나, 그 사이에 광주민주화운동과 같은 상황이 다시 발생하지 않았고 또 이를 주도했던 노동당 대남담당비서 겸 통전부장 김중린이 1983년 해임되었기 때문에 졸업 후 본래의 목적대로 활용되지 못하고 101연락소나 개관연락소 등 통전부 산하 기관에 배치받았다(전직 대남침투요원 S 씨의 진술, 2011년 5월 25일).
22 　대표적인 강경인물이 1983년 미얀마 아웅산 묘소 폭파사건 당시 노동당 정치국위원 겸 대남공작부서담당비서를 역임하고 있던 김중린이라고 할 수 있다.

장공비를 남파시켜 청와대습격을 시도하다 실패한 사실에서 명백히 표출되었다. 나중에 김일성이 당시의 청와대 습격 미수사건(또는 1·21 사태)에 대해 "일부 모험주의자들의 행위"라며 자신의 개입을 부정했으나 전쟁 시기에나 있을 법한 대규모 무장공비 침투와 대통령 제거 시도 등은 휴전상태에 있는 남북한 상황에서는 전쟁까지 각오하지 않으면 할 수 없다는 점에서 김일성의 재가가 없이는 절대로 불가능한 것이었다. 실제로 김일성은 1970년대 초반 대남공작부서 간부들 앞에서 김신조 등에 의한 청와대습격 미수사건을 거론하면서 "30여 명이나 되는 많은 인원이 청와대 뒷산까지 침투했다는 사실 자체가 대단한 일"이라고 치하한 후 앞으로 많은 인원이 서울까지 은밀하게 침투할 수 있는 대책을 세우라고 지시하기도 했다. 또한 북한 대남공작부서에서는 김신조 등 무장공비를 남파시켜 감행하려던 청와대습격이 실패한 원인에 대해 붙잡았던 나무꾼을 살려 보냈기 때문이라고 분석했다. 말하자면 당시 무장공비 일당이 숙영 중에 붙잡았던 나무꾼을 죽이거나 최소한 다음 행동을 개시할 때까지 돌려보내지 말았어야 하는데 간단한 사상교육만 해서 돌려보냈기 때문에 그 나무꾼이 곧바로 경찰서에 가서 신고함으로써 경찰과 군이 출동하는 사태가 벌어졌고 결과적으로 청와대습격이 실패했다는 것이다. 그리고 대남공작요원들에게 위와 같은 교훈을 되풀이하지 말아야 한다고 교육까지 시켰다.[23]

1·21 사태가 발생한 지 2년 만인 1970년 6월에는 현충일 기념행사에 참석하는 대통령을 살해하기 위해 공작요원을 남파시켜

---

23 이와 같은 교육을 받은 후 어떤 대남침투요원들은 남한에 침투했을 때 이동 중에 만난 남한주민들을 한 사람도 살려주지 않고 모두 죽였다고 한다(전직 대남침투요원 S 씨의 진술, 2011년 5월 25일).

동작동 국립현충원 정문에 폭발물을 설치하려다 실패한 적도 있다. 그리고 1974년 8월에는 재일교포 문세광을 시켜 박정희 대통령 저격을 시도하기도 했으며 그 과정에 육영수 여사가 피살되는 일이 있었다.

이와 같은 북한의 행태는 박정희 대통령에 이어 전두환 대통령 시절에도 변함없이 지속되었다. 그것은 1983년 10월에 있었던 미얀마 아웅산 묘소 폭파사건(일명 랭군폭파사건)이 증명해주고 있다. 아웅산 묘소 폭파사건은 단순히 전두환 대통령 제거 자체가 최종 목적이 아니었다. 전두환 대통령을 제거함으로써 당시 남한에서 극렬하게 전개되고 있던 반미·반정부 투쟁을 더욱 고조·확산시키고 이를 통해 결과적으로 미군을 철수시키고 남한정권을 붕괴시킨 다음 노동자·농민·청년학생 등 '대남혁명의 기본 동력'이 주도하는 민족자주정권을 수립하거나 적어도 민족자주정권 수립에 유리한 국면을 조성하기 위한 목적에서 감행한 것이었다고 할 수 있다.

이와 같이 박정희 정권 이후 1980년대 후반까지 북한의 대남공작은 대남혁명의 결정적 시기에 대비하기 위한 혁명의 준비기 방침에 따라 혁명역량을 확충하기 위한 비합법 지하당구축 공작과 함께 남한의 통치자를 제거함으로써 단숨에 대남혁명을 완수하기 위한 극단적인 방법으로 전개되었다.

제3절
공작원 구성에 따른 대남공작전술 변화

1. 남한 출신에 의한 대남공작

북한에서 대남공작을 직접 담당한 공작원들의 인적구성 변화는 공작수법과 전술의 변화를 동반했다고 할 수 있다.

북한은 무엇보다 광복 직후부터 1970년대 초반까지 주로 연고에 의존하는 대남공작을 전개했다. 북한은 6·25 전쟁 이전에는 물론 6·25 전쟁 이후에도 남한에 연고를 갖고 있는 사람들 즉 남한 출신자들을 공작원으로 선발해 활용하는 수법으로 대남공작을 전개했다. 특히 6·25 전쟁 전후로 월북한 남한 출신자들을 공작원으로 선발한 후 그들을 남파시켜 친인척을 포섭하도록 한 다음 지하당조직을 구축하는 전술을 구사했다. 이것이 바로 연고선緣故線에 의한 공작 또는 남한 출신에 의한 대남공작 전술이다.

북한이 냉전시기에 연고에 의존하는 공작을 전개하게 된 이유는 여러 가지로 이야기할 수 있다. 무엇보다 가장 큰 이유는 남한에 있는 포섭대상이나 남한 출신의 대남공작원 모두 과거에 민족주의운동이나 공산주의운동을 했던 사람들이었기 때문에 연고가 있었다는 것이다. 남파공작원과 포섭대상이 연고관계가 있었으므로 그들을 접촉하기도 편리했으며 상호 간의 신뢰성도 높일 수 있어 포섭에도 유리했다. 아울러 공작원들 대부분이 남한 출신이었기 때문에 남한의 언어와 생활풍습, 문화 등에 대한 별도의 교육이 필요 없었고 단지 공작 관련 교육과 훈련만 실시하면 되었기 때문에 준비기간을 단축시킬 수 있는 등 일석삼조의 효과가 있었다. 실제로도 8·15 광복 이후 북한에는 중국에서 임시정부에 소속되거나 임정 인물들과 연계하에 민족주의운동을 하던 사람들은 물론 남한에서 월북한 공산주의자들과 지식인들, 그들의 친척들과 월남자 가족 등 대남공작에 활용할 수 있는 인적 자원이 얼마든지 있었다. 또한 북한에는 해방 이후 남한의 정관계에서 활동하고 있던 고위급 인물들과 혈연·지연·학연 등과 같은 연고관계를 맺고 있는 사람들 역시 많았다. 해방 직후 김구와 김규식 등 남한의 정관계와 사회계에 폭넓은 인맥을 바탕으로 대남공작을 적극적으로 전개했던 성시백이 좋은 사례라고 할 수 있다.

북한은 특히 4·19와 5·16 등 급변하는 대남정세를 북한에 유리하게 활용하기 위해 남한에 연고가 있는 거물급 인물들에게 공작임무를 부여해 남파시키거나 해외에 파견해 남한의 정관계 인물들에 대한 포섭을 기도하는 등 대남공작을 적극적으로 전개했다. 5·16 이후 박정희 대통령을 포섭하기 위해 밀파되었던 황태성은 박정희 대통령의 대구사범학교 스승인데다가 박정희가 세상에서 가장 존경했다는 친형 박상희와는 조선공산당의 같은 조직선에서 활동하기도 한 친구 사이였다.[24] 그리고 1968년 통일혁명당(약칭 통혁당) 사건 당시 전라도 위원장이었던 최영도를 처음으로

---

24   유영구, 앞의 책, p. 223.

접촉하고 그가 북한에 포섭되도록 안내한 사람은 6·25 전쟁 시기에 월북해 북한에서 간부로 활동하다가 공작임무를 받고 남파되었던 그(최영도)의 조카 김송무였다.[25] 최영도는 김송무의 외삼촌이었다. 이와 같이 북한은 해방 이후에는 물론 6·25 전쟁이 끝난 다음에도 남한 출신자들을 대남공작원으로 선발해 그들을 훈련시킨 다음 남파해 각종 형태의 대남공작을 전개했던 것이다.

연고에 의존해 전개하던 북한의 대남공작은 1970년대에 들어서면서 어려움이 발생하기 시작했다. 남한에 연고를 갖고 있는 6·25 전쟁 전후 월북자 대부분이 노쇠함에 따라 고도의 정신적, 육체적 능력을 필요로 하는 대남공작원으로 더 이상 활용할 수 없는 처지에 놓이게 된 것이다. 이에 따라 북한은 대남공작원 역량 확보를 위해 여러 가지 조치를 취했다.

우선 북한은 남한에 거주하고 있는 '남조선혁명가'의 자녀들을 찾아내 대를 이어 대남혁명에 활용하는 방법을 택했다. 즉 남한에서 활동하다가 희생된 남로당 출신이나 빨치산 또는 남파공작원 자녀들을 찾아낸 다음 그들을 입북시켜 대남공작원으로 양성해 활용하는 방법이었다. 이를 위해 북한은 공작원들을 남파해 과거의 남로당 출신이나 남파공작원 및 빨치산 자녀들을 찾아낸 다음 그들을 대동 월북시켜 1~3년간 본격적으로 공작교육을 실시한 뒤 남파공작원으로 활용했다. 당시 월북해 대남공작 교육과 훈련을 받고 남파된 남로당 및 빨치산 자녀들은 남한에 침투한 후 일반 대학에 입학하거나 사관학교에 들어가 장교로 임관하는 등 정상적인 사회생활을 통해 공작활동을 위한 토대를 구축하도록 했

---

25   유영구, 앞의 책, pp. 271-276; 김질락, 『어느 지식인의 죽음(원제 주암산)』(서울: 행림서원, 2011), p. 43.

다. 그러나 이러한 방법에도 한계가 있었다. 그것은 대남공작원으로 활용할 남조선혁명가의 자녀 즉 과거 남한에서 공산당 활동을 했거나 빨치산 또는 남파공작원으로 활동했던 사람들의 자녀들이 많지도 않았고 찾기도 힘들었으며 힘들게 찾았다 하더라도 그들을 공작원으로 활용하는 데는 많은 제약이 있었기 때문이다.

이와 같은 여건에서 북한은 극단적인 방법을 선택했다. 그것이 바로 무작위로 '남조선사람'들을 납치해 공작원으로 양성하는 방법이었다. 북한 대남공작부서의 이러한 조치는 '남조선혁명은 남조선사람들이 주인이 되어 수행해야 한다'는 김일성의 교시에 따른 것이기도 했다. 이를 위해 북한은 가장 쉽게 '남조선사람'들을 확보할 수 있는 남한어선 납치 방법을 택했다. 북한은 동해와 서해상에서 수많은 남한어선을 납치한 후 나이가 많고 학력수준이 낮아 별로 활용가치가 없는 어부들은 남한으로 귀환시키고 비교적 학력수준이 높고 신체 건강한 젊은 어부들은 각종 회유와 협박의 방법을 동원해 북한에 잔류시켰다. 북한에 잔류시킨 어부들에 대해서는 철저한 재조사와 사상교육을 병행 실시한 후 검증된 인원들을 공작원으로 선발하고 그들을 상대로 공작관련 교육과 훈련을 실시했다.[26]

북한은 또한 대남공작원 확보를 위해 남한과 해외에서 고등학생과 유학생, 회사원 등 남한사람들에 대한 납치도 서슴없이 감행했다. 1970년대 중후반에 해수욕장에 놀러갔다가 북한 대남침투

26　2000년 9월 미전향장기수 북송 당시 북한에 송환된 이재룡 씨(당시 56세)는 강원도 출신으로, 1960년대에 납치된 후 북한에서 공작교육을 받고 남파되어 대남공작활동을 하다가 검거된 납북어부 출신이었으며, 북한을 이탈해 국내에 입국한 사람들 가운데는 1960~1970년대에 북한에 납치된 후 대남공작부서에 소환되어 공작교육 및 남파훈련을 받은 후 사회에 배출되어 일하던 납북어부들이 여러 명 있다.

요원들에게 납치되어 현재 북한에 살고 있는 김영남(일본인 납북자 요코다 메구미의 남편)·이명우·홍건표·이민교 등 고등학생 출신의 납북자들이 대표적인 사례라고 할 수 있다. 북한이 이들을 납치했던 일차적인 목적은 공작교육 및 훈련을 시킨 다음 다시 대남공작원으로 활용하기 위해서였다. 그러나 이들이 북한에 납치된 후 안정을 찾지 못하고 공작교육 및 훈련에도 적응하지 못하게 되자 어쩔 수 없이 이들을 대남방송요원이나 북한 출신 대남공작원들에게 남한의 말과 문화를 가르치는 '적구화교육' 강사로 활용하게 된 것이다.[27]

사실 6·25 전쟁 이후 북한에 납치된 남한사람들은 납북일본인보다 그 숫자가 더 많을 것이다. 그럼에도 불구하고 지금까지 한국정부는 납북자문제 해결에 적극적으로 나서지 않고 있으며, 따라서 '자국민 보호'라는 정부 본연의 임무를 유기遺棄하고 있다고 해도 과언이 아닐 것이다.

2. 북한 출신에 의한 대남공작

북한의 대남공작원 구성에 따른 공작전술에 있어서 가장 큰 변화는 연고에 의한 공작 즉 남한 출신에 의한 공작에서 '무연고無緣故 공작' 즉 북한 출신에 의한 대남공작으로 전환한 것이라고 할 수 있다.

북한은 1970년대 들어와 남한에 연고가 있는 공작원들의 숫자

---

27   북한에서는 대남공작원들이 남한의 말과 문화를 숙지하는 교육과정을 '적구화교육(敵區化教育)'이라고 한다. 언론에서는 '이남화교육(以南化教育)'이라고 하는데 '적구화교육'과 같은 의미이다. 말 그대로 북한사람을 남한사람으로 만드는 교육 즉 '한국인화 교육'이라고 표현하면 정확할 것이다(전직 대남공작요원 C 씨의 증언, 2011년 5월 25일).

가 급격히 감소함에 따라 어쩔 수 없이 남한에 아무런 연고가 없는 순수 북한 출신들을 대남공작원으로 선발해 활용했다. 따라서 연고 공작과 반대되는 개념으로 '무연고 공작'이라고 표현하는 것이다. 이에 따라 북한은 1970년대~1980년대 중반까지는 순수 북한 출신 공작원들을 남파시켜 이미 연고선 공작을 통해 포섭·구축된 지하당조직망을 검열·유지 및 관리하는 대남공작과 함께, 공작원들이 장기간 남한에 체류하면서 포섭할 대상을 선정하고 점차적인 방법으로 그들을 포섭하도록 하는 장기 토대구축 및 매복 공작을 병행했다.[28]

사실 이 시기에는 북한의 대남공작이 소강상태에서 벗어나지 못했는데, 가장 중요한 원인은 남한의 공안기구 및 통치체제가 강화되었기 때문이며 북한식으로 표현하면 남한의 '파쇼폭압기구'가 강화되었기 때문이었다. 다시 말하면 1970년대에 들어서면서 박정희 통치체제가 안정되고 이후 전두환 정권이 들어선 다음에도 1987년 6월 민주화투쟁 이전까지는 남한의 대북정보 및 수사기관의 활동이 강화되었기 때문에 적극적인 대남공작활동을 전개할 수 없었다는 것이다. 또한 이 시기에는 공작원으로 활용할 인적 자원도 거의 고갈된 상태였기 때문에 대남공작 성과를 낼 수 없었다.

그러나 해외에서의 공작은 성공적으로 추진되어 1970년대를 전후한 시기에 일본을 통한 우회침투와 미국과 캐나다 등 해외에서 적지 않은 거물급 인사들을 포섭하는 성과를 거양했다. 남한의 전前 외무부장관 최덕신과 국제태권도연맹 총재였던 최홍희, 동백림사건 관련자이자 유명한 재독음악가인 윤이상과 재독학자 송두

---

28 남파된 공작원들이 장기적으로 안전하게 공작활동을 할 수 있는 생활거점과 합법적인 신분 획득 즉 호적을 취적해 본인을 완전한 남한사람으로 변신시키는 것을 기본으로 하는 공작전술이다.

율 등은 모두 1970년대를 전후해 북한 대외연락부와 통전부의 해외공작원들에 의해 포섭된 인물들이라고 할 수 있다.[29]

북한의 대남공작 전술은 1980년대 후반에 들어와 적극적이고 공격적인 방법으로 급격히 변화했다. 북한은 1970년대 후반부터 집중적으로 양성해놓았던 북한 출신 대남공작원들을 대거 남파시켜 아무런 연고도 없는 운동권 인사들을 직접 만나 자신이 북한에서 남파된 '노동당 대표'라는 신분을 밝히고 포섭을 시도하는 대담한 공작전술을 구사했다. 북한은 1980년대 말부터 본격적으로 활용한 위와 같은 대담하고 적극적인 대남공작 방법으로 당시 남한에서 활동하고 있던 상당수의 운동권 핵심인사들을 포섭해 지하당조직을 구축하는 데 성공했다. 1992년의 남한조선노동당 중부지역당 사건과 1999년의 민족민주혁명당 사건 관련자들이 바로 1980년대 말~1990년대 초반에 북한 공작원에 의해 포섭된 대표적인 운동가들이었다.

위와 같은 변화를 가져오게 한 요인은 몇 가지로 해석할 수 있다. 첫 번째 요인은 북한이 대남공작을 공격적으로 전개할 수 있는 충분한 여건이 남한 내에 조성되어 있었다는 점을 들 수 있다. 그것은 앞에서도 지적한 바와 같이 바로 5·18 광주민주화운동 등 1980년대 초부터 격렬하고 지속적으로 진행되어온 민주화운동을 통해 직업적인 운동가, 자생적인 혁명가들이 수많이 배출됨으로써 포섭대상이 급격히 확대된 것이다. 특히 당시 이들은 북한의 사회주의체제는 물론 김일성과 주체사상에 대해 상당한 호감을 갖고 있었으며 남북통일을 위해서는 북한과 손을 잡아야 한다는 적극적인 생각을 하고 있었다. 심지어는 북한과 연계를 하기 위해 제

---

29   전직 대남공작요원 K 씨의 증언, 2011년 10월 21일.

3국을 통해 자기 조직의 연락원을 북한에 파견하는 자생 지하조직도 존재했다.[30] 사실상 북한이 대남적화통일을 실현하려는 생각을 갖고 있는 중요한 이유의 하나는 남한 내에 북한을 지지 동조하는 세력들이 적지 않게 존재하고 있고 이들이 북한을 향해 끊임없이 구애를 하고 있기 때문이기도 하다. 6·25 전쟁을 일으키기 전에 남로당위원장이었던 박헌영이 김일성에게 '만약 전쟁을 일으키면 남조선지역에서 최소한 30만 명의 인민들이 봉기를 일으켜 북한군의 공격을 지원할 것'이라고 했던 것과 크게 다를 바 없다.

두 번째 요인은 남한사회의 민주화가 본격적으로 실현됨으로써 직업적인 운동가들은 물론 북한에서 남파되는 대남공작원들이 활동할 수 있는 사회적 환경과 여건도 훨씬 좋아졌다는 것이다. 특히 남한사회에 민주화가 실현됨과 동시에 남한사람들의 안보의식이 약화됨으로써 남파공작원들이 웬만큼 실수를 해도 신고당하지 않을 정도가 되었고 남파공작원들이 자신을 북한에서 파견된 '노동당 대표'라고 공공연하게 소개하고 협력해줄 것을 제의하면 그것을 수용하는 친북 및 종북 인사들이 있었기 때문이다.

세 번째 요인은 1970년대 중반부터 선발해 양성한 적지 않은 인원의 순수 북한 출신 대남공작원들이 어떠한 공작임무도 성공적으로 수행할 수 있을 정도로 충분한 능력을 갖추고 있었다는 것이다. 당시 북한에서 태어나 그곳에서 교육을 받은 순수 북한 출신의 '신新세대 대남공작원'들은 고도의 공작교육과 각종 특수훈련은 물론 '적구화교육'을 통해 납북자 및 월북자 출신의 강사들로부터 남한의 말과 문화에 대해서도 충분히 배워 거의 완벽한 '남조선사람'이 되어 있었기 때문에 남한에 침투해 자유자재로 활동하면서

---

30 한기홍, 『진보의 그늘』(서울: 시대정신, 2012), p. 88.

대남공작임무를 수행할 수 있었다.[31]

결론적으로 말하면 1980년대 중후반부터 북한이 대남공작을 적극적이고 공격적으로 전개할 수 있는 주객관적 여건이 성숙되어 있었다고 할 수 있다. 북한은 바로 이러한 주객관적 여건을 적극 활용해 1980년대 후반부터 연고에 얽매이지 않고 순수 북한 출신의 공작원들을 남파시켜 남한의 운동권 인사들에게 접근토록 한 다음 당당하게 자신의 신분을 밝히고 포섭을 시도하는 대담한 방법으로 대남공작을 전개했다.

---

31   북한 공작부서에서는 당시 내부에서 널리 방영되고 있던 영화 〈조선의 별〉에 나오는 김일성의 청년시절 동료들을 지칭하는 '새 세대 공산주의자'와 비유해 북한 출신 공작원들에게 '새 세대 청년공작원' 또는 '새 세대 남조선혁명가'라는 호칭을 사용하기도 했다. 『동아일보』, 1995년 12월 9일 참조.

제4절
탈냉전시기 북한의 대남공작

　탈냉전시기 북한의 대남공작은 변화된 남북한 상황에 맞게 능동적이고 적극적인 방법으로 전술을 전환했다는 데 특징이 있다. 북한은 탈냉전시기에 들어와서도 혁명의 준비기 전략에 따라 비합법적인 지하당조직 구축에 주력하는 등 대남혁명역량 확충을 위한 공작을 지속적으로 전개하는 한편, 민주화가 실현된 남한의 사회적 환경을 최대한 활용해 합법적인 진보정당을 건설하고 이를 통해 평화적인 방법으로 정권교체를 추진하는 방향에서 대남공작을 적극적으로 전개하고 있다.

　무엇보다도 북한은 냉전시대에 해왔던 방식대로 여전히 공작원들을 남파하거나 해외에 파견해 현지에서 운동권 핵심인사들을 포섭한 다음 그들을 통해 남한 내에 지하당조직을 구축·확대하는 방식으로 대남공작을 전개했다. 1960년대 후반에 발생한 통일혁명당 사건 이후 한동안 침체기에 들어갔던 북한의 대남공작은 1987년 6월 민주화투쟁 이후 활기를 띠기 시작했다. 북한은 1980년대 초반부터 남한에서 그 어느 때보다 강력하게 전개되었던 소위 반미자주화 · 반독재민주화 · 조국통일 투쟁을 통해 직업적인 운동가들과 자생적인 혁명가들이 수많이 배출되었다고 판단했다. 이러한 판단을 바탕으로 남한의 운동권 인사들 가운데 북한의 사회주의체제와 김일성 · 김정일 부자, 주체사상을 적극적으로 찬양 · 추종하고 있던 핵심인사들을 포섭대상으로 규정했다. 북한이 위와 같은 판단을 하게 된 것은 1990년을 전후로 한 시점에 남한의 적지 않은 운동권 인사 또는 비합법 투쟁조직들이 북한과 연계를 맺기 위해 평양에 연락원을 보내는 등 적극적으로 대북연계 시도를 했던 것과도 관련된다.[32] 이와 같은 상황에서 북한은 남한의 운동권 핵심인사들을 포섭하고 반미 · 반정부 조직과의 연계를 실현하기 위해 1980년대 말경부터 기존의 '연고선 공작' 전술에서 탈피해 보다 적극적인 방법으로 대남공작을 전개했다.

북한은 1970년대부터 본격적으로 양성해놓았던 북한 출신 공작원들을 대거 남한과 해외에 파견해 현지에서 자생적으로 배출된 운동권 핵심인사들을 접촉하도록 한 다음 본인의 신분 즉 북한에서 파견된 사람임을 밝히고 포섭을 시도하는 대담한 공작전술을 구사했다. 특히 남한 내 지하당조직 구축 공작을 전담하고 있던 당시의 노동당 사회문화부(현 225국)에서는 1980년대 말~1990년대 초까지 수많은 대남공작원들을 해안을 통해 남한에 침투시켜 각계에서 활동하고 있던 운동권 인사들을 포섭해 새로운 지하당조직을 구축하고 기존에 구축해놓았던 지하당조직을 수습하는 등 대남조직공작을 적극적으로 전개했다.[33] 남한에 주체사상을 전

---

32 황인오, 앞의 책, p. 200.
33 전직 대남공작요원 C 씨의 증언(2011년 5월 25일)에 의하면 1980년대 말~1990년대 초반 사이에 노동당 사회문화부 소속 10여 개의 공작조(약 20명)가 남한에 침투해 공작임무를 수행하고 복귀했으며, 어떤 공작원은 2회 연속 남파되어 임무를 수행하고 복귀한 경우도 있었다.

파하는 데 핵심적 역할을 한 바 있는 주사파의 대부이자 민족민주혁명당 총책이었던 김영환 씨를 포섭한 북한공작원 윤택림의 경우에는 1989년에 남파되어 약 1년 동안 서울에서 공작활동을 하면서 여러 개의 지하당조직을 새로 구축하거나 기존에 조직되었던 지하당조직을 수습하는 임무를 수행하기도 했다.[34]

사실상 북한의 대남공작에 의해 남한에 조직된 지하당조직은 노동당 중앙위원회의 지도를 받는 '남조선지역조직'이라고 할 수 있다. 그런 의미에서 1992년에 발생했던 남한조선노동당 중부지역당사건과 1994년의 구국전위사건, 1999년에 발생한 민족민주혁명당사건, 2006년의 일심회사건, 2011년의 '왕재산' 간첩단사건 등을 통해 노출된 지하당조직들은 모두 탈냉전시대인 1980년대 말~1990년대 초까지 북한에서 남파된 공작원들이나 해외파견 공작원들이 운동권 인사들을 포섭한 다음 그들을 통해 구축해놓았던 지하당조직으로서 조선노동당의 하부조직들이었다. 이러한 대남공작 성과가 있었기 때문에 김일성도 1990년대 초반 노동당 대남공작부서 책임자를 불러 '최근 3~4년 동안에 거둔 대남공작 성과가 지난 40여 년 동안 대남공작을 통해 거둔 성과보다 크다'며 치하할 정도였다.[35] 1997년 8월 월북한 전 천도교교령 오익제의 경우에도 1990년대 전후에 남한 또는 해외에서 북한 공작원들에 의해 포섭된 뒤 공작활동을 하다가 월북한 것으로 분석된다.[36]

---

34   전직 대남공작요원 K 씨의 증언(2011년 10월 21일).
35   전직 대남공작요원 K 씨의 증언(2011년 10월 21일).
36   『신동아』 2008년 10월호는 오익제가 자진월북이 아니라 납치된 것이라고 주장하고 있으나, 오익제가 월북한 후 조평통 부위원장과 최고인민회의 대의원 등을 역임한 것을 보면 그는 이미 오래전에 북한 공작원에 의해 포섭된 후 공작활동을 해온 인물이라고밖에 볼 수 없다. 왜냐하면 북한은 단순한 납북자에게 그것도 납치한 지 얼마 안 되는 사람에게 최고인민회의 대의원이나 조평통 부위원장 직책을 맡기지 않기 때문이다. 오익제는 2012년 9월 1일 평양에서 사망했다. 『조선중앙통신』, 2012년 9월 2일.

북한은 또한 탈냉전시대 도래와 함께 남한사회의 민주화 실현으로 혁신정당 및 진보세력의 활동이 상대적으로 자유로워진 사회적 환경과 공간을 적극적으로 활용해 빠른 기간 내에 합법적인 방법으로 혁명역량을 확대 강화하기 위한 공격적인 대남공작전술도 구사하고 있다. 북한은 1990년대 초부터 본격적으로 이루어진 남한사회의 민주화 실현에 편승하여 진보정당을 창당해 대남혁명세력을 합법적인 방법으로 대량 확충하기 위한 작업과 함께 평화적인 선거의 방법으로 정권을 탈취하기 위한 공작을 본격적으로 전개했다. 이를 위해 먼저 공작원들을 남파시키거나 해외에 파견해 진보정당 창당에 직접 관여하고 있는 핵심인물들을 포섭하거나 기존에 포섭한 대상들을 진보정당에 들여보내 조직을 장악하는 방법으로 진보정당을 대남혁명세력으로 만들려고 시도했다. 그 대표적인 사례가 바로 1990년 민중당 창당에 관여했다 노출된 김낙중 사건과 2006년 10월 발생한 일심회사건 등이라고 할 수 있다.[37] 특히 북한은 1990년 창당된 민중당이 2년 후인 1992년 3월에 실시된 제14대 국회의원 선거에서 후보를 당선시켜 원내에 교두보를 확보하도록 하기 위해 100만 달러가 넘는 막대한 공작금을 갖다주는 것도 모자라 1991년 가을에는 남파공작조를 침투시켜 총선이 실시되기 직전까지 서울에 체류하면서 민중당의 총선을 지휘하다 선거를 앞두고 복귀토록 한 바 있다.[38] 그리고 지난 2006년 발생한 일심회사건이나 2011년 8월 발생한 '왕재산' 간

---

37 북한은 1990년 당시 남한에서 공작활동을 하고 있던 노동당 정치국 후보위원인 거물급 공작원 이선실을 통해 민중당 창당에 관여하고 있던 핵심인사들을 포섭하도록 한 다음 그들이 민중당을 장악하는 방법으로 정당공작을 전개했다. 또한 북한은 해외에서 포섭한 인물을 통해 지하전위조직인 '일심회'를 만들도록 하고 회원들을 민주노동당에 들여보내 핵심 당직을 차지하게 하거나 민주노동당의 당직자들을 포섭하는 방법으로 민주노동당을 장악하려고 했다.
38 전직 대남공작요원 K 씨의 증언(2011년 10월 21일).

첩단사건 등을 통해 알 수 있는 것처럼 북한은 먼저 지하당조직을 구축한 다음 조직원(지하당원)들을 통해 진보정당인 민주노동당을 장악한 다음 합법적인 활동공간을 이용해 짧은 시간 내에 대남혁명역량을 대량적으로 확충하기 위한 대남공작을 전개했다. 북한은 남한에서의 혁신정당 건설을 통한 대남혁명세력 확충 및 정권전복을 위해 대남공작부서에 '정당지도과'라는 전담 실무부서까지 신설하는 등 심혈을 기울이기도 했다.[39]

북한이 합법적인 진보정당 건설에 주력한 것은 또한 진보정당 활동공간을 통해 종북세력을 양산하기 위해서였다. 그런 의미에서 최근 논란이 되고 있는 종북세력은 엄연히 말하면 북한 대남공작의 산물이라고 할 수 있으며, 구체적으로는 북한이 과거 대남공작을 통해 구축했던 지하당조직의 산물이라고 할 수 있다. 종북세력은 북한의 가장 믿음직한 동맹자인 동시에 대남혁명의 주력군이며 현재 또는 미래의 지하당원 즉 노동당원들이라고 할 수 있다. 북한은 지하당조직원들이 준수해야 할 구체적인 활동원칙까지 하달하면서 대남혁명역량 구축 즉 종북세력 확산을 시도하고 있다.[40] 이와 같이 진보정당의 합법적인 활동공간을 통해 종북세력을 대량적으로 양산함으로써 대남혁명역량을 획기적으로 확대하겠다는 것이 북한의 진보정당 창당 개입 목적의 하나라고 할 수 있다. 물론 대남공작을 통해 장악한 진보정당의 후보를 총선과 대선에 출마시켜 합법적인 선거의 방법으로 의회를 장악하고 대한민국 정권을 교체함으로써 대남혁명의 목표를 달성하는 것이 가장 중요

---

39   북한은 지난 1990년 민중당이 창당된 후 혁신정당 건설을 통한 남한체제 전복에 주력하기 위해 당시 노동당 대남공작부서의 하나였던 사회문화부 내에 '정당지도과'를 신설한 바 있다(전직 대남공작요원 K 씨의 증언, 2011년 10월 21일).
40   『동아일보』, 2012년 4월 17일 참조.

한 이유임에는 두말할 필요가 없을 것이다.

북한은 지하당조직 구축 및 합법적인 진보정당 건설과 함께 탈냉전시대에 들어와서도 테러와 암살 등 대한민국을 혼란 약화시키고 남남갈등을 조장하기 위한 대남공작 역시 지속적으로 감행하고 있다. 북한은 지난 1988년 서울에서 개최될 예정이었던 88올림픽을 파탄시키기 위해 1987년 11월 KAL기 폭파를 감행했다.[41] 그리고 1997년 2월에는 고도로 훈련받은 특수공작원들을 남파시켜 남한에 망명해 살고 있던 김정일의 처조카 이한영을 암살했다.[42] 2010년에는 탈북자로 위장한 두 개의 공작조를 남파시켜 전 북한노동당 비서였던 황장엽 씨에 대한 암살을 기도하기도 했다. 그리고 2011년에는 탈북자를 매수해 대북전단 살포를 주도하는 탈북자단체의 대표 암살을 시도하다가 검거된 바 있다.

이러한 모든 사실들은 북한의 대남공작활동이 탈냉전시대에 들어와서도 여전히 지속적으로 전개되고 있음을 보여주는 좋은 사례라고 할 수 있다.

북한으로서는 김정은 체제가 존재하는 한 앞으로도 남한 내에 종북세력을 양산하고 대한민국을 전복하기 위한 지하당조직 구축 및 진보정당 건설을 위주로 하는 대남조직공작과 함께 남한사회

---

[41] 1987년 KAL기 폭파사건 이후 당시 김현희 씨가 소속되어 있던 북한 노동당 대외정보조사부에서는 여성공작원들이 의지가 약하다며 공작부서에 있던 여성공작원들을 대거 해임한 바 있다. 사실 북한은 88서울올림픽을 파탄시키기 위해 KAL기 폭파에 이어 연락부(이후 사회문화부→대외연락부→현 225국) 대남공작과에서 김포공항이나 서울역, 고속버스터미널 또는 올림픽주경기장 등 중요 시설물을 폭파하려고 준비했다. 그러나 KAL기 폭파가 북한의 소행이라는 것이 밝혀짐으로써 북한이 국제사회로부터 강한 압박과 고립을 당하게 되자 김정일이 더 이상 테러를 하지 말라고 지시해 테러공작을 중단했다(전직 대남공작요원 C 씨의 증언, 2011년 5월 25일).
[42] 김정일 생일을 하루 앞둔 1997년 2월 15일 성남시 분당의 한 아파트에서 이한영을 테러한 범인들은 '순호조'라 불리는 공작원들이다. 이들은 당시 대외연락부 대남공작과 소속이었으며 테러공작 성공 이후 북한에 복귀해 공화국영웅 칭호를 받고 공작부서에서 간부로 근무하고 있다(전직 대남공작요원 J 씨의 증언, 2009년 6월 12일).

를 혼란·약화시키기 위한 대남선전공작, 그리고 요인 암살과 사이버테러 등 특수공작을 지속 전개할 것으로 예상된다.

제7장

결론

결론

　지금까지 북한이 노동당의 당면목적 가운데 하나로 규정하고 대남전략의 핵심과제로 추진하고 있는 대남혁명전략(남조선혁명전략)의 역사적 전개과정을 살펴보고 그것이 탈냉전시대에 들어와 여러 가지 요인들에 의해 변화되었음을 규명했다.
　이 책은 이러한 연구 목적의 달성을 위해 역사적 제도주의의 관점에서 북한 통치자의 한반도 지배 야욕과 북한의 경제난, 남한의 획기적인 경제발전과 민주화 실현, 탈냉전시대의 도래 등을 변수로 설정하고 이러한 변수들의 작용에 의해 대남혁명전략이 어떻게 결정되고 변화되었는가를 분석했다. 이를 위해 이 책은 북한이 냉전시대에 추구해왔던 대남혁명전략을 역사적으로 살펴보고 그것이 남한과 북한, 국제적 역학관계 등 변화 요인들의 상호작용에 따라 탈냉전시대에 어떻게 변화되었는지를 분석하는 방법으로 연구를 실시했다.
　연구 결과 북한은 자국의 국력이 강하고 국제사회가 사회주의진영과 자유민주주의진영으로 양분된 가운데 소련·중국 등 북한을 지지하는 강력한 국제적 혁명역량이 존재했던 냉전시대에는 힘(무력)에 의존하는 대남혁명전략을 수립하고 공세적이고 도발적인 대남정책을 구사해왔다는 것이 규명되었다.

북한이 냉전시기에 대남혁명전략 목표 달성을 위해 가장 먼저 시행했던 중요한 조치의 하나는 북한지역을 대남혁명의 전진기지, 혁명근거지로 만들어야 한다는 소위 '민주기지 건설론'을 제시하고 이를 적극적으로 추진한 것이다. 민주기지 건설론은 해방 직후 조건이 보다 유리한 북한에서 먼저 혁명을 급속히 추진시켜 북한지역을 전국혁명(정확히 표현하면 대남혁명)을 위한 강력한 기지로 만든다는 김일성의 '혁명근거지 건설론'에 이론적 바탕을 두고 있다. 혁명근거지 건설론은 혁명운동의 승리가 반혁명역량에 대한 혁명역량의 압도적 우세에 의해 보장되는데, 이러한 혁명역량은 일정한 지역과 주민을 포괄하는 혁명적 민주기지에 의존해야 정치·경제·군사적으로 더욱 강력하게 구축될 수 있다는 논리이다.

이와 같은 논리에 따라 북한은 해방 직후 남한에서 월북한 좌익세력 및 공산주의자들을 규합해 빨치산을 조직하고 그들을 훈련시킨 후 다시 태백산과 지리산·덕유산 등 남한지역의 산악지역에 침투시켜 해당 지역의 좌익세력과 연계하에 빨치산활동을 전개하도록 했다. 그리고 북한에서 게릴라요원들을 훈련시켜 남파하는 등 남한에서의 빨치산활동을 물심양면으로 적극 지원했다. 북한의 위와 같은 행위는 6·25 전쟁이 끝난 다음 국군의 대대적인 공격에 의해 남한지역에서 빨치산의 존재가 사라질 때까지 지속되었다. 지금도 북한은 대남혁명 완수를 위해 수많은 대남공작원들을 양성해 남파시키고 그들을 통해 남한의 자본주의체제 전복과 사회주의혁명을 주요 목적으로 하는 지하당조직을 구축하도록 하고 있다. 그리고 지하당조직을 동원해 각계각층의 대중단체들을 만들고 이들의 투쟁을 조직 지도해 대남혁명의 결정적 시기를 조성하기 위한 대남공작을 끊임없이 전개해오고 있다. 북한의 위와 같은 조치와 행위는 해방 직후 북한이 제시하고 추진했던 '민주기지 건설론'이 '혁명기지 건설론'으로 표현만 바뀌어 현재도 유효할 뿐만 아니라 앞으로도 변함이 없다는 것을 명백히 입증해주고 있다.

북한은 또한 남한사회를 미국의 식민지인 동시에 봉건적인 요소가 지배적인 관계를 이루고 있는 반#봉건사회로 평가하고 이를 극복하기 위해서는 남한에서 반제반봉건민주주의혁명을 수행해야 한다고 주장했다. 민족해방인민민주주의혁명으로 불리기도 했던 반제반봉건민주주의혁명은 남한을 식민지로 만든 '미제국주의美國'를 반대하는 민족해방혁명인 동시에 자본주의적이며 봉건적인 경제관계를 청산하기 위한 인민민주주의혁명이라는 데 본질이 있다. 이러한 반제반봉건민주주의혁명은 노동자·농민·청년학생·지식인 등 남한의 혁명세력이 주요 타격대상인 미국과 그 추종세력인 반동관료·지주·매판자본가 등을 타도하기 위한 혁명이라는 특징을 갖고 있다.

'폭력혁명론'은 북한이 냉전시기에 '남한체제 전복' 또는 '정권 전취'라는 대남혁명전략 목표 달성을 위해 내걸었던 유일한 투쟁방법이었다. 이는 대남혁명 승리가 주권을 전취하는 데 있으며 혁명세력이 반혁명세력(혁명의 타도대상)으로부터 정권을 빼앗는 유일한 방법은 군사쿠데타나 민중봉기 등 폭력적이고 강압적인 방법밖에 없다는 논리에 기초하고 있다. 북한은 이러한 논리를 바탕으로 공작원들을 남한과 해외에 파견해 대남혁명을 선두에서 지도

할 지하당조직을 구축하는 등 남한정권을 폭력적 방법으로 전복시킬 혁명역량 구축에 주력했으며, 경우에 따라서는 남한의 최고통수권자인 대통령 암살을 시도하기도 했다.

한편, 북한은 대남혁명의 시기를 준비기와 결정적 시기로 구분하고 시기별 정책방향을 제시했다. 이에 따라 혁명의 준비기에는 대남혁명역량을 최대한 축적·장성시켜야 한다는 방침하에 지하당조직과 대중단체 건설 등을 추진하는 한편 남한사회를 내부적으로 혼란 약화시키기 위한 대남도발도 끊임없이 감행했다. 이를 통해 혁명의 결정적 시기 즉 남한체제를 전복할 수 있는 여건을 조성하는 데 주력했다.

그러나 모든 사물현상이 그러하듯이 북한의 대남혁명전략 역시 영원히 불변한 것은 결코 아니다. 특히 대남혁명전략의 결정과 변화에 직접적인 영향을 미치는 변수들의 역학관계 변화는 필연적으로 대남혁명전략의 변화를 가져오게 하는 결정적 요인이었다. 무엇보다 대남혁명전략의 추진주체인 북한이 심각한 경제난과 식량난 등으로 인해 국력이 급격히 쇠퇴하고 반면에 대남혁명전략의 적용대상인 남한은 획기적인 경제발전과 민주화 실현 등으로 인해 전체적인 국력이 강해졌다. 또한 소련과 동구권 사회주의 국가들이 붕괴되고 중국이 개혁·개방에 나섬으로써 과거 북한을 지지하거나 옹호했던 국제적 혁명역량이 급격히 약화된 반면 남한의 가장 중요한 동맹국인 미국이 초강대국으로 등장함으로써 오늘의 국제관계는 남한에 유리하게 전환되었다. 북한은 바로 탈냉전시기에 변화된 이와 같은 대내외적 환경 및 현실적 여건과 냉전시기에 대남혁명전략을 추진하면서 얻은 경험 등을 토대로 대남혁명전략을 재정립하는 한편 일부 내용을 수정 또는 변화시키는 조치를 취했다.

　이 책에서는 바로 이와 같은 북한의 대남혁명전략 변화에 주목하고 변화의 요인과 내용 등을 구체적으로 밝히는 데 주력했다.

　북한은 혁명의 전략전술이 목표·수단·방법 등 3대 요소로 구성된다는 논리를 제시하고 그에 기초해 대남혁명전략을 구체적으로 재정립했다. 무엇보다 대남혁명의 목표를 전취목표와 타격목표, 주되는 목표와 보조적 목표, 당면목표와 차후목표 등으로 구체적으로 세분화해 재정립했다. 먼저 현 시기 대남혁명을 통해 우선적으로 취해야 할 전취목표로는 자주적 민주정권을 수립해 남한사회를 자주화하는 것으로 정하고 사회정치생활의 민주화를 실현하는 것을 보조적 전취목표로 규정했다. 그리고 자주적인 민주정권의 성격과 기능을 발전시켜 사회생활의 모든 분야에서 민주주의혁명을 철저히 수행하는 것을 차후 전취목표로 정했다. 또한 미국의 침략세력과 그의 제도적 장치인 식민지통치체제를 주되는 타격목표로 정하고 군부 및 관료들을 위시로 한 집권세력과 이들이 점유하고 있는 권력체계와 폭압기구 및 악법들로 이루어지는 남한정권을 보조적 타격목표로 규정했다. 아울러 계급해방의 관점에서는 지주·매판자본가(재벌)를 대남혁명의 타격목표로 설정했다.

　다음으로 북한은 육체노동에 종사하는 노동자들만 노동자계급의 범주에 포함시켰던 과거의 인식에서 탈피해 정신노동에 종사하는 근로자들까지 노동자계급의 범주에 포함시킴으로써 결과적으로 대남혁명 역량의 외연확대에 주력한 것이 특징이다. 이와 함께 농민에 대해서도 농민 일반을 기본 동력으로 규정했던 과거의 인식과 달리 농민의 범위를 보다 구체화했다. 북한은 또한 탈냉전시대에 들어와 대남혁명의 주력군에 기존의 노동자·농민 계급

외에 청년학생과 진보적 지식인들을 추가로 포함시켜 주력군의 외연을 확대했다. 아울러 남한사회의 민주화가 실현된 이후 진보적인 정당의 활동이 가능해짐에 따라 지하당조직뿐만 아니라 합법적인 형태의 진보정당도 대남혁명을 이끌어가는 전위조직이 될 수 있다는 판단하에 혁신정당 건설도 적극 추진하고 있다.

　탈냉전시기에 들어와 북한이 추구하는 대남혁명의 방법적인 측면에서 가장 중요하게 변화한 것은 폭력과 비폭력 투쟁을 배합하는 등 강온양면 전술을 동시 구사하는 방향으로 선회한 것이라고 할 수 있다. 사실 과거에 북한은 '적대분자들이 정권을 순순히 내놓은 적이 없다'며 대남혁명의 목표인 정권전취가 민중봉기나 무장폭동 등 폭력적이고 강압적인 방법에 의해서만 가능하다는 인식을 갖고 있었다. 그러나 남한사회의 민주화가 실현된 이후에는 선거와 같은 평화적이며 합법적인 방법을 통해서도 대남혁명의 목표인 정권전취가 가능하다는 인식하에 대선과 총선에 적극적으로 대응하고 있다는 것이다.

　이 책에서는 북한의 대남혁명전략이 역사적으로 어떻게 전개되고 내용적으로 어떻게 변화되었느냐에 대해서뿐만 아니라 북한이 대남혁명전략 실현을 위해 대남공작을 관장하는 대남공작기구를 만들고 실제적으로 대남공작을 어떻게 전개해왔는지에 대해서도 살펴보았다. 아울러 탈냉전시기 북한의 대남혁명전략 변화가 남한사회를 북한체제와 같은 사회주의체제로 만들겠다는 대남혁명의 목표를 포기하는 근본적인 변화가 아니라 불리한 대내외적 여건을 극복하고 어떻게 하든 대남혁명을 성공시키기 위한 표면적인 변화에 불과할 뿐이라는 점도 분명히 밝혔다. 말하자면 일부에서 주장하는 것처럼 전략적 변화, 전략적 수정이 아니라 전술적 변화, 전술적 수정에 불과하다는 것이다. 이렇게 북한의 대남혁명전략은 변한 것은 있는데 근본적으로는 변한 것이 없기 때문에 '변화 없는 변화' 또는 '변화 아닌 변화'라고 표현할 수 있다. 이와 함께 북한의 대남혁명전략 변화가 내부의 필요에 따른 자발적이며 능동적인 변화가 아니라 외부로부터 강요된 수세적이고 피동적인 변화라는 것을 규명했다.

이상과 같이 이 책에서는 북한이 8·15 광복 이후 추진해온 대남혁명전략의 이론적 전개과정을 살펴본 다음 그것이 탈냉전 이후 어떻게 변화돼왔고 변화의 본질과 성격이 어떤 것인지에 대해 규명하는 동시에 대남혁명전략 실현을 위한 대남공작을 어떻게 전개하고 그것을 지도하는 대남공작조직과 지도체계가 어떻게 변화돼왔는지에 대해서도 구체적으로 살펴보았다.

북한은 지난 2010년 9월 진행된 제3차 당대표자회에서 노동당 규약을 개정하면서 대남혁명과 관련된 내용을 부분적으로 수정했다. 과거 "노동당의 당면목적이 전국적 범위에서 민족해방인민민주주의혁명을 수행"하는 것이라고 했던 문구에서 '인민'이라는 단어를 삭제한 것이다. 이를 두고 일부에서는 북한의 대남혁명전략이 변했다고 주장하고 있다. 물론 '인민민주주의혁명'과 '민주주의혁명'이라는 표현 자체만 놓고 봤을 때는 변한 것이 사실이다. 그러나 이것은 과거의 '인민민주주의혁명'이라는 용어를 '민주주의혁명'이라는 표현으로 대체함으로써 본래의 목적을 포기하거나 목표를 낮춘 것처럼 포장한 것일 뿐이지 진정으로 대남혁명을 통해 달성하려는 '인민민주주의혁명'이라는 본질적인 부분을 포기한 것은 아니라는 것을 지적하고 싶다. 사실 북한은 대남혁명전략을 정립하던 초기에도 대남혁명의 성격을 '반제반봉건민주주의혁명' 또는 '민족해방민주주의혁명'이라고 규정하고 내용적으로는 '인민민주주의혁명'을 의미하는 개념으로 사용한 바 있기 때문이다. 앞에서 언급한 북한의 발표는 엄격하게 말해 탈냉전시대를 맞아 1990년대 초반에 이미 수정했던 내용을 20년이 지난 2010년에 와서 노동당 대표자회를 통해 공식화한 것에 지나지 않는다고 할 수 있다.

그럼에도 불구하고 북한의 대남전략이 변한 것처럼 보이는 것은 북한을 바라보는 우리의 시각이 변하고 북한을 평가하는 기준이 변했기 때문이라는 점을 지적하고 싶다. 같은 사물이라도 정면에서 볼 때와 측면에서 볼 때 그 모양과 크기가 다르게 보이며 어떤 기준을 가지고 보느냐에 따라 크기는 달라질 수밖에 없기 때문이다. 사회현상 역시 마찬가지이다. 이와 같이 북한을 보는 우리의 시각과 잣대가 변했기 때문에 북한이 변한 것처럼 보일 뿐이다.

북한의 대남혁명전략은 예나 지금이나 변함이 없다. 즉 대한민국을 미국의 식민지로, 반자본주의사회로 규정하고 민족해방민주주의혁명을 통해 주한미군을 철수시키고 남한의 자본주의체제를 전복해야 한다는 대남혁명전략 목표에는 조금도 변함이 없다. 북한의 대남혁명의 목적이 변하지 않고 변할 수도 없는 것은 대남혁명을 성공적으로 수행하는 것이 북한에서 사회주의체제를 공고화하는 것과 함께 북한 노동당의 중요한 존재 이유이기 때문이다. 또한 대남혁명의 성과적 수행은 북한의 선대지도자 김일성 · 김정일의 유훈이자 3대 세습을 통해 지도자로 등극한 김정은의 의지이기 때문이기도 하다.

북한은 앞으로도 남한의 자유민주주의체제 전복을 위해 한편으로는 남한사회 내부 혼란과 남남갈등 조장을 위한 사이버테러 등 대남도발과 남북대화를 적절히 배합하면서 합법과 비합법 등 가능한 수단과 방법을 총동원해 지하당조직을 위시로 한 대남혁명역량을 구축함으로써 대남혁명의 결정적 시기를 조성하기 위한 대남공작을 지속적으로 전개할 것으로 전망된다.

참고문헌

1. 국내 문헌

1) 단행본

경찰청,『좌익운동권 변천사(1945-1994년)』(경찰청, 1994).
고준석,『비운의 혁명가, 박헌영』(서울: 도서출판 글, 1992).
국가안보전략연구소 편,『국제문제연구』2010년 겨울, 제10권 제4호.
―――,『김정은 체제 출범 이후 북한의 미래 전망』(국가안보전략연구소 주최 학술회의 자료집, 2012).
―――,『북한의 노동당 규약 개정과 3대 권력세습』(국가안보전략연구소 주최 학술회의 자료집, 2011).
그레이엄 앨리슨 · 필립 젤리코 공저, 김태현 역,『결정의 엣센스』(서울: 모음북스, 2005).
김계동,『북한의 외교정책: 벼랑 끝에 선 줄타기외교의 선택』(서울: 백산서당, 2002).
김국신 외,『분단극복의 경험과 한반도 통일 1』(서울: 한울아카데미, 1994).
김세균 외,『북한체제의 형성과 한반도 국제정치』(서울: 서울대학교출판부, 2006).
김영수 외,『김정일 시대의 북한』(서울: 삼성경제연구소, 1997).
김용규,『소리 없는 전쟁』(서울: 원민, 1999).

김용호,『현대북한외교론』(서울: 도서출판 오름, 1996).

김장호,『한국사회성격 논의의 재조명』(서울: 도서출판 한, 1990).

김정기,『국회프락치사건의 재발견 Ⅰ,Ⅱ』(서울: 도서출판 한울, 2008).

김종찬,『실용외교의 탐욕』(서울: 새로운 사람들, 2008).

김질락,『어느 지식인의 죽음(원제 주암산)』(서울: 행림서원, 2011).

김태현 · 유석진 · 정진영 편,『외교와 정치』(서울: 도서출판 오름, 1998).

김현희,『나는 여자가 되고 싶어요』(서울: 고려원, 1991).

남북문제연구소,『북한의 대남전략 해부』(1996).

남시욱,『한국 진보세력 연구』(서울: 청미디어, 2009).

남주홍,『통일은 없다』(서울: 랜덤하우스중앙, 2006).

내외통신사,『內外通信 종합판(49)』(서울: 내외통신사, 1993).

돈 오버도퍼,『北한국과 南조선 두 개의 코리아』(서울: 중앙일보, 1998).

류상영 외,『국가전략의 대전환』(서울: 삼성경제연구소, 2001).

박영규,『김정일 정권의 외교전략』(서울: 통일연구원, 2002).

방인혁,『한국의 변혁운동과 사상논쟁』(서울: 소나무, 2009).

북한연구학회 편,『북한의 통일외교』(서울: 경인문화사, 2006).

비오티 · 카우피 지음, 이기택 옮김,『국제관계이론 현실주의, 다원주의, 글
 로벌리즘』(서울: 일신사, 2002).

서동만,『북조선사회주의체제성립사 1945~1961』(서울: 선인, 2005).

성혜랑,『등나무집』(서울: 지식나라, 2000).

세종연구소 북한연구센터 엮음,『북한의 국가전략』(서울: 도서출판 한울,
 2005).

－－－,『북한의 대외관계』(서울: 한울, 2007).

－－－,『세종정책연구』제5권 2호(2009).

송남헌,『해방 3년사』(서울: 까치, 1985).

스칼라피노 · 이정식 공저,『한국공산주의운동사』제2권(서울: 도서출판 돌베개, 1986).

신상옥 · 최은희 비록,『우리의 탈출은 끝나지 않았다』(서울: 월간조선사, 2001).

신평길 편저,『김정일과 대남공작』제1권(서울: 북한연구소, 1997).

안병직 편,『한국 민주주의의 기원과 미래-보수가 이끌다』(서울: 도서출판 시대정신, 2011).

양성철 · 강성학 공편,『북한외교정책』(서울: 서울프레스, 1996).

외교통상부,『2009년 외교백서』(외교통상부, 2009).

유영구,『남북을 오고 간 사람들』(서울: 도서출판 글, 1993).

이성구,『북한의 대남정책과 통일』(서울: 도서출판 들샘, 2006).

이정길,『철학의 새로운 단계』(서울: 녹두, 1989).

이정훈,『한국의 스파이 전쟁 50년-공작』(서울: 동아일보사, 2003).

이종석,『분단시대의 통일학』(서울: 한울아카데미, 1998).

────,『새로 쓴 현대북한의 이해』(서울: 역사비평사, 2000).

────,『조선로동당 연구: 사상, 체제, 지도자』(서울: 역사비평사, 1995).

이한영,『김정일 로열패밀리』(서울: 도서출판 시대정신, 2004).

이항구,『제5전선』(서울: 다나, 1996).

정경환 외,『노무현 정권 대북정책의 평가』(한국통일전략학회, 2008).

정규섭,『북한외교의 어제와 오늘』(서울: 일신사, 1997).

정보사령부,『북한연보 2002』(서울: 정보사령부, 2003).

정봉화,『북한의 대남정책: 지속성과 변화, 1948-2004』(서울: 한울아카데미, 2005).

정창현,『곁에서 본 김정일』(서울: 토지, 1999).

────,『인물로 본 북한현대사』(서울: 민연, 2002).

조현연,『한국 진보정당 운동사』(서울: 후마니타스, 2009).
조희연,『한국사회운동사』(서울: 죽산, 1990).
중앙정보부,『北韓 對南工作史』제1권(중앙정보부, 1972).
--- ,『北韓 對南工作史』제2권(중앙정보부, 1973).
차란희,『내 아들의 사랑이 남편을 죽였다』(서울: 도서출판 푸른향기, 2012).
최 성,『김정일과 현대북한정치사』(서울: 한국방송출판, 2002).
최완규,『북한은 어디로: 전환기 '북한적' 정치현상의 재인식』(마산: 경남대 출판부, 1996).
최진욱,『김정일 정권과 한반도 장래』(서울: 한국외국어대학교출판부, 2005).
통계청,『남북한 경제사회상 비교』(2003).
통일교육원,『북한이해』(2009).
통일연구원,『2009 북한개요』(2009).
한국은행,『남북한 경제사회상 비교』(1996).
한기영,『한국 사회성격 논의』(서울: 도서출판 대동, 1989).
한기홍,『진보의 그늘』(서울: 도서출판 시대정신, 2012).
허문영,『북한외교의 특징과 변화가능성』(서울: 통일연구원, 2001).
--- ,『북한외교정책 결정구조와 과정: 김일성시대와 김정일시대의 비교』(서울: 통일연구원, 1998).
허문영 외,『평화번영정책 추진성과와 향후과제』(통일연구원, 2007).
현성일,『북한의 국가전략과 파워엘리트』(서울: 선인, 2007).
홍승길,『북한의 '남조선사회변혁운동' 전략노선 평가』(서울: 통일연구원, 1996).
홍진표 · 이광백 · 신주현,『친북주의 연구』(서울: 도서출판 시대정신,

2010).

황병무, 『전쟁과 평화의 이해』(서울: 오름, 2001).

황인오, 『조선노동당 중부지역당 총책 황인오 옥중수기』(서울: 도서출판 천지미디어, 1997).

황장엽, 『나는 역사의 진리를 보았다』(서울: 도서출판 한울, 1999).

--- , 『북한의 진실과 허위』(서울: 도서출판 시대정신, 2006).

후지모토 겐지, 『김정일의 요리사』(서울: 월간조선사, 2004).

--- , 『북한의 후계자 왜 김정은인가?』(서울: 맥스미디어, 2010).

2) 논문

(1) 박사학위논문

박상수, 「탈냉전기 북한의 대남정책의 성격에 관한 연구-정체성의 정치와 권력정치의 상호작용을 중심으로-」(경남대학교 북한학과 박사학위논문, 2010).

변상정, 「김정일 시대의 과학기술정책과 체제안보」(연세대학교 대학원 정치학과 박사학위논문, 2009).

오병훈, 「북한의 대외경제정책 변화에 관한 연구-위기상황에서 정책변화의 역동성-」(고려대학교 대학원 행정학과 박사학위논문, 1994).

이대근, 「조선인민군의 정치적 역할과 한계-김정일 시대의 당·군 관계를 중심으로-」(고려대학교 대학원 정치외교학과 박사학위논문, 2000).

이종석, 「조선로동당의 지도사상과 구조 변화에 관한 연구-주체사상과 유일지도체계를 중심으로-」(고려대학교 대학원 정치외교학과 박사학위논문, 1993).

정봉화, 「북한의 대남정책연구: 1948-1998」(경남대학교 대학원 정치외교학 박사학위논문, 2000).

최세경, 「북한의 대남 통일전선전략에 관한 연구」(동국대학교 행정대학원 박사학위논문, 2005).

현성일, 「북한의 국가전략과 간부정책의 변화에 관한 연구」(경남대학교 대학원 박사학위논문, 2006).

(2) 학술논문

고병철, 「북한 외교정책의 형성과정」, 『북한의 대외정책』(서울: 경남대학교 극동문제연구소, 1986).

고유환, 「북한의 대내 정치와 대남정책의 상관성 분석」, 『통일경제』, 제25호(1997).

곽승지, 「안보전략」, 세종연구소 북한연구센터 엮음, 『북한의 국가전략』(서울: 한울아카데미, 2003).

김근식, 「노무현정부 대북정책의 평가: 평화번영정책과 북핵해법을 중심으로」, 『국가경영전략』 제4권 2호(2005년 2월).

김연각, 「북한의 통일정책과 민족해방전쟁론」, 한국정신문화연구원 현대사연구소 주최 제2회 국내학술회의 발표문(1998년 8월 28일).

김영수, 「김정일 정권의 대남정책」, 이상우 편, 『21세기 동아시아와 한국 I: 부상하는 새 국제질서』(서울: 도서출판 오름, 1998).

김용호, 「대북정책과 국제관계이론: 4자회담과 햇볕정책을 중심으로」, 『한국정치학회보』, 제37집 3호(2002).

김윤권, 「제도변화의 통합적 접근: 역사적 신제도주의를 중심으로」, 『한국정책학회보』, 제14권 제1호(2005).

류길재,「북한 대외정책의 결정구조와 과정」,『통일문제연구』, 제12권 (1991).

―――,「남북한 관계와 북한의 국내정치: 남한요인은 결정적 변수인가」,『남북한 관계론』(서울: 도서출판 한울, 2005).

서대숙,「북한의 국내정치와 통일정책」, 김한교 외,『한반도의 통일전망: 가능성과 한계』(서울: 경남대학교 극동문제연구소, 1986).

서동만,「북한의 대남정책」,『통일시론』창간호(1998).

신종대,「남북한 관계와 남한의 국내정치: 북한요인과 국내정치의 연관과 분석틀」,『남북한 관계론』(서울: 도서출판 한울, 2005).

양호민,「북한의 통일목표와 전략」, 신정현 편,『북한의 통일정책』(서울: 을유문화사, 1989).

오승렬,「북한 경제제도의 한계와 개혁방향」, 민족통일연구원 편,『북한 경제제도의 문제점과 개혁전망』(서울: 민족통일연구원, 1996).

유동열,「노무현 정부 출범 이후 북한의 대남전략 분석」,『북한학보』, 제29집(북한연구소, 2004).

유호열,「북한외교정책의 결정구조와 과정」, 양성철 · 강성학 공편,『북한 외교정책』(서울: 서울프레스, 1995).

이기종,「북한의 대남정책 결정요인과 전망」,『국제정치논총』, 제37집 2호 (1997).

이도향,「북한의 대남정책 결정구조와 특징」,『북한조사연구』, 제10권 2호 (국가안보통일정책연구소, 2006).

이상우,「북한의 대남정책: 전략과 실제」,『한국의 안보환경』(서울: 서향각, 1997).

이창현,「김대중 정부 출범 이후 북한의 대남정책」,『한국동북아논총』, 제6권 제3호 통권 20집(한국동북아학회, 2001).

장수련,「끝없는 대남적화전략」,『북한』(1995).

———,「북한의 대남혁명전략」,『민주통일론』(서울: 통일연수원, 1992).

정규섭,「1980년대 북한의 외교와 대남정책」,『현대북한연구』, 제7권 1호 (2004).

정성장,「북한의 통일 및 대남정책 목표의 변화 연구」,『고황정치학회보』, 제2권(1999).

최영관,「북한의 대남정책」,『통일문제연구』(조선대학교 통일문제연구소, 2000).

최완규,「북한의 연방제 통일전략 변화 연구」,『북한조사연구』, 제10권 2호 (국가안보통일정책연구소, 2006).

———,「김정일 정권의 대남정책 변화 요인과 방향연구, 1994-1998: 북한 국내정치와 대남정책과의 상관성을 중심으로」,『안보학술논집: 국방대학교 안보문제연구소』(1998).

홍승길,「북한의 남조선 변혁운동 전략노선 평가」,『통일연구논총』, 제5권 2호(1996).

3) 신문 · 잡지

『동아일보』, 1995년 12월 9일, 1998년 6월 17일, 2012년 4월 17일.

『신동아』, 1999년 10월호, 2008년 10월호, 2012년 5월호.

『연합뉴스』, 2009년 5월 10일, 2010년 3월 8일.

『월간조선』, 1992년 9월호, 1999년 10월호, 2012년 4월호 · 6월호.

『월간중앙』, 1996년 6월호.

『조선일보』, 1997년 11월 21일, 2006년 4월 13일, 2010년 4월 21일.

『주간조선』, 2012년 4월 2~8, 2200호, 2012년 6월 11~17, 2210호.
『중앙일보』, 2004년 12월 10일, 2005년 2월 2일, 2009년 4월 21일.

4) 외국 문헌 및 기타 자료

Hall, P. A. and R. C. R. Taylor, "Political Science and the Three New Institutionalism," *Political Studies*, vol. 44(1996).

Holloway, David, "Gorbachev's New Thinking," *Foreign Affairs*, vol. 68, no. 1(Winter 1988/1989).

Immergut, E. M, "The Theoretical Core of New Institutionalism," *Politics & Society*, vol. 26, no. 1(1998).

Rosenau, James N, "Pre-Theories and Theories of Foreign Policy," *The Scientific Study of Foreign Policy*(N.Y.: Nichols Publishing Company, 1980).

Wetting, Gerhard, "New Thinking on Security and East-West Relations," *Problems of Communism*, vol. 37(March/April 1988).

http://100.naver.com/100.nhn?docid=21735

http://615.or.kr/board/view.php?&bbs_id=pds&page=4&doc_num=5848

http://terms.naver.com/entry.nhn?docId=1139480&mobile&categoryId=200000303

북한이탈주민 A 씨의 증언.

울진 · 삼척 무장공비 침투사건 당시 생존자 C 씨의 증언.

전직 대남공작요원 C 씨, K 씨, J 씨 및 전직 대남침투요원 L 씨, S 씨의 증언.

2. 북한 문헌

1) 단행본

김일성, 『김일성선집』 제1권(평양: 조선로동당출판사, 1963).
―――, 『김일성선집』 제4권(평양: 조선로동당출판사, 1960).
―――, 『김일성저작선집』 제1권(평양: 조선로동당출판사, 1967).
―――, 『김일성저작선집』 제3권(평양: 조선로동당출판사, 1968).
―――, 『김일성저작선집』 제4권(평양: 조선로동당출판사, 1968).
―――, 『김일성저작선집』 제5권(평양: 조선로동당출판사, 1972).
―――, 『김일성저작선집』 제6권(평양: 조선로동당출판사, 1974).
―――, 『김일성저작선집』 제9권(평양: 조선로동당출판사, 1987).
―――, 『김일성저작집』 제1권(평양: 조선로동당출판사, 1979).
―――, 『김일성저작집』 제4권(평양: 조선로동당출판사, 1979).
―――, 『남조선혁명과 조국통일에 대하여』(평양: 조선로동당출판사, 1969).
김정일, 『김정일선집』 제2권(평양: 조선로동당출판사, 2009).
―――, 『김정일선집』 제6권(평양: 조선로동당출판사, 2010).
―――, 『김정일선집』 제7권(평양: 조선로동당출판사, 1996).
―――, 『김정일선집』 제9권(평양: 조선로동당출판사, 1998).
―――, 『김정일선집』 제10권(평양: 조선로동당출판사, 1990).
―――, 『김정일선집』 제11권(평양: 조선로동당출판사, 1997).
―――, 『김정일선집』 제12권(평양: 조선로동당출판사, 1997).
―――, 『김정일선집』 제13권(평양: 조선로동당출판사, 1998).

―――,『주체사상에 대하여』(평양: 조선로동당출판사, 1982).
김창하,『불멸의 주체사상』(평양: 사회과학출판사, 1995).
신병철,『조국통일문제 100문 100답』(평양: 평양출판사, 2002).
장 석,『김정일장군 조국통일론 연구』(평양: 평양출판사, 2002).
조선로동당출판사 편,『김일성동지략전』(평양: 조선로동당출판사, 1972).
―――,『영생불멸의 주체사상』(평양: 조선로동당출판사, 1985).
―――,『위대한 수령 김일성동지혁명력사』(평양: 조선로동당출판사, 1992).
―――,『조선로동당략사』(평양: 조선로동당출판사, 1979).
―――,『조선로동당력사』(평양: 조선로동당출판사, 1991).
허종호,『주체사상에 기초한 남조선혁명과 조국통일 리론』(평양: 사회과학출판사, 1975).

2) 사전 · 신문 · 방송 및 정기간행물

과학, 백과사전출판사 편,『백과전서』제4권(평양: 과학, 백과사전출판사, 1983).
―――,『백과전서』제6권(평양: 과학, 백과사전출판사, 1984).
―――,『철학사전』(평양: 과학, 백과사전출판사, 1985).
―――,『현대조선말사전(제2판)』(평양: 과학, 백과사전출판사, 1981).
『로동신문』, 1970년 9월 16일, 1992년 1월 1일, 1993년 12월 9일, 1997년 5월 26일, 1998년 8월 4일.
백과사전출판사 편,『광명백과사전』제3권(평양: 백과사전출판사, 2009).
―――,『조선대백과사전』제5권(평양: 백과사전출판사, 1997).

----,『조선대백과사전』제6권(평양: 백과사전출판사, 1998).
----,『조선대백과사전』제17권(평양: 백과사전출판사, 2000).
----,『조선대백과사전』제24권(평양: 백과사전출판사, 2001).
----,『조선대백과사전』제27권(평양: 백과사전출판사, 2001).
사회과학출판사 편,『정치사전』(평양: 사회과학출판사, 1973).
----,『조선말대사전』제1, 2권(평양: 사회과학출판사, 1992).
----,『조선중앙년감』(평양: 사회과학출판사).
『조선』, 2006년 6월호.
『조선중앙통신』, 2005년 3월 25일.

3) 기타

『주체의 한국사회 변혁운동론』(1992년 북한 발간).
『한국사회성격 논의의 재조명』(http://615.or.kr/board/view.php?&bbs_id=pds&page=4&doc_num=5848).

기파랑耆婆郎은 삼국유사에 수록된 신라시대 향가 찬기파랑가讚耆婆郎歌의 주인공입니다. 작자 충담忠談은 달과 시내의 잣나무의 은유를 통해 이상적인 화랑의 모습을 그리고 있습니다. 어두운 구름을 헤치고 나와 세상을 비추는 달의 강인함, 끝간 데 없이 뻗어나간 시냇물의 영원함, 그리고 겨울 찬서리 이겨내고 늘 푸른빛을 잃지 않는 잣나무의 불변함은 도서출판 기파랑의 정신입니다.

북한 대남전략의 실체

초판 1쇄 발행_ 2013년 8월 30일
초판 2쇄 인쇄_ 2015년 9월 30일

지은이_ 김동식
펴낸이_ 안병훈

펴낸곳_ 도서출판 기파랑
등록_ 2004. 12. 27 l 제 300-2004-204호
주소_서울시 종로구 대학로8가길 56(동숭동 1-49) 동숭빌딩 301호
전화_ 02-763-8996(편집부) 02-3288-0077(영업마케팅부)
팩스_ 02-763-8936
이메일_ info@guiparang.com
홈페이지_ www.guiparang.com

ⓒ 김동식, 2013
ISBN_ 978-89-6523-902-4 03300